法政大学大原社会問題研究所叢書

新自由主義と労働

●

法政大学大原社会問題研究所・鈴木 玲編

御茶の水書房

はじめに

　『新自由主義と労働』は、新自由主義経済がどのように展開し、労働運動や労使関係、あるいは労働条件にどのような影響を及ぼしたのかを、実証的、理論的側面から分析する。実証的研究は日本の事例を対象とするが、理論的研究は日本だけでなくイギリスやアメリカなど海外の学説史や研究動向もフォローしている。

　グローバルな市場競争や規制緩和を伴った新自由主義経済の深化が労働市場において非正規部門の拡大を引き起こすとともに、正規部門を含めた労働者全体の労働条件水準を引き下げ、かつ労働運動の組織率および影響力を低下させ弱めたことは、多くの研究書が指摘するところである。本書はこれらの研究書と同様に、労働分野での「市場原理」導入を支持する規制緩和論に批判的な立場をとり、労働者や労働組合が直面する諸問題の解決のためには市場原理の規制が必要であると主張する。なぜなら、ＩＬＯのフィラデルフィア宣言が強調したように「労働は商品ではない」のであり、またカール・ポランニーが論じたように労働を自律的市場にゆだねることは社会を破壊しかねないからである。本書に収められた多くの章は、政府、経営者、労働組合が労働政治や企業の労使関係において市場原理や規制緩和に対してどのような立場をとっているのか、市場原理やそれに基づいた規制緩和等の諸政策に対抗する動きが国家や社会あるいは企業のレベルでどの程度起きているのか、という問題意識に基づいて書かれている。

　本書は10の章から構成される。第Ⅰ部「政策篇」（第1章、第2章）は、新自由主義経済と国家政策の関係を検討する。第1章は、デーヴィッド・ハーベイが提起した新自由主義の分析枠組（蓄積危機における階級権力の回復をめざす政治的実践）に基づいて、日本における新自由主義の起点について検討する。日本における新自由主義の起点は「開発主義国家体制」を攻撃した90年代の細川内閣の「政治改革」であるとする渡辺治の主張に対して、この章は新自由主義が70年代半ばの「総需要抑制政策」を起点とし、80年代初めの中曽根内閣の「臨調・行革」路線で全面展開したと論じる。そしてこれらの政策の攻撃対象が、欧米諸国と同様に労働運動や福祉国家的な階級妥協であったとする。第

2章は、規制緩和政策を推進した政府の労働政策が2000年代半ばまでに行き詰まりをみせ、「労働再規制」へ反転が始まっていると論じる。第1章と第2章が対象としたそれぞれの時期（70年代半ば〜80年代初め、2000年代半ば以降）の間に、政府は労働市場の規制緩和を進めたことは、周知の通りである。例えば、労働者派遣法は13業務を対象として1985年に成立し、1996年の改正では対象業務が26業務に拡大し、99年の改正では対象業務のネガティブ・リスト化により原則自由化し、さらに2003年の改正では製造業の派遣が解禁された（なお、労働基準法の改正については、第5章が触れているので参照願いたい）。第2章は政官財の主要なアクター（個人や組織）を分析し、新自由主義政策が行き詰まったという認識が政官財のアクターの間で広まったこと、規制緩和を進めてきた経済財政諮問会議や規制改革会議が既存の方針をトーンダウンし、政府内で孤立したことを指摘する。また、09年夏の総選挙による民主党政権の誕生で、製造業派遣や登録型派遣の禁止などを盛り込んだ労働者派遣法改正問題が具体化し、労働再規制に向けての「反転」の動きが本格化したと論じる。

　第Ⅱ部「労使関係・労働条件篇」（第3章〜第7章）は、新自由主義経済下の労使関係や労働条件の状況について、多様な視点から論じる。第3章は、民間大企業で成立した「企業社会」の新自由主義経済下における変化について検討する。この章は、新自由主義のインパクトを受けて「企業社会」が「変質」や「解体」し、企業社会から自立した労働者が生み出されると主張する論調を批判し、企業社会が実は非正規社員の増大や成果主義賃金の広がりなど新自由主義的な改革を受け入れる素地をもっていたと論じる。すなわち、「日本的雇用慣行」や「相互信頼的労使関係」により「企業社会」に深く統合された労働者と労働組合は、「内部化した企業リスク」という規範を内面化したため、90年代後半以降の新自由主義改革による「企業社会」の変容をほぼ無抵抗に（すなわち規制することなしに）受け入れたと論じる。第3章が労使関係の変化がそれほど起きていないと論じるのに対し、公務部門の労使関係を検討する第4章は新自由主義の影響による同部門の労使関係の変化の可能性を指摘する。この章は、国家公務部門、地方公務部門の従来の労使関係や単組の活動について概観した後、2000年代の中央レベルの公務員制度改革と地方レベルの人事制度改革が人事管理や労使関係に及ぼした影響を検討する。労使関係の変化の方向性に関しては、人事院あるいは人事委員会の規制力低下により、賃金労働条件決

定において労使関係が個別官公庁レベルに分権化し、さらに当局対組合という集団的労使関係から当局対個人という個別的労使関係へ移行して、最終的にはノンユニオニズムに向かう可能性（この可能性は、とくに自律的な労使関係の確立が地方自治体に比べて弱い国の個別省庁に当てはまる）を指摘する。第4章は最後に、労働組合が取るべき戦略として賃金労働条件の個別化により生じる問題に対応するために、同種の属性をもっている労働者どうしの横断的つながりを形成すること、管理運営事項から派生する賃金労働条件問題を捉えて積極的に発言すること、アウトソーシングが進むなかで非正規労働者や関連労働者を組合に組織化していくことなどを挙げる。すなわち、労使関係の変化にかかわらず、労働組合は賃金労働条件の規制という重要な役割を守り抜くべきと提言している。

　第5章、第6章、第7章は、それぞれ長時間労働、人員削減、男女間賃金格差という雇用労働条件にかかわる諸問題に焦点を当てる。第5章は、日本の長時間労働を統計で確認したうえで、1987年以降の労働基準法の諸改正で週40時間は変則的であるが達成されたものの変形労働時間制や裁量労働制などの規制緩和が進んだこと、同法36条で定められた時間外協定により労働時間規制が実際には形骸化していること、多くの企業が労基法の労働時間条項を遵守していないことなどの問題点を指摘し、その背景として企業別組合の労働時間規制力が非常に弱いことを挙げる。この章はまた、労働時間短縮の意義を検討し、労働者の健康確保、家庭生活の歪みの解消、社会的活動の促進、ワークシェアリングによる雇用拡大、企業にとっての長期的なメリットなどを挙げる。第6章は、外資系企業A社の正規従業員を対象とした人員削減についての事例分析である。この章の第一節で指摘されるように、正規労働者を対象とする雇用調整がどのような手続きより進められ、対象者がそのような雇用政策をどのように受け止めているのかについての事例の蓄積はまだ少ない。A社の事例分析によると、同社は90年代前半から一連の「セカンドキャリア支援プログラム」と称した中高年労働者を対象とした雇用調整施策（実際は一部の職場で退職強要が行われた）を実施するとともに、同時に非公然あるいは施策の内容を公表しないで業務成績が低い社員に対する退職勧奨を進めた。これらの雇用調整政策は、趣旨の説明が十分になされず、実施が不透明あるいは一貫性に欠けるなど手続き上の問題を抱えたため、正規従業員の間で不安・不満・反発を生み、さらに

志気の低下を引き起こしたとされる。第7章はＣＫ生協の正社員の男女賃金格差がどの程度存在するのか検討する。この章は、ＣＫ生協の賃金制度、労使関係を概観したうえで、職能給と職位給の男女賃金格差を詳細に検討する。職能給の男女間比較（各等級の習熟昇給や勤続年数を統制して分析）によると、女性労働者の方が男性より相対的に高い職能給を受給しているとされる。また基準内賃金全体をみても、ＣＫ生協の女性の賃金は男性の9割を占め、正規労働者の男女間賃金格差の全国平均（6割）と比較すると格差が格段に少ない。男女間の賃金の相対的平等の背景として、労使関係のあり方、具体的には理事会が労働組合に個々の査定結果を公開していること、査定に不満を持った労働者が「苦情申告制度」を利用できること、が挙げられている。第6章と第7章の事例は、経営者が雇用労働条件決定において労使関係を通じて受ける規制の程度の「両極端」の事例とみることができる。すなわち、第6章のＡ社では、労働組合が存在するものの、少数の労働者しか組織しておらず、経営者が進める人員削減に対して有効な規制力を発揮していない。他方、第7章のＣＫ生協の労使関係では、理事会が労働組合に個別の査定結果を公開するなど、労働組合の経営側に対する規制力が相対的に強いとみることができる。これらの事例の比較が示唆するのは、労働組合の規制力が雇用労働条件の決定における公正性の確保に重要な役割を果たすということである。

　第Ⅲ部「理論篇」（第8章～第10章）は、新自由主義と労働の関係について、それぞれ労使関係論、社会運動ユニオニズム、解雇規制という視点から学説史的あるいは理論的に検討する。第8章は、本書の他の章よりも長いタイムスパンをとり、イギリスの労使関係論の理論的系譜について、福祉国家の時期（50～60年代）、労働運動の左派が前進した時期（70年代）、新自由主義の時期（80年代以降）に分けて検討する。この章は、労使関係論のプルーラリズム的潮流とマルクス主義的潮流の主要な研究を取り上げ、潮流間、潮流内部での論争をフォローする。イギリスの労使関係研究の特徴は、その回復性（resilience）にあるといえる。ケインズ主義的福祉国家のもとで発展したプルーラリズムを中心とした労使関係研究は、80年代以降の政治経済状況の変化（新自由主義経済への転換と労働運動の衰退）やアカデミズムにおける人的資源管理理論の興隆により混迷に陥り、労使関係論のどちらの潮流もこれまでのパラダイムの見直しを迫られた。それぞれの潮流の労使関係研究者は、分析枠組みをこれまでの規制

や制度に集中する傾向にある狭義なものから社会運動、社会統合や国際比較などを視野に入れた枠組みに広げ、新たな労使関係論を提起した。また、その過程で、二つの潮流の学問的距離が接近したことも指摘された。第9章は、アメリカを中心とした社会運動ユニオニズムに関する最近の主要な研究をレビューしたうえで、社会運動ユニオニズムの形成要因、影響の継続性の可能性、社会運動ユニオニズムと労使関係制度の関係について検討する。アメリカでは、社会運動ユニオニズムが停滞している労働運動を活性化させる有効な手段として注目され、90年代以降多くの研究が発表された。しかし、2000年代半ば以降、アメリカでの研究は社会運動ユニオニズムが依然有効であるという考えと、社会運動ユニオニズムの限界を意識した考えに分岐し始めた。この章は、後者に近い立場をとり、社会運動ユニオニズムの交渉力の基盤が脆弱であるため影響力を維持することが難しいこと、既存の制度を超越しようとする社会運動ユニオニズムの一定の発展にかかわらず、労使関係制度が簡単には変容していないことを指摘する。本書第Ⅱ部は、ユニオン運動などの日本の社会運動ユニオニズムの動向について（第3章の最後の部分を除き）ほとんど取り上げることができなかったが、第9章の議論は日本の事例に直接触れていないものの、同章が日本における社会運動ユニオニズムの発展の可能性と限界について考察するうえでの参考になることを望む。

　第10章は、本書のテーマである労働の分野における市場原理の規制の必要性について、解雇規制緩和論の理論的批判を通じて考察する。この章は、解雇規制の緩和が労働者の利益（失業率の低下、格差の縮小、長時間労働の緩和など）になるという主張の立論に無理があること、日本の解雇規制法理が企業の雇用調整力を奪うほど厳格とはいえないこと、そして規制緩和論者や経営者が問題視しているのは現行の解雇規制が人選を使用者の自由にさせていない点であることを指摘する。本章は、人事評価を基準とする解雇を制限している現行の解雇規制法理を支持している。その理由として、労働契約は「指揮命令型」の不完備契約であること、こうした指揮命令関係の下では、使用者に対する労働者の過度な従属を防止するしくみが必要となるが、契約当事者の自由な交渉ではそのしくみがつくれないこと、そこで不完備契約における使用者の機会主義行動を防止する「コミットメント・デバイス」として労働者保護法の登場が導かれること、それにより労働時間規制や労災防止義務と並んで、使用者の人選に

よる解雇を規制する必要があること、を主張する。なお、第6章で取り上げられたA社の事例(「生産性」や「仕事の能力」が低いと人事評価された正社員を「人選」して解雇することを目的とした諸政策)は、使用者が「指揮命令型」の不完備契約を機会主義的に利用した事例とみることができる。ただし、解雇規制があるため、これらの政策は「非公然」に実施された。

　本書に収められている10の論文は、現代労使関係・労働組合研究会(法政大学大原社会問題研究所主催、2000年6月発足)の会員により執筆された。同研究会の研究成果として2006年に『労働組合の組織拡大戦略』(御茶の水書房)が刊行されたが、本書はその第二段に当たる。『労働組合の組織拡大戦略』は、テーマが具体的であり所収論文の関連性が相対的に明確であった。他方、本書『新自由主義と労働』の所収論文は、「新自由主義」をテーマとして各会員がそれぞれの労働研究の関心領域について発表した報告および研究会での議論などを踏まえて執筆された。所収論文の関連性が前著に比べて薄くみえるかもしれないが、「はじめに」は全体のテーマや所収論文の関連性についてなるべく明確にしようと努めた。なお、各章の主張や論点は、執筆者個人のものであり、現代労使関係・労働組合研究会あるいは大原社会問題研究所の見解を示すものではない。

　本書の執筆に参加しなかった現代労使関係・労働組合研究会の会員も、報告や議論への活発な参加を通じて本書刊行に至る過程で重要な貢献をしていただいた。最後に、本書の出版を快く引き受けてくださった御茶の水書房、とりわけ橋本盛作社長と、限られた時間のなかで出版までこぎつけてくださった小堺章夫氏に感謝を申し上げたい。

2010年3月

鈴木　玲

新自由主義と労働
目　次

目　次

はじめに　iii

第Ⅰ部　政策篇

第1章　日本における新自由主義の起点に関する考察
　　　　――蓄積危機と階級権力をめぐる議論を手がかりに――
………………………………………………兵頭　淳史　5

　　はじめに　5
　　1　「行政改革」「政治改革」と新自由主義　6
　　2　日本における「階級妥協」　9
　　3　「総需要抑制」のインパクト　14
　　おわりに　17

第2章　労働再規制に向けての構造改革路線からの反転
　　　　――2008年以降の動向を中心に――
………………………………………………五十嵐　仁　21

　　はじめに　21
　　1　四つの背景の「その後」　22
　　2　政官財などにおける変化の継続　27
　　3　労働者派遣法の改正問題　36
　　おわりに　40

第Ⅱ部　労使関係・労働条件篇

第3章　「企業社会」再論
　　　　――新自由主義の改革と「企業社会」の変容――
………………………………………………高橋　祐吉　45

　　1　いまなぜ「企業社会」を問うのか　45
　　2　「企業社会」成立の背景　51

3　「企業社会」と新自由主義　56
　　　4　「企業社会」の変容とその行方　62

第4章　公務部門改革下の公務労使関係
　　　──その変化と見通し──
　　　　………………………………………………松尾　孝一　71
　　はじめに　71
　　　1　公務部門の労使関係の特質　72
　　　2　2000年代の公務部門改革の動きと労使関係変化　78
　　　3　公務員制度改革への組合側の認識と対応　84
　　　4　まとめ：今後の公務員人事管理・労使関係の変化の見通し　89

第5章　規制緩和と長時間労働………………………鷲谷　徹　99
　　はじめに　99
　　　1　日本の労働時間の現状　100
　　　2　日本の労働時間制度の枠組み　103
　　　3　労働時間短縮の論理の検討と政策提起　109
　　おわりに──今後の労働時間短縮のために　112

第6章　外資系企業A社における1990年代以降の
　　　雇用調整に関する一考察………………鬼丸　朋子　117
　　はじめに　117
　　　1　日本的雇用システムの転換をめぐる議論　118
　　　2　1990年代以降のA社の事例にみる企業内雇用調整の概要　119
　　　3　A社における雇用調整（1）──セカンドキャリア支援プログラム　122
　　　4　A社における雇用調整（2）──「M」計画からBottom10へ　124
　　　5　A社における雇用調整（3）──リソース・プログラム　127
　　おわりに　129

第 7 章　生協における賃金・査定と労働組合
　　　　──ＣＫ生協の事例に基づいて──
　　　　　………………………………………………………… 山縣　宏寿　139
　　はじめに　139
　　1　ＣＫ生協の概要　139
　　2　ＣＫ生協における賃金制度・査定・労働組合　141
　　3　ＣＫ生協における賃金格差とその検討　147
　　おわりに　159

第Ⅲ部　理論篇

第 8 章　イギリス労使関係論におけるプルーラリズムとマルクス主義
　　　　──論争の系譜と現段階──
　　　　　………………………………………………………… 浅見　和彦　167
　　はじめに　167
　　1　プルーラリズムと労働規制論の形成
　　　　──社会民主主義的合意と労使関係論の確立・1950年代－60年代──　168
　　2　プルーラリズム内部の論争とマルクス主義による批判
　　　　──労働運動の前進と労使関係論のラディカル化・1970年代──　172
　　3　マルクス主義的潮流の分岐とネオ・プルーラリズムの提唱
　　　　──新自由主義下の労使関係論の新展開・1980年代以降──　174
　　4　議論と結論　180

第 9 章　社会運動ユニオニズムの可能性と限界
　　　　──形成要因、影響の継続性、制度との関係についての批判的考察──
　　　　　………………………………………………………… 鈴木　玲　195
　　はじめに　195
　　1　社会運動ユニオニズムに関する主要文献のレビュー　197
　　2　社会運動ユニオニズムの批判的視角からの考察　203
　　おわりに　215

第10章　解雇規制の必要性
──Authority Relationの見地から
……………………………………………………… 山垣　真浩　223

はじめに　223
1　解雇規制は労働者の利益になるのか──緩和派の主張と問題点　223
2　日本の解雇規制はどこが「厳格」か　227
3　労働契約はなにゆえに不完備契約か　231
4　効率的な指揮命令関係モデル　234
5　効率的指揮命令関係モデル（ファーストベスト）の非現実性　237
6　解雇規制の必要性──指揮命令型不完備契約アプローチ　239
7　おわりに　247

執筆者紹介　251

法政大学大原社会問題研究所叢書
新自由主義と労働

第Ⅰ部
政　策　篇

第1章　日本における新自由主義の起点に関する考察
　　　　──蓄積危機と階級権力をめぐる議論を手がかりに──

兵頭　淳史

はじめに

　ブレトン・ウッズ体制と石油価格の低位安定という国際環境を与件とし、ケインズ主義的財政運営と福祉国家制度の拡充を槓杆として国民的合意形成と高成長を実現してきた戦後資本主義の好循環が終焉を迎えた1970年代中葉以降、全世界的に出現した、規制緩和・私有化（privatization）・公共部門縮小そして市場メカニズムの全般的導入などをおおよその共通項とする政策動向や政治経済体制を「新自由主義」という術語を用いて説明することは、政治的な言説の世界のみならず学術分野においても、ここ数年来ようやくほぼ定着してきた感がある。そのことを反映して近年は、新自由主義という概念そのものをめぐる理論的・歴史的研究も顕著な進展をみつつある。
　しかしその中で明らかになってきたのは、新自由主義という言葉によって表現されてきた理論・思想や政策の意外なほどの幅の広さであり、そのことは、新自由主義を、「市場原理主義」といった概念が想起させるようなシンプルな理論や均質な政策群によって定義しようとすることの困難さを示している[1]。
　そんな中で、イギリス出身の経済地理学者デヴィッド・ハーヴェイは新自由主義の歴史的定義について興味深い見解を提示する[2]。ハーヴェイは新自由主義国家の採用する政策について、例えば経済・社会への国家介入といった基本的な要素についても、国・地域や状況ごとに大きなバリエーションが存在することに着目した。そして、新自由主義の本質を単に「市場原理主義」といった単純なイデオロギーの具現化と理解するのではなく、資本主義的な蓄積の危機の中で、そうした危機への打開策として生じる福祉国家的な、またはコーポラ

ティズム的な、あるいは社会主義的なオルタナティブへの対抗と捉え、新自由主義の目標を上層階級の権力の復興・創設と規定する。すなわち、新自由主義の本質を、「市場原理主義」や「リバタリアニズム」といった特定の思想に還元するのではなく、強固な私的所有権や自由市場・自由貿易の擁護を核とする理論潮流を正統化の言説としつつ、労働運動や福祉国家制度を攻撃することを通じて、社会上層による階級権力の回復をめざすという、新自由主義のすぐれて政治的な実践の側面を重視するのである。

　本章では、新自由主義を、蓄積危機における階級権力の回復をめざす政治的実践という視角から把握せんとするこのハーヴェイの問題提起と、それに対する日本での応答を手がかりに、高度成長終焉後の時期を中心とする日本の政治経済の展開過程を省察することを通じて、日本に新自由主義と呼びうる体制や政策展開が存在したとするなら、それはいつ、どのように始まったのか、そしてそれは世界史的に見ていかなる位置を占めるのかについて検討を加えてみたい。

1　「行政改革」「政治改革」と新自由主義

　新自由主義をめぐるハーヴェイの斬新な問題提起は、日本を分析対象とする社会科学研究にも小さからぬインパクトを与えてきた。例えば、早くから新自由主義を鍵概念として90年代以降における日本の政治経済体制に対する分析と問題提起を行ってきた渡辺治は、自ら監訳したハーヴェイの著書『新自由主義』に寄せた解説論文「日本の新自由主義」において、ハーヴェイの枠組を援用しながら、日本における新自由主義国家の形成と展開をめぐって注目すべき議論を展開している。

　この渡辺の論稿の中でもとりわけ重要なポイントは、日本における新自由主義の開始と時期区分に関する独自の見解である。これまで、日本における新自由主義の起点と言えば、80年代初頭から始まった中曽根政権による「行政改革」をシンボルとした一連の政策展開（いわゆる「臨調・行革」路線）に求められるのが通例であった。これに対しここでの渡辺の議論は、先に見たように資本蓄積の危機を克服し階級権力を回復するという政治的実践の側面を重視するハーヴェイの新自由主義理解に拠りつつ、蓄積危機の発生という事態を新自

由主義化の開始にとって不可欠の契機と位置付ける。そして、1980年代初頭の日本における深刻な資本蓄積危機の不存在という事実を重視して、中曽根「臨調・行革」は「早熟的な新自由主義の試み」ではあっても新自由主義の始期と規定することはできず、日本における新自由主義は、1993年、「バブル崩壊」後の不況期に登場した細川政権期に開始され、「失われた10年」と言われた長期停滞の中2001年に発足した小泉政権下で本格化したと主張する。

すなわち渡辺によれば、日本においては新自由主義への移行が、概ね80年代初頭にサッチャー・レーガン両政権を担い手として開始された英米のそれに比べ、極めて遅れて始まったとされるのである。

では、このような新自由主義改革の遅れはなぜ生じたのであろうか。言い換えれば、欧米で新自由主義改革が着手された70年代末から80年代に、なぜ日本には資本蓄積の危機が新自由主義改革によって克服すべき焦点として浮上することがなかったのだろうか。後にもう少し詳しく検討するが、渡辺によればその要因は、日本が、それまでの段階で欧米福祉国家的な階級妥協を行わずにすんでいたことにあった。

それゆえ、その後10年以上を経て展開し始める日本の新自由主義化は、ハーヴェイがとりわけ重視する労働運動への攻撃と階級権力の再確立という契機を含まないという、他の国には見られない独特の相貌をもって現れることになる。つまり日本における新自由主義にとって攻撃対象は福祉国家体制ではなく「開発主義国家体制」、つまり官僚規制・利益政治による高負担と弱小産業保護を通じた国民統合であった。これがハーヴェイの問題提起をも受けて展開される、渡辺による日本の新自由主義分析の核心である。

したがって渡辺は、日本の新自由主義化の起点として、90年代「政治改革」を重視する。「『政治改革』こそ、イギリスのサッチャー政権が1984年に敢行した炭鉱大合理化と閉鎖、炭鉱労働組合に対する攻撃、またレーガン政権が81年に行なった全米航空管制官組合への攻撃に匹敵するものであった」、というのである[3]。

確かに、細川政権が発足した1993年は「バブル崩壊」後の不況の底に近い時期にあり、その後97年にかけての緩慢な景気回復の後に再び金融危機を伴う戦後最悪の不況が訪れるといったプロセスを経ることによって、結局この後日本経済は、前述のように90年代から2000年代初頭にかけて「失われた10年」と呼

ばれる長期停滞のトンネルに突入することになる。このことから、90年代初期の細川政権誕生と相前後するバブル崩壊に伴う不況局面は、現在から見ると「世界に冠たる経済大国日本」といったイメージが崩壊してゆく転換点ともいうべき重要な画期であり、そういう意味で細川政権はまさに資本蓄積の危機に対応することを使命として登場した政権なのであって、細川政権期に一応の到達点に達する「政治改革」は、まさに蓄積危機への対応たる新自由主義的な政治的実践と捉えることができるかに見える。

　しかしながら、この「政治改革」前後における政治動向や経済状況をつぶさに再検討したとき、こうした見方に対しては直ちに疑問が生じてくる。自民党が「政治改革推進本部」を設置し、中選挙区制の抜本改革を含む「政治改革」のビジョンを打ち出したのは1989年のことであり、第8次選挙制度審議会によって小選挙区比例代表並立制と政党助成、すなわち「政治改革」実現後の現行制度の柱となる制度が出揃った形で答申されたのは、翌90年である。財界の動向に目を向ければ、日本生産性本部の政治部門である社会経済国民会議が中選挙区制批判を柱とする「議会政治への提言」と題する文書を発表したのが1988年であり、その後リクルート事件発覚を経て財界首脳から次々とアメリカ型保守二大政党制を求める発言が出てくるのは、89年のことである[4]。

　このように、「政治改革」への動きが生起するのは実は90年代初めのバブル崩壊期ではなく80年代末のことであった。言うまでもなく、この80年代末という時期は、「バブル景気」の只中にあり、日本は資本蓄積の危機にあるどころか、先進資本主義国の中でもとりわけ高い経済的パフォーマンスを示す「経済大国」としての地位を不動のものにしつつある、といった言説が（もちろんそれが「バブル」に支えられたものであることへの危機意識が少数の見解として提起されつつも）支配的だった時代である。

　さらに、「政治改革」の本格的な展開過程として、細川護熙率いる日本新党、小沢一郎を中心とする、後の新生党に発展する「改革フォーラム21」などが相次いで結成されるのは92年である。確かにこの年には日本経済は「バブル崩壊」の局面を迎えるが、これがかくまで深刻な不況に陥るという認識が政財界においてこの当時広範に存在していたとは言い難い。実際、同年6月末の段階でも経団連は「収益を圧迫しても時短推進が必要」という提言をしていたし[5]、7月末に発表された経済白書も、現状を「調整」期と位置付けて、当該年度後

半には景気は回復すると予測するなど、日本経済の中長期的な先行きについては未だ楽観的な見方が支配的であった。

「政治改革」の動きを正当化し喧伝したキャッチフレーズのひとつとして「経済一流、政治は三流」という言葉があったことも想起されよう。日本経済の好調さ、底堅さに比較して、日本の政治の腐敗ぶりがいかに甚だしいか、といった言説こそが、「政治改革」が必要であるとの世論を形成・動員することに貢献したのである。

無論、渡辺がかつて詳細な分析を通じて明らかにしたように、「政治改革」を唱導した小沢一郎らが、いかにこうした「政治腐敗」の一掃が必要であるといった世論を動員していようとも、本来の意図がそこにあったわけではなく、その真意は、日本企業の多国籍化に伴う政治・軍事大国化に必要な諸政策を機動的に実行することを可能とするための政党システムおよび与党内意思決定構造の再構築にあったことは確かであろう[6]。しかしそれは、拡大し続けてきた日本資本主義の直面するある種の限界を克服して次なるステージへと移行する必要性への認識ではあっても、70年代末から80年代初頭にかけて欧米諸国支配層を捉えた「蓄積危機」の認識とは全く異質なものであった。

ただ、中曽根政権期には「行政改革」という政治的シンボルの操作にもかかわらず実は公共事業支出が持続的に拡大しており、そのことも「小さな政府」と財政支出の縮小といった政策動向と不可分のイメージをまとう新自由主義と中曽根政権が異質なものであるという理解に根拠を提供しうるとも見える。だが、この財政支出のあり方をもって中曽根政権を新自由主義ではないと規定するのであれば、「軍事ケインズ主義」とまで言われるほどに軍事費支出の増大による財政赤字を作り出し、そのことを通じて景気と雇用の拡大を図ったアメリカのレーガン政権をも「新自由主義」から除外しなければならないことになる。

2　日本における「階級妥協」

ところで、中曽根「臨調・行革」路線は、まだ新自由主義そのものと見なすことはできないとする渡辺の見解の根拠となっているのは、「蓄積危機」の発生時期や財政政策をめぐる問題だけではない。日本では60年代後半の時点で、

企業による強固な労働者支配を基礎とする非福祉国家型の国民統合、換言すれば所得再分配や資本の権力への厳しい規制と制約を伴う労資の階級妥協という契機を欠いた国民統合が成立していたと渡辺は見る。その国民統合とは、衰退する低生産性セクターを保護する自民党利益誘導型政治を柱とする「開発主義国家」と言うべきものであって、その存在や機能は80年代の段階では資本蓄積とは矛盾するものではなく、90年代不況の下でその利益誘導型政治さえようやく資本蓄積の桎梏となって現れるまで、日本資本主義は新自由主義化の契機をもちえなかった、と渡辺は論じるのである[7]。

　しかしながら、1960年代以降、日本には新自由主義によって克服されるべき労資の階級妥協が全く存在しなかったという理解は的確なものなのであろうか[8]。確かに、60年代には、民間大企業部門においては企業単位での労使協調的ないしは労使一体的な労使関係を基軸とする、企業による労働者支配の体制が形成された。しかしこのことが日本社会総体にとって不可逆的・決定的な意味をもつものだったと捉えることは、ある種の大企業中心史観あるいは裏返しの「管制高地」論と言うべきものであり[9]、民間大企業労使関係の全体状況への影響力をアプリオリに過大視するものと言わねばならない。

　この点に関してわれわれは、60年代後半から70年代前半の労使関係を「紛争的安定構造」と捉えた田端博邦の指摘に注目しうる。田端は、この時期においては大企業における協調的労使関係と中小企業・公共部門等における対抗的労使関係が並存していたことを重視し、「前者の影響力が急速に拡大しつつもなお、後者が根強い力を持ち続けていた」時期であると見る[10]。この田端の議論を手がかりにしつつも、われわれはさらに進んで、70年代前半期に至るまでの日本の労使関係をとりまく全体状況について、協調的関係が支配的な部門と対抗的な関係が存在していた部門の「並存」としてのみならず、民間大企業セクターも含めて、労使関係全体が、未だ流動性・可逆性をはらんだ構造と認識されうるものであったと理解する必要があろう。

　というのも、大手・中堅企業の一部においても、企業主義的労働組合を担い手とする協調的労使関係がこの時期必ずしも順調に形成されていたわけではなく、その進展は跛行的であり、ときには逆流とさえみなしうるような局面も現出していたからである。一例を挙げれば、石油精製・販売部門をも抱える漁網・船具のトップメーカーで東証一部上場企業の日網においては、65年以来、

全繊同盟傘下の、経営側による生産性向上への協力方針を公然と掲げる協調的企業内労働組合が存在していたが、68年における執行部交代を機に「自主化・民主化」を掲げて戦闘的な路線へと転換し、71年には全繊同盟および同盟を脱退するに至った[11]。

また中国地方における最有力私鉄であり日本最大の路面電車網を有する広島電鉄では、68・69年頃を境に、経営側による分裂政策と組合差別によって少数派に追い込まれていた私鉄総連傘下の第一組合の勢力回復が顕著となり、もともと経営側と一体となって第一組合を徹底的に敵視していた労使協調派の第二組合が、事実上、第一組合との共闘を組まざるをえないところにまで、両組合の力関係が変化してきた[12]。この、いったん分裂した新旧両組合が共闘関係に入るという事態は、やはりこの68年に、東京印書館や細川活版など、東京の労働運動圏において重要な位置を占める印刷産業の大手・中堅企業においても現出している[13]。

それまでの戦後労働運動の流れの中で、労使対抗的な労働組合からの協調派の分裂、第二組合の結成という展開過程は多くの企業で見られたパターンであり、そうしたプロセスを経たほとんどの職場・企業において、ほどなくして第一組合は少数派に追い込まれ、労使関係の主役の座から追われてゆくといった経緯をたどってきたのであって、それは企業による労働者支配が完成してゆく不可逆的な流れであると見える情勢が続いてきた。それがこの60年代末から70年代という時期に、そうした方向をもった労使関係の流れが、必ずしも決定的なものではないことを示すとみなしうる事態が、各々の業界・地域において主要な位置を占める大手・中堅企業において生じてきたことの意味は小さくなかった。

さらに、大企業労組と中小労組をともに傘下に収める民間大単産の中には、60年代末から70年代初めにかけて、それまでにない闘争の高揚局面を迎えた組織も存在した。例えば私鉄総連、電機労連、そして海員組合などである。とくに海員組合は、賃金闘争方針をめぐる不満から下部の突き上げが強まる中で、72年に戦闘的な指導部が成立し、外航・内航部門ともに91日間にもおよぶ、世界海運史上最大級のストライキを打ちぬくに至った[14]。さらに、この頃から総評・全国金属傘下の機械・金属関係の中小企業労組を中心に「背景資本闘争」への取り組みが本格化するなど、中小セクターにおける企業別労組の運動が個

別経営を相手とする運動の限界を乗り越え、寡占的大企業を頂点とする階統的な秩序と直接対峙し始めたと見える動向も生起していた。

史上空前の参加人員数によるストライキ闘争を伴い、組織労働者以外の諸階層をも巻き込む「国民春闘」を掲げて闘われ、平均30％を超えるという、戦後危機期を除けば未曾有の賃上げが獲得された74年春闘は、労働運動がこのような高揚局面を見せる情勢の中で展開されたものであった。

言うまでもなく、広島電鉄のようなごく少数の事例を除けば、個別企業における協調的第二組合の覇権が最終的に喪失することはなく、ここで見たような一連の動きはその後大きな流れの転換につながったわけではないし、電機労連においてもその後ほどなくしてＪＣ路線が完全に制覇して、同労連は企業主義的労働組合勢力の中軸になり、背景資本闘争も結局今日に至るまで大企業経営を中心とする業界や労働社会の秩序を根幹から揺るがすことはなかったことを、われわれは歴史的事実として知っている。史上最大規模のストライキと最高水準の賃上げが実現した74春闘も、その後春闘が「連戦連敗」のトンネルに入り、今や春闘の存続自体が風前の灯と見えることからすれば、「夢」のような出来事ではある。それゆえ、50年代半ばないし60年代前半から始まった労使協調的・企業主義的労働組合を主体とする労使関係への転換過程こそが本質であって、60年代末から70年代初頭におけるこうした労働運動の高揚は表層にすぎず、本質の流れはやはり不可逆的なものであったと定式化することも容易である。

だがそれは、後の時代から歴史を振り返ることのできる者にして初めてなしうる認識であり、同時代の現場におかれた人々にとって、そのようなベクトルが自明のものであったと見なければならない理由は無い。実際、60年代後半から公害問題や都市問題の噴出によって高度成長の弊害が広く意識されるようになり、資本主義世界のヘゲモニー国家アメリカ合州国の威信が、ヴェトナム戦争の泥沼化によって大きく揺らいでいたという状況の中で、70年代に入ってからの急激なインフレの背景に企業の投機的行動が横行しているとの認識が広がったことは、さらに広範かつ強力な企業批判の世論を形成し、大企業サイドの側から「企業危機」の時代という認識が示されるほどだったのである[15]。

こうした歴史的状況を背景として、73年には、前年に発足した自民党の田中角栄政権によって、公的年金への物価スライド制導入と給付水準の大幅引き上げ、健康保険の被扶養者7割給付の実現と高齢者医療無料化の全国的導入、労

災保険の適用範囲拡大など、「福祉元年」というスローガンの下で社会保障給付の大幅拡充政策が展開されたことの同時代的な意味を、われわれは今一度咀嚼する必要があろう。こうした政策動向の前提には、同年4月における、春闘共闘委傘下53単産の労働者350万人が参加した年金ストに象徴されるような、労働運動の高揚が社会保障要求の高まりという形でも顕現していた事実が存在し、そしてかかる情勢の渦中で田中政権が発足する際には「財政経済における発想の転換」や「経済成長の果実を国民に還元」といったスローガンが掲げられる[16]、といった事態も生起していた。

　これらを見たとき、60年代後半からの労働攻勢を背景とした社会保障制度の拡充について、日本の支配体制もまた一時的にせよ福祉国家的な階級妥協を余儀なくされつつあったことの現れと見ることは十分可能であるし、少なくとも、同時代の政治主体にとってときの情勢がそのように投影していた可能性を排除する見方にこそ無理があろう。

　こうした政治情勢が展開していた背後では、高度成長を支えてきた柱のひとつである民間設備投資の伸びが、家電など耐久消費財の国内需要が飽和状態となりつつあったことなどを背景として、70年を境として明確な下降局面に入り[17]、逆に労働分配率は70年代に入るや顕著に上昇しはじめた[18]。そして、71年のニクソン・ショックと73年の石油危機という、戦後資本主義世界経済の安定を支えた条件の喪失を意味する二つの事件は、かかる激変下にあった日本企業の経営環境に、追い討ちとなる深刻なインパクトを与えるものとなった。日本資本主義は、第二次世界大戦と敗戦にともなう危機を克服して成長軌道に乗って以来、初めて本格的な「蓄積危機」に直面していたのである。

　そうした状況の只中にあっての、74年春闘において大幅賃上げを獲得した労働攻勢と企業批判、そして「福祉元年」的政策展開といった一連の事態は、危機に対する「社会主義的オルタナティブ」とまでは決して言えないにせよ、まさに「福祉国家的オルタナティブ」の浮上という像を、同時代における諸主体の前に結びつつあったと見ることができる。

3 「総需要抑制」のインパクト

このような情勢下にあって、財界および保守派の対応は、当初錯綜したものであった。例えば、既に70年の段階で「生産性基準原理」を打ち出して労働組合による賃金闘争への対決姿勢を鮮明化し、大幅賃上げは労務費コスト増大を経由したインフレ亢進の元凶であるとして、これを排撃する日経連とは対照的に、日本生産性本部は74春闘を前にしてなお、高率インフレ下での労働組合の大幅賃上げ要求や福祉要求に対して理解を示していた[19]。何よりも、「福祉元年」を掲げて、労働運動の側からする社会保障の大幅拡充要求への譲歩を打ち出したのは保守政権たる自民党の田中内閣であったが、こうした政策路線は生産性本部の姿勢とも軌を一にするものであった。また政府官僚機構内部ではとくに労働省が、大幅賃上げはインフレの原因ではなくむしろその結果であるとの立場をとり、賃上げ抑制を主張する大蔵省や経済企画庁と対立していた[20]。

しかし、73年末に田中の懐刀であった蔵相愛知揆一が急死し、後任の蔵相に福田赳夫が就任したことを契機として、こうした状況には明白な変化が生じていった。フリードリヒ・ハイエクによって設立されミルトン・フリードマンやジェームス・ブキャナンらを中心メンバーとするモンペルラン協会の会員にして[21]、インフレ抑制と通貨安定を経済政策の最重要目標とみなす福田は[22]、従前の経済政策を「全部白紙に戻す」ことを条件として蔵相に就任するや、直ちに「総需要抑制政策の強化」方針を打ち出した[23]。そして「狂乱物価」という流行語を生み出すことなども通じて、インフレ対策としての総需要抑制を最優先課題とすることへの国民的合意を形成することに成功した福田は、政局面での田中との対立激化によって一時閣外に去ったものの、「金脈」問題を引き金とする田中の退陣に伴う三木政権の成立とともに、わずかなブランクをはさんで副総理兼経済企画庁長官として再び入閣し、75春闘を前にして自民党政府における経済政策の主座を占めるに至ったのである。

田中内閣の蔵相として福田が主導した「総需要抑制」の徹底を柱とする経済政策により、74年半ば以降インフレは沈静化していったが、それは他方で深刻な不況を招来し、74年の実質成長率は戦後初のマイナスを記録、10月には有効求人倍率が1.0を割り込むなど雇用情勢も急速に悪化しつつあった。このよう

な経済情勢の下で発足した三木新政権にとって、景気回復へ向けて総需要抑制政策を転換するという方針は、ケインズ主義的な財政・金融政策が世界的なコンセンサスとなっていた戦後資本主義世界にあってオーソドックスな政策的選択肢として存在したはずであった。だが「経済総理」福田が選択したのは、大不況下における総需要抑制政策の継続という、戦後経済政策の常識を覆すものであった。

そして、このような政策方針の貫徹へ向けた福田の断固たる姿勢は、大蔵官僚による直接間接の影響力行使を通じて、三木政権の成立を待たずして既に労働省を路線転換に追い込んでおり、同省もまた総需要抑制方針に沿って賃上げ抑制を求める姿勢を明確化するに至っていた[24]。

さらに、政府によるかかる政策展開を背景に、先に述べたような賃上げをめぐる生産性本部と日経連の対立も、75年初めには生産性本部の屈服という形で決着がつき、財界においても日経連の線に沿って、大幅賃上げを要求する労働運動への対決路線の下で意志統一がなされることになった[25]。さらに日経連は、75年春闘へ向けて、個別の業界・企業に対して大幅賃上げを拒否するよう公然たる直接的な圧力を行使することさえ、もはや躊躇わなかった[26]。

しかしながら、個別企業を単位とする労使交渉を基本とする日本の賃金決定にあっては、たとえ官庁や財界団体が賃上げ抑制方針をいかに明確に掲げようとも、それだけではその方針が現実に貫徹する保証は無い。そうした点で言えば、個別企業の労使関係にも重大な影響を与えることを通じて75春闘の帰趨を左右したと考えられるのは、「不況下における総需要抑制政策の貫徹」という政策そのものの効果であった。一般的にもこうした経済政策は、労働市場の需給緩和のみならず、とくに日本の場合、個別企業の経営状態の悪化を介して企業別労働組合の守勢をもたらすと言いうるが、ここではそうした一般的傾向に加えて、この時期春闘のパターン・セッターとしての位置を確立しつつあった鉄鋼労使の動向にも着目してみよう。

よく知られているように、この時期の鉄鋼産業の中でも、新日鉄など銑鋼一貫工場を有する高炉メーカーからなる寡占的大企業部門においては、企業主義的労働組合を一方の担い手とする協調的労使関係が既に成立しており、鉄鋼労連は、新日鉄八幡労組出身で財界と気脈を通じる委員長宮田義二の下、労働運動の穏健化へのイニシアティブと生産性向上への協力を期待される存在となっ

ていた。しかしながら、この時期の鉄鋼労連内は特殊鋼部会を中心とする左派が依然として無視しえない戦闘的な批判勢力として存在しており、先に見たような、60年代末から70年代前期にかけての、電機や運輸、および一般金属機械や印刷など中小企業を中心とする部門における労働攻勢の高揚とあいまって、鉄鋼労連の内部から、宮田指導部や寡占企業の企業内労組が進める協調路線の全面展開を牽制していた[27]。いわば、鉄鋼産業においては、先に述べた「紛争的安定構造」が、典型的な形で存在していたのである。

ところが、74年から福田主導の下で強化された総需要抑制政策は、輸出の占める比重が高く、かつ安定的な独占価格が形成されている粗鋼を主力商品とする高炉メーカーへもたらした影響が相対的に小さかったのに対して、国内市場への依存度が高く、多くの中小企業によって構成されることから製品価格の下方硬直性に欠ける特殊鋼部門には大打撃を与えるものとなった。賃上げ要求への譲歩どころか、経営困難による業界再編や主要工場の閉鎖といった動きまで浮上する中、拠点職場の喪失の危機を前にした特殊鋼部門の労組は完全に防戦に回ることを余儀なくされたのである[28]。ここに至って鉄鋼労連内部においては高炉メーカー労組の主導する右派＝宮田指導部のヘゲモニーが最終的な完成をみることになった。この鉄鋼労連が75春闘において日経連のガイドラインに沿った抑制的な姿勢に終始したことが、同春闘の帰結のみならず、その後今日に至るまでの経営側主導による賃金交渉パターンを、ひいては日本資本主義総体における経営優位の労使関係を決定づけたことはよく知られている[29]。

こうして70年代中葉における労働情勢の推転を詳細に跡付けたとき、ハイエク‐フリードマン人脈に連なる福田赳夫のイニシアティブの下採用された、ケインズ主義的な戦後コンセンサスを覆す経済政策の役割の大きさが、あらためて確認されよう。そしてかかる政策動向を背景に労働攻勢をほぼ完全に抑え込んで経営側が完勝をおさめたこの春闘に続いて、この75年には公労協を主体とする、かの「スト権スト」が闘われるも、政府・自民党の強硬姿勢を前に労働側の完敗に終わった経緯も周知のものであろう。

このような一連のプロセスの中で極めて重要な役割を果たした福田赳夫は、翌1976年に満を持して首相の座につくが、この福田政権の下では、公的企業の私有化や公的福祉の縮小といった政策路線が着実に敷設されてゆくこととなる。例えば77年には厚生省が受益者負担原則を掲げて公的医療保険制度の抜本的改

革に着手し[30]、78年には公企体等基本問題会議の意見書という形で、国鉄など公共企業の「民営化」構想が政府文書に初めて登場する[31]。福田自身は在任2年足らずで自民党内の派閥抗争に敗れて退陣を余儀なくされ、田中角栄の盟友大平正芳が後を襲うが、こうした政策基調は確実に継承され発展をみることとなる。大平内閣が79年に閣議決定した「新経済社会7カ年計画」において「日本型福祉社会」というビジョンが正式に打ち出されるが、公的責任に代えて家族の役割を強調するこのビジョンこそ、73年に「福祉元年」を掲げ打ち出された福祉国家政策の最終的な放棄を意味するものに他ならなかった。

その後大平の急死に伴い80年に成立した鈴木善幸内閣において行政管理庁長官となった中曽根康弘のイニシアティブにより第二次臨時行政調査会が組織されたこと、そしてその後は、この臨調の答申に沿う形で公共部門の大幅私有化と公労協の解体が完遂されて総評労働運動が事実上壊滅に追い込まれ、さらに「老人保健」制度による高齢者医療の再有料化や健康保険における被保険者本人の患者自己負担導入、85年の、基礎年金導入を柱とする年金改革を通じた、公的年金への国庫支出の削減と給付水準の引き下げに見られる、一連の社会保障縮小政策が具体化されるなど、82年以降の中曽根政権期に新自由主義路線が全面展開を見せてゆくことについて、ここであらためて詳述する必要はなかろう。だが、基本的な政策路線の敷設と政治的環境の整備によって、このような中曽根「臨調・行革」の基礎を構築したのが、これまで見てきた74－75年の政策転換以降における一連の政治的実践であったことが見逃されてはならない。

おわりに

まとめよう。資本蓄積の危機と、それに対する社会主義的ないしは福祉国家的オルタナティブを克服し、資本による階級権力を回復するための政治的実践という側面を重視する、デヴィッド・ハーヴェイによる新自由主義規定は、現実に新自由主義と見なされてきた諸政権の政策内容や理論潮流の多様性や可変性をふまえてなお、戦後経済の好循環が終焉して以降における資本主義世界の潮流を新自由主義という概念の下で統一的に理解する上で、有効な認識枠組を提示している。そしてこのフレームワークを念頭に置きつつ、戦後日本の政治経済体制の変遷を跡付けるなら、実は1975年前後の時期にこそ、そのような政

治的実践の典型的な現れを見てとることができるのである。

労働運動が政治運動や企業批判とも結びつきながら再び高揚する側面を見せ、「福祉国家的オルタナティブ」が現実のものとして浮上するという70年代初頭における情勢の中で、財界と保守派がその内部に存在した対労働運動方針をめぐる分岐を克服し、民間・公共両部門における労働攻勢を粉砕したのみならず、その後の経営側圧倒的優位の労使関係を決定付けた75年の春闘とスト権ストを山場とする一連のプロセスこそ、81年アメリカにおける航空管制官ストや84-85年のイギリスにおける炭鉱ストの制圧に比肩しうるものであった。

すなわち、日本における新自由主義への移行は、渡辺治の論じるように欧米より遅れて90年代ないし2000年前後に始まったのではない。実はこの点では、80年代の日本について「全面的な新自由主義改革を経ることもなく経済的に成功を収めた」国とする、ハーヴェイ自身による記述もまた[32]、日本を具体的・詳細な分析対象に含めなかったがゆえの誤りを含んでいる。ハーヴェイの定義に拠る限り、日本において70～80年代に新自由主義への移行が実現したとみなしうることは、例えば家計が保有する金融資産の格差が縮小から拡大へとその傾向を転じるのが70年代中葉であるといった事実が[33]、新自由主義への転換がほとんどの場合国内における経済的不平等の縮小傾向から拡大傾向の明白な逆転を伴うというハーヴェイのテーゼと一致することによっても裏付けることができるのである。

このように日本の新自由主義への移行は、70年代中葉に起点をもち80年代に本格化したという点で、新自由主義の世界的な展開の先駆と位置付けるべきなのであり、日本はむしろ新自由主義改革をいち早く経たことによって、80年代におけるつかの間の「成功」を収めた国と見るべきであろう。「日本では新自由主義改革がヨーロッパ各国の新自由主義の帰結と比べて、はるかに深刻な社会統合の解体と社会の分裂をもたらしている……日本では新自由主義の社会への打撃がはるかに大きい」という渡辺の指摘は正しい。だがそれは、彼が主張するように、日本の新自由主義の攻撃対象が福祉国家とは異質な「開発主義国家」であったことが理由なのではない[34]。日本の新自由主義が主要国の中で最も早い段階で成立し、もとより欧州諸国に比較すれば幼弱な福祉国家が、極めて長い期間にわたって新自由主義による攻勢にさらされてきたことにこそ、その理由が求められるべきなのである。

注

1 ）例えば、権上康男編『新自由主義と戦後資本主義』日本経済評論社、2006年、藤岡秀英「経済政策思想の展開」山口三十四他編『経済政策基礎論』有斐閣、2006年などを参照。
2 ）デヴィッド・ハーヴェイ（渡辺治監訳・森田成也他訳）『新自由主義』作品社、2007年。
3 ）渡辺治「日本の新自由主義」ハーヴェイ前掲書所収、307頁。
4 ）渡辺治『政治改革と憲法改正』青木書店、1994年、402-406頁。
5 ）『日本経済新聞』1992年7月1日付。
6 ）渡辺治、前掲『政治改革と憲法改正』、418-434頁。
7 ）渡辺、前掲「日本の新自由主義」、ならびに渡辺治「高度成長と企業社会」渡辺編『高度成長と企業社会』吉川弘文館、2004年。
8 ）この論点については岩佐卓也「日本における新自由主義の性格規定について」『賃金と社会保障』1446号、2007年をも参照のこと。
9 ）「管制高地」論の意味と問題点については、浅見和彦「戦後日本の労働組合の組織化戦略と活動」『専修経済学論集』42巻3号、2008年、7-10頁を参照。
10）田端博邦「現代日本社会と労使関係」東京大学社会科学研究所編『現代日本社会 5 構造』東京大学出版会、1991年。
11）山本興治『転換期の労資関係』千倉書房、1985年、48-80頁。
12）河西宏祐『路面電車を守った労働組合』平原社、2009年、206頁。
13）小野塚敬一『ものがたり戦後の印刷出版労働運動』第二分冊、全印総連東京地方連合会、1994年、80-84頁。
14）千葉利雄『戦後賃金運動』日本労働研究機構、1998年、239頁。
15）西沢保「企業の社会的責任と新しい自由経済」岡崎哲二他『戦後日本経済と経済同友会』岩波書店、1996年、224頁。
16）中野士朗『田中政権・886日』行政問題研究所出版局、1982年、79頁。
17）吉川洋「マクロ経済」橘木俊詔編『戦後日本経済を検証する』東京大学出版会、2003年、42-44頁、牛島利明「高度成長から平成不況まで」浜野潔他『日本経済史 1600-2000』慶応義塾大学出版会、2009年、285-268頁。
18）吉川洋「労働分配率と日本経済の成長・循環」石川経夫編『日本の所得と富の分配』東京大学出版会、1994年、117頁。
19）新川敏光「1975年春闘と経済危機管理」大嶽秀夫編『日本政治の争点』三一書房、1984年、197-198頁、菊池信輝「75春闘と財界」『歴史学研究』780号、2003年、23-28頁。
20）新川前掲論文、192-193頁。
21）権上康男「新自由主義の誕生（1938〜47年）」権上編前掲書、47頁および57-58頁。
22）新川前掲論文、207頁。
23）中野前掲書、326頁。
24）新川前掲論文、193-194頁。
25）同前、197-198頁、並びに菊池前掲論文、28頁。
26）ジョン・クランプ（渡辺雅男・洪哉信訳）『日経連――もうひとつの戦後史』桜井書店、2006年、173頁。
27）日本特殊鋼労働組合編『続・闘いの歩み』同組合、1977年、333-445頁、千葉前掲書、243-245頁。

28) 日本特殊鋼労働組合編前掲書、622-626頁。
29) この点については菊池前掲論文を参照のこと。
30) 藤田由紀子『昭和50年代以降の医療政策の変容』東京大学都市行政研究会、1995年、36頁。
31) 「公共企業体等基本問題会議意見書」『労働法律旬報』957・958合併号、1978年、124頁。
32) ハーヴェイ前掲書、128頁。
33) 佐藤真人「平成不況と構造改革」佐藤他『日本経済の構造改革』桜井書店、2002年、35-37頁。
34) 渡辺、前掲「日本の新自由主義」327頁。

第2章　労働再規制に向けての構造改革路線からの反転
――2008年以降の動向を中心に――

五十嵐　仁

はじめに

　2009年8月30日に実施された総選挙の結果、民主党が第1党となり、その後、民主・社民・国民新三党による連立政権が発足した。この三党連立政権樹立に当たっての合意は、「小泉内閣が主導した競争至上主義の経済政策をはじめとした相次ぐ自公政権の失政によって、国民生活、地域経済は疲弊し、雇用不安が増大し、社会保障・教育のセーフティーネットはほころびを露呈している」との認識を示し、「連立政権は、家計に対する支援を最重点と位置づけ、国民の可処分所得を増やし、消費の拡大につなげる。また中小企業、農業など地域を支える経済基盤を強化し、年金・医療・介護など社会保障制度や雇用制度を信頼できる、持続可能な制度へと組み替えていく」ことを明らかにした[1]。

　連立政権の合意は10項目に及ぶが、その6番目には「雇用対策の強化―労働者派遣法の抜本改正」が掲げられている。その内容は、以下のようなものである。

「日雇い派遣」「スポット派遣」の禁止のみならず、「登録型派遣」は原則禁止して安定した雇用とする。製造業派遣も原則的に禁止する。違法派遣の場合の「直接雇用みなし制度」の創設、マージン率の情報公開など、「派遣業法」から「派遣労働者保護法」にあらためる
▽職業訓練期間中に手当を支給する「求職者支援制度」を創設する
▽雇用保険のすべての労働者への適用、最低賃金の引き上げを進める
▽男・女、正規・非正規間の均等待遇の実現を図る。

第 I 部　政策篇

　新しい政権は、「小泉内閣が主導した競争至上主義の経済政策」からの転換を宣言した。構造改革路線からの反転は一段と進み、「年金・医療・介護など社会保障制度や雇用制度を信頼できる、持続可能な制度へと組み替えていく」ことが目標とされている。労働分野における行きすぎた規制緩和は反省され、「雇用対策の強化─労働者派遣法の抜本改正」など、労働再規制を含む新たな路線への転換が具体化したのである。

　このような新自由主義的な構造改革路線からの反転は、2006年から始まっていた。それから3年経って、このような転換は誰も否定することができないほどに明瞭なものとなった。私はこれまで、このような反転の始まり、それを可能にした構造やその後のプロセスについて、拙著『労働再規制』などによって明らかにしてきた[2]。

　本稿は、このような問題意識を引き継ぎつつ、拙著執筆の後、とりわけ2008年以降における反転の構造とプロセスを明らかにすることを課題としている[3]。これは、労働再規制をめざす新しい連立政権の誕生に向けての背景を解明する作業の一環でもある。

1　四つの背景の「その後」

　新自由主義的な政策構想を背景とする労働の規制緩和は、1980年代のはじめ、中曽根首相の「臨調・行革」に始まる。その後「6大改革」や小泉首相の「構造改革」という形で新自由主義的な政策は具体化される。なかでも、労働をはじめとした様々な形での規制緩和や民営化の動きが進んできた。

　そのような動きは、2006年に反転した。つまり、逆になったと私は捉えたわけである。そこで、私は「2006年転換説」を拙著において意識的に打ち出した。ただし、この2006年という年については議論の余地があるだろう。また、それがどの程度の強さで始まったのかということについても、様々な見解があり得る。

　しかし、「反転した」ということ、新自由主義的な政策の推進ではなく、その見直しや是正が始まったということ、規制緩和や民営化という形で20年以上にわたって実行されてきた政策展開の方向が説得力をもたなくなり、大きく方向を変えてきているということについては、大方の見解は一致するように思わ

れる[4]。

このような反転がもたらされた背景として、私は4つの分野での動きを示し、これを「反転の構図」と呼んだ。このような構図は、その後、どうなったのだろうか。

(1) 国際的背景

第1は、国際的な背景である。アメリカ・モデルないしはアングロサクソン・モデルの失墜[5]ということだが、これはその後、さらに明確になった。

イラク戦争の失敗はアメリカ国民によっても認められるところとなり、ブッシュ前大統領は大統領の座を去り、オバマ候補が大統領選挙で勝利した。共和党もイラク戦争失敗の責任をとらされ、米議会上下両院の選挙で敗北した。

その後、イラクとの間で米軍地位協定が結ばれたが、これは米軍の全面撤退期限を2011年末と明記していた。同時に、①2009年6月までの都市部からの戦闘部隊の撤退、②任務外の米兵による重大犯罪はイラクが裁く、③米軍はイラクの領土、領空、領海を決して他国への攻撃に使用しない、④米軍はイラク側の令状なしに家宅捜索などはできない、などを規定しており、アメリカが当初考えていたものとはかなり違ったものとなっている。このような点にも、アメリカの発言力の低下が反映されている。

また、経済的な面で言えば「リーマン・ショック」の問題がある。08年9月15日に、米大手投資会社であるリーマン・ブラザーズ社が経営破綻した。その後、急速に金融・経済危機が世界中に拡大し、新自由主義や金融資本主義、マネー資本主義が大きな失敗を犯したことが明瞭になった。

これに対して、2008年11月に日米欧の先進各国や中国、インドなどの新興国を加えた主要20カ国・地域（G20）首脳による初の金融サミットがワシントンで開かれ、世界的な金融危機に立ち向かうための協調行動で一致し、金融規制強化や国際通貨基金（IMF）などの改革を求める首脳宣言を採択した。また、2009年9月5日にもG20財務相・中央銀行総裁会議が開かれ、金融危機の再発防止に向け、銀行の高額報酬の制限や自己資本強化など金融規制を一段と強化することなどを打ち出した共同声明が採択された。

このように、新古典派経済学の理論や金融工学、トリクルダウン理論、市場原理主義というような諸々の新自由主義に関連する理論の破綻が、具体的な事

実をもって示されたのである。いわば国際的なレベルにおいて、新自由主義からの反転と金融規制強化に向けての動きが極めて明瞭な形で始まったことになる。

(2) 経済的背景

　二番目が経済的背景である。経済の分野では、無視できないほどに惨状が拡大した。「リーマン・ショック」に始まった金融・経済危機は世界各国に拡大し、1929年以来の大恐慌の再来ではないかとの見方が広まり、「100年に一度の経済危機」とも言われた。

　2009年の第Ⅳ四半期のGDPの下落率は、年率換算で日本は当初12.7％のマイナスだとされた。しかし、その後14.4％だったと訂正されている。アメリカは6.2％、ユーロ圏は5.7％である。日本は、金融・経済危機が起こったアメリカの二倍以上のマイナスになっている。2009年の第Ⅰ四半期は15.2％のマイナス（5月20日、内閣府発表）で、1955年以降、最悪の下落率となった。

　アメリカ以上の下落率となった原因や背景は色々あるだろうが、大きな原因の一つは、アメリカから金融・経済危機という大暴風雨が吹きつけてくる前に、すでに日本の経済社会は足腰が弱まってガタガタになっていたということにある。小泉「構造改革」によって貧困・格差が拡大し、内需が停滞したため、北米向けの自動車輸出やアジア・中国への輸出に頼るという外需頼みの経済成長だったからである。いわば、日本経済の足腰が弱っているところに強烈な暴風雨が吹きつけてきて、ひとたまりもなくひっくりかえってしまったというのが、08年暮れから09年にかけての日本の姿だったのではないだろうか。

　雇用問題も深刻になった。08年末から年始にかけて「年越し派遣村」に500人を超える人々が集まり、「派遣切り」や「非正規切り」によって職を失い、住居を追い出された人々が路頭に迷った。失業率は高まり続け、09年8月には6％近くに達した。

　こうして経済的惨状が拡大した結果、「人間らしい暮らしや働き方」ができにくい日本の社会になった。自分ひとりの生活を維持するのがやっとで、結婚して家庭を作り子どもを産むことなどできないような社会になったのである。その結果、人口の自然減が始まり、日本社会の持続可能性が喪われつつある。

　2007年、08年、09年と人口は減少している。戦後初めて減少したのは05年で、

06年に多少回復し、その後再び、3年連続して人口が減り始めた。日本の社会はサスティナビリティ（持続可能性）を失いつつあると言って良い。ここに、日本社会が抱えている大きな問題が象徴的に示されていると言えよう。

(3) 社会的背景

　三番目が社会的背景だが、これは壊れ行く社会ということである。例えば、1998年以来、12年連続で自殺者数は毎年3万人を超え、家庭内暴力（DV）や幼児虐待なども大きな社会問題になっている。また、秋葉原での無差別殺人事件の発生なども、その一例として挙げることができる。

　08年6月8日の昼過ぎ、秋葉原の交差点で2トントラックが横断中の歩行者5人を撥ね飛ばし、運転していた男は車を降りた後、被害者や救護にかけつけた通行人・警察官ら14人を、所持していた両刃のダガーナイフで立て続けに殺傷するという事件が起こった。

　現行犯逮捕された青森市出身の25歳の男は、派遣社員として各地を転々としながら働いていた。容疑者は「生活に疲れた。世の中が嫌になった。人を殺すために秋葉原に来た。誰でもよかった」などと動機を供述している。誰でもいいから殺して、自分も死にたいと思うような若者が生まれているというところに深刻な問題がある。

　このような無差別殺人を防ぐには、そのような思いを抱く人々の心のなかの原因を取り除かなければならない。「もう将来に対する希望はない。誰でもいいから殺して自分も死にたい」——そう思ってしまうような深い恨みや絶望を抱かせる社会は、やがて崩れていかざるを得ないだろう。それを防ぐためには、その原因になるような思いを少しずつ解きほぐし、生きることのすばらしさを理解してもらわなければならない。そのために、何よりも必要なのは希望だろう。

　しかし現実には、このような希望を奪うような事例が次々に生まれてきている。2008年から09年にかけて、例えば非正規、派遣労働者に対する首切りや「雇い止め」が数多く発生した。これらの人の多くは住居さえも追い出され、仕事も住む場所もなく路頭に迷わざるを得なくなっている。このような仕打ちを受け、なおかつ将来に向けて希望を抱き続けることができるのだろうか。

(4) 政治的背景

　四番目が政治的な背景である。小泉「構造改革」路線をめぐる自民党内における亀裂の拡大だが、これは最も目についた部分であるとも言える。小泉首相が退場した後、07年の参議院選挙で自民党は惨敗した。その直接的な争点は年金問題であったが、構造改革による貧困や格差の拡大も争点の一つであった。

　また、小泉「構造改革」によって自民党の社会的支持基盤が破壊されてしまったことも、この参議院選挙での自民党大敗の背景の一つであった。典型的なのは地方で、自民党は全国29の1人区で6勝しかできずに惨敗したのである。

　その後、安倍首相は健康問題を理由に退陣し、続いて福田首相も辞任するなど政治的混乱が続いた。2代に渡って首相が辞任したのは、それだけ政権維持が難しくなったことを示している。その背景には小泉構造改革路線の「負の遺産」とその継承をめぐる自民党内の亀裂があった。小泉路線からの「反転」は徐々に進み、このため中川秀直元自民党幹事長ら改革継承派の反発と抵抗が拡大した。結局、福田首相は進退窮まり、辞意を表明せざるを得なくなる。

　福田後継を決める総裁選挙には、麻生太郎幹事長、与謝野馨経済財政担当相、小池百合子元防衛相、石原伸晃元政調会長、石破茂前防衛相の5人が立候補した。この中で小泉路線の継承を最も明確に掲げていたのは小池候補であり、小泉元首相は小池候補への支持を明らかにした。そのため、小池候補の得票が注目されたが、その結果は、麻生351（134）、与謝野66（2）、小池46（0）、石原37（1）、石破25（4）となった（カッコ内は地方票）。小池候補の地方票がゼロであったことは、小泉「構造改革」路線に対する地方における反発の強さを示している。

　以上に見たように、「反転の構図」は拙著の執筆以降、さらに明確に描かれることになった。それにつれて、小泉構造改革路線からの離脱と転換もまた、強まることになる。その進行は政策分野や問題によって一様ではなく、ジグザグの過程を描いているが、「反転」という方向性自体は、強まりこそすれ逆転することはなかったのである。

2 政官財などにおける変化の継続

(1) 与党と政府

次に、もう少し細かく政・官・財などにおける「反転」や変化について見てみることにしよう。ここで言う「政」とは、政治家や政党、政府、あるいは関連する政策形成機関のことであり、「官」は厚生労働省、「財」は日本経団連などの経済団体のことである。

①自民党政治家の言動

まず、与党と政府を構成する自民党政治家の言動である。経済と雇用の危機に対して、政治家は最も敏感に反応した。衆院議員の任期は09年9月までであり、いずれ総選挙があることは確実だったから、それは当然だとも言える。民意に従った政治運営を心がけるということでは自民党の政治家も例外ではなく、小泉「構造改革」路線の問題点が明らかになるにつれて言動が変わってくるのも当然であろう。ここでは、二つの象徴的な発言を紹介しておこう。

一つは、「永田町のキーマン」として麻生首相の後ろ盾となっていた森喜朗元首相の発言である。森元首相は、「このごろ、しみじみ思うんだよ。市場原理の経済は良かったのかと。アメリカ式じゃなく、まろやか、おだやかな世界をつくらないと、東洋的な世界をね。負け組にも入れない国民を生み出す政治はどうにか直さなきゃいかん。そのために政治のかたちを変えなきゃいかんと考えているんだよ[6]」と語っていた。

もう一つは、尾辻秀久参院議員会長の発言である。規制改革会議は派遣労働の対象業務原則自由化などの答申で労働者派遣法を変え、経済財政諮問会議は市場原理主義を唱えてきたが、間違いだったことは世界の不況が証明しているとして、「その責任は重く、私は経済財政諮問会議と規制改革会議を廃止すべきと考えますが、総理はどのような総括をしておられるのか、お尋ねをいたします[7]」と、麻生首相に迫った。

このように迫られた麻生首相の立ち位置はどのようなものだったのだろうか。麻生首相は、郵政民営化について問われ、「小泉首相の下で賛成ではなかったんで、私の場合は。たった一つだけ言わせてください。みんな勘違いしている

が（総務相だったが）郵政民営化担当相ではなかったんです[8]」と答えた。これに対して、小泉元首相は、「最近の首相の発言には怒るというより笑っちゃうくらい、ただただあきれているところだ[9]」と反発した。

その後も、「政府は小さくすればいいというだけではないのではないか[10]」などと、麻生首相は小泉路線からの離脱を示唆するが、完全には転換できない。象徴的なのが、日本郵政の西川善文社長の続投をめぐる顛末である。当初、西川社長を交代させるつもりだった麻生首相は、小泉元首相や財界人の反撃にあってためらい、結局は続投を受け入れる。そのために、盟友であった鳩山邦夫総務相の離反を招くことになる。

「骨太の方針2009」についても、社会保障費の毎年2200億円削減方針を事実上撤回しているのに、文面上では「『骨太の方針2006』等を踏まえ」という表現を残した[11]。このようなブレや中途半端な立ち位置は、中川秀直元幹事長や「小泉チルドレン」と呼ばれる議員グループなど党内になお存在する小泉路線継承派と、与謝野経産相や加藤元幹事長などの転換派の両方に対する配慮や妥協から生じたものであった。

しかし、両派に良い顔をしようとするこのようなやり方は奏功しなかった。麻生内閣支持率の急低下によって強まった「麻生降ろし」に、小泉路線の継承の立場から麻生首相に批判的だった中川元幹事長だけでなく、「マーケット・メカニズム原理主義からの自由[12]」を主張し、小泉路線を批判していた加藤元幹事長までが加わったからである。いわば両派から挟撃される形で、麻生首相は進退窮まってしまった。

ここに至って、麻生首相は解散宣言を決断する。そのカギを握ったのは「副総理格」で内閣の中枢にいた与謝野財務・金融相であった。麻生首相が二度に渡って「行き過ぎた市場原理主義からは決別する」と約束したのも、「『市場原理主義』的な考えと戦うということを密かに心に決めていた[13]」与謝野財務・金融相との関係からすれば、当然のことだったと言えよう。

② 自民党雇用・生活調査会の動き

次に注目したいのは、自民党のなかの雇用・生活調査会の動きである。これは2006年12月12日に初会合を開いて発足しているため、私の「06年転換説」の一つの根拠でもあった。初代の会長は川崎二郎で07年8月から長勢甚遠に交代

し、事務局長は後藤田正純が務めていた。

　雇用・生活調査会は07年1月17日の会合で議論を本格的にスタートさせた。1月に雇用対策法改正案、雇用保険法改正案、労働基準法改正案、最低賃金法改正案の検討、2月に労働時間法制と最低賃金についての検討、「成長力底上げ戦略」についての議論、5月にハローワークの市場化テストについての議論や厚生労働部会との合同会議などを行っている。特に、2月6日の会議では「自己管理型労働制（いわゆるホワイトカラー・イグゼンプション）」が取り上げられ、「川崎二郎会長から『現状では、国民の理解が得られる環境が整備されていない』との認識が示された[14]」点が注目される。

　08年に入って、雇用・生活調査会は、1月に労働者派遣制度の見直しについての検討、4月に中小企業労働者問題に関する提言や中小企業賃金改善緊急プラン、新雇用戦略案の検討などの活動を続けた[15]。9月の「リーマン・ショック」以降、その活動の範囲は拡大し、10月には厚生労働部会との合同会議を開いて、労働者派遣法等改正案を了承している。

　09年には、1月20日に雇用・生活調査会の下に設置された労働者派遣問題研究会が初会合を開き、2月14日にも雇用・生活調査会内の中小企業労働者問題プロジェクトチームが初会合を開いている。また、3月10日には「さらなる緊急雇用対策について——雇用・生活調査会中間とりまとめ[16]」を発表するなど、雇用問題についての対策も明らかにした。

　他方、政府も、このような活動に後押しされ、8月29日には「安心実現のための緊急総合対策[17]」、10月30日には「生活対策[18]」、12月19日には「生活防衛のための緊急対策[19]」を出すなど矢継ぎ早に提言を行っている。

　これらの提言や報告のなかでも特に注目されるのは、「緊急人材育成・就職支援基金（仮称）」である。これは、3月19日の与党新雇用対策に関するプロジェクトチームによって採用され、4月10日の「経済危機対策[20]」に関する政府与党会議、経済対策閣僚会議合同会議の対策にも組み込まれた。自民党の調査会であっても、雇用の悪化に対してはそれなりの対応をせざるを得なくなっているということであり、政府の施策もまた、それを無視できなかったということであろう。

③経済財政諮問会議の変質と地盤沈下

三番目に注目すべきは、経済財政諮問会議の変質と地盤沈下である。

06年11月、経済財政諮問会議の下に「労働市場改革専門調査会」が発足し、八代尚宏会長が就任した。07年4月には、第一次報告「働き方を変える、日本を変える──《ワークライフバランス憲章》の策定」が出され、これに基づいて、07年12月にワークライフバランス憲章が制定され、行動計画も作られることになった。

労働市場改革専門調査会は、その後も、07年9月に第二次報告「外国人労働に関わる制度改革について」、08年2月に第三次報告「70歳現役社会の実現に向けて」、9月に第四次報告「正規・非正規の『壁』の克服について」を出し、08年9月17日の第24回会合で解散した。

注目されるのは、これらの報告が必ずしも労働の規制緩和という政策方向に添うものではなかったということである。経済財政諮問会議の下の専門調査会ではあったが、それは労働の規制緩和を推進する立場には立っていなかった。

08年に出された「骨太の方針2008」では、「構造改革」や「民間開放」「労働市場改革」という言葉が姿を消した[21]。その後、9月の麻生内閣発足とともに経済財政諮問会議は改組され、民間議員が入れ替わった。御手洗冨士夫日本経団連会長と八代尚宏国際基督教大学教授の二人が姿を消し、張富士夫トヨタ自動車会長と吉川洋東大教授が新たに加わった。その後作られた「安心社会実現会議」にもこの二人が入っているが、これについては後述する。

このようなこともあって、経済財政諮問会議は地盤沈下を続けていくが、その象徴的な例は、与謝野馨経済財政担当相が財務・金融相を兼務することになったことである。これは、たまたま中川昭一財務・金融担当相が正体を失って記者会見し、「酩酊会見」だとして問題になり辞めざるを得なくなった結果であった。

そもそも経済財政諮問会議が設置されたのは、予算編成の大枠を決める「骨太の方針」を6月に出し、財務省がもっていた予算編成権限を奪い取ることにあった。したがって、財務省と経済財政諮問会議は、基本的には対立する関係にある。ところが、経済財政担当相と財務相が同一人物になり、実質的に財務省の権限が復活したことになる。つまり、経済財政諮問会議と財務省の対抗関係が解消し、以前の形にもどったということなのである。財務省の復権であり、

経済財政諮問会議からの「大政奉還」であった。

④**規制改革会議の孤立化**

　このようななかで、規制改革会議の孤立化も深まっていた。厚生労働省との対立が典型的で、07年12月と08年12月に同じような攻防が繰り返されている。前者の07年の第二次答申に関する攻防については拙著でも書いたが、後者の08年の第三次答申に関する攻防は拙著が出た後のことになる。このいずれの場合も、厚労省が規制改革会議の答申を強く批判する見解を公表した。極めて異例だと言ってよい。

　08年12月22日に出された第三次答申で、規制改革会議は、一方で「環境変化を意識した労働者保護政策が必要」だということを認めて譲歩する姿勢を示した。しかし、他方では「真の労働者保護は、規制の強化により達成されるものではない」と従来の主張を繰り返している[22]。

　これに対して厚生労働省は、前年同様、わずか4日後の26日に「規制改革会議『第3次答申』に対する厚生労働省の考え方」を明らかにし、「当省の基本的な考え方と見解を異にする部分が少なくありません」との批判を加えた[23]。あたかも事前に準備をしていたようで、答申が出たらすぐに反論するという形になっている。

　最近では、「規制改革」という用語自体も変わり始めていた。経済財政諮問会議の09年第12回会議の議事録には、「規制・制度改革」と書いてある[24]。甘利臨時議員提出資料「規制改革の推進について」、草刈規制改革会議議長提出資料「規制改革の重点取組課題」などでは、まだ「規制改革」となっていた。ところが、経済財政諮問会議では「規制・制度改革」と言い換えられている。

　つまり、改革というのは制度改革であって、必ずしも規制を緩和するということではないということになる。「制度改革」という言葉を入れたのは、規制を強化する制度改革もあるという含意からかもしれない。規制緩和一辺倒という方向性に対する修正が、こういう形で徐々に進められていたということになろう。

⑤**安心社会実現会議の発足**

　こういうなかで、「安心社会実現会議」が突如として4月13日に登場する[25]。

経済財政諮問会議があるのに、なぜこういう会議を作ったのだろうか。規制改革会議や経済財政諮問会議の影をうすめ、構造改革とは方向の異なる政策提言を行うためだったように思われる。張富士夫と吉川洋の２人はこの会議と経済財政諮問会議の両方の構成メンバーとなっており、後者の権限が奪われる形になっているからである。

構成員で注目されるのは、高木連合会長が入っていることである[26]。経済財政諮問会議にも規制改革会議にも、労働組合関係の代表は入っていない。しかし、安心社会実現会議には、労働界からナショナルセンターの会長が入ることになった。

また、宮本太郎北大教授も加わっており、薬害肝炎全国原告団の山口美智子代表も入っている。必ずしも政府側ではないと見られるメンバーも入っているということであり、社会保障関係の政策、雇用や労働、働き方の問題も含めて、幅広い意見を聞くという形になっている。

４月28日に開かれた第２回会議では、「経済財政諮問会議の安心実現集中審議について」という議題が掲げられ、経済財政諮問会議の資料が配布されている[27]。つまり経済財政諮問会議で議論したことが安心社会実現会議で報告され、そこで審議されて経済財政諮問会議に下ろされている。ということは、経済財政諮問会議よりも安心社会実現会議のほうが位置づけは上だということになる。

５月15日の第３回会議では厚労省分割案が提案され、同時に「これまでの議論を踏まえた論点の整理（案）」が示されている[28]。ここには、大変、注目すべき内容が示されていた。「構造改革」については、「この間の一連の『構造改革』は日本にとって必要な改革だったが、同時に『構造改革』は日本型安心社会を支えてきた様々な前提にも大きな変化をもたらした」として、「雇用の流動化、雇用形態の多様化（非正規労働者の増大、雇用の不安定化）」や「格差・貧困問題の顕在化とそれによって醸成される社会の不公平感・不公正感の拡大」などを挙げている。

また、「社会の不安定化」という部分では、「日本社会の一体性の揺らぎ―『社会統合の危機』」という表現が現れ、「社会の様々な面で『格差』『分裂』『排除』が拡大していく兆候（『競争』の負の側面）」や「階層の固定化・世襲化の進行、スタートラインの平等の喪失、『希望格差』」なども指摘されている。これ以外にも、野党が書いているのかと見まがうような文章が、ここには散見

される。大きな変化だと言えよう。

(2) 厚生労働省の変化

　次に、厚生労働省の変化である。変化といっても、正確には両義的な対応によるジグザグのプロセスといった方がよいかもしれない。官僚はもともと両義性をもっている。たとえば「派遣切り」というようなことがあり、年越し派遣村などもできて混乱が生ずると、まず、困ったなと官僚は思う。しかし次に、これで予算が増える、人員も増える、縄張りも拡大する、とも思う。だから、問題が発生したときには、まずそれに対応しなければならないが、同時に省益の拡大や縄張りの増大という官僚の本能に基づいた発想もある。

　厚労省は、2008年2月の「日雇派遣関係省令・指針」公布、9月の「いわゆる『2009年問題』への対応について」、11月の「派遣労働者、期間工等の非正規労働者等への支援等について」や「現下の厳しい雇用失業情勢を踏まえた労働者派遣契約の解除等に係る指導に当たっての労働者の雇用の安定の確保について」などを出してきた。とりわけ、年末に当たる12月には「現下の雇用労働情勢を踏まえた取組みについて」「労働者派遣契約の中途解除等への対応について」「雇用調整助成金等の拡充及び離職者住居支援給付金（仮称）の創設について」「経済情勢の悪化を踏まえた適切な行政運営について」などの指示や方針を矢継ぎ早に出し、全国56か所の公共職業安定所に年末緊急職業相談窓口を、全国47か所の労働基準監督署に年末緊急労働条件相談窓口を開設したり、解雇等による住居喪失者に対する「就職安定資金融資」事業を実施するなど、労働・雇用問題に対してそれなりに対応してきた。

　09年に入っても、3月に「現下の雇用労働情勢を踏まえた妊娠・出産、産前産後休業及び育児休業等の取得等を理由とする解雇その他不利益取扱い事案への厳正な対応等について」、6月に「雇用調整助成金及び中小企業緊急雇用安定助成金の拡充について」などの通達を出した。また、年末の12月には「雇用調整助成金（中小企業緊急雇用安定助成金）の要件緩和について」「東京都における年末年始の生活総合相談について」などの対策だけでなく、ハローワークにおける年末緊急職業相談や全国136自治体での年末年始の生活総合相談などを実施した。

　このように、厚生労働省は基本的には雇用情勢の悪化や「派遣切り」にあっ

た労働者の救済に取り組んできたと言える。とはいえ、必ずしも前向きの対応ばかりではなかった。なかでも問題になったのは08年9月9日の「多店舗展開する小売業、飲食業等の店舗における管理監督者の範囲の適正化について[29]」という労働基準局長名の通達である。これは「名ばかり管理職」や「名ばかり店長」の定義を明確にするようにということで出された通達だが、かえって「名ばかり店長」を認める形になってしまうとの批判を受けた。

(3) 財界などの動向

①経済同友会による提言

　財界も、貧困化や格差の増大、雇用危機の拡大を必ずしも良いと考えていたわけではない。小泉構造改革に対する評価は揺れており、必ずしも規制緩和や市場原理主義一辺倒ということではなかった。

　たとえば、経済同友会は2009年4月9日に「サービス産業の生産性を高める三つの改革──『規制"デザイン"改革』『働き方の改革』、そして『真の開国』を」という文書を出した[30]。ここで「規制"デザイン"改革」とあるのは、必ずしも規制をなくせということではないという意味だと思われる。「規制のデザイン」、すなわち「規制のあり方」を変えていくということなのである。ということは、規制が必要なことも認めていて、その場合には原則として、禁止規制や参入制限タイプではなく、行為規制や罰則の厳格化によって対応するべきだというわけである。これまでの規制緩和論からすれば、一種の譲歩だと言える。

　また、09年の4月21日の意見書「経済危機下における雇用と生活の安心確保──まずは不安の払拭に全力を（第一次意見書）[31]」では、「雇用と生活の安心確保」を主張している。4月23日に出された「今こそ企業家精神あふれる経営の実践を──『三面鏡経営』と『5つのジャパン・ニューディール』の推進による『未来価値創造型ＣＳＲ』の展開[32]」という文書では、「三面鏡経営」という表現で、資本市場＝株主、従業員＝雇用、社会という3つの価値に焦点を当て、株主と従業員を同等に捉えていた。これもある意味では、従来の株主主権、あるいは株主を一方的に重視するという市場原理主義的な考え方を多少修正するものだと言えよう。

しかし、だからといって、企業の対応がこのような方向で変わってきているというわけではない。そもそも経済同友会は個人が会員となっており、そこで出される文書にしても、経営者の個人的見解をまとめたものにすぎず、個々の経営者が代表している企業の行動を縛るものではない。「構造改革」がもたらした負の側面が表面化するなかで、経営者も揺れていたということだろうか。

②**日本経団連の文書**

　日本経団連も、2009年2月9日の文書「日本版ニューディールの推進を求める——雇用の安定・創出と成長力強化につながる国家的プロジェクトの実施[33]」において、「雇用の安定・創出と成長力強化」を副題としていた。「雇用の安定は企業の社会的責任であることを十分認識し」、「緊急避難的には、企業としても離職者等に対する住居提供などの生活支援に最大限の努力をしていく必要もある」などという記述も認めることができる。

　「雇用の安定」や「離職者等」への「住居提供」は、まさに労働者の側からの要求である。その要求の正当性を、財界団体の公式文書が認めていたのである。この事実を、労働運動や反貧困運動の側はどこまで認識していたのだろうか。経営者団体であっても否定できないような当たり前の要求を掲げることで、自らの要求が正当かつ当然のものであることを証明することができる。運動の側は、経営者団体が何を主張しているかを偏見なしに精査し、要求の正当性を裏付けるような対応も必要だろう。

　「雇用のセーフティネット強化を官民一体となって実現することが求められる」とか「雇用調整助成金制度のさらなる拡充」などということも、日本経団連の文書には書かれている。これは、企業に対する助成をもっと増やしてくれということでもあるが、同時に、そこで働く人々の利益にもなる。また、「職業訓練の受講を条件に、一般財源を活用して生活保障のために暫定的に給付の仕組みを速やかに検討すべき」という一文もある。これはいわゆる「トランポリン制度」のことである。このような制度が第2次補正予算に組み入れられたのは、自民党内の雇用・生活調査会だけでなく、日本経団連もまた、その導入を求めていたからであった。

3 労働者派遣法の改正問題

(1) 労働者派遣制度の再規制に向けての経過

①規制強化の方向への転換

　以上に見たような背景と経緯を経て、労働者派遣法の改正による再規制は現実的な課題となっていった。労働者派遣法の改正は、05年までは規制緩和の方向をめざすものだったが、06年以降の反転を反映し、次第に規制強化の方向が強まっていく。

　2006年2月に労働政策審議会（労政審）職業安定分科会労働力需給制度部会が審議を始めたときには、まだ派遣対象業務の拡大や派遣可能期間の延長、事前面接の解禁などが主な論点となっていた。しかし、労政審ではこのような方向での意見集約を行うことができず、07年12月に「労働者派遣制度の検討状況について」との中間報告をまとめるにとどまった。これを受けて、学識経験者による「今後の労働者派遣制度の在り方に関する研究会」が08年7月に報告書をまとめた[34]。この報告書では、労働者派遣は一定の機能を果たしているとしつつも、日雇派遣の禁止、「マージン率公開」の義務化、グループ企業派遣の割合規制、違法時の派遣先に対する雇用契約申込み勧告の創設などを盛り込み、基本的には規制強化の方向へと転じていた。これを受けて、9月に労政審は「労働者派遣制度の改正について」と題する建議を行った[35]。

②労働者派遣法改正案の国会提出と廃案

　これを受けて、麻生政権は11月4日の閣議で決定した後、労働者派遣法改正案を第170臨時国会に提出した。この法案は、30日以内の日雇い派遣については原則的に禁止するとしていたものの登録型派遣そのものは規制せず、事前面接の解禁や3年後の雇用申し込み義務化の撤廃など問題点も多いものだった。法案提出後、「派遣切り」などの派遣労働者の大量解雇が深刻化したため与党内からも製造業派遣の禁止や登録型派遣の抜本的な見直し論などが浮上し、野党三党は一部専門職を除く製造業派遣を禁じる改正案を提出した。しかし、いずれも一度も審議されず、法案は09年の第171通常国会に継続審議となった。

通常国会では6月26日に、民主・社民・国民新の野党三党が専門業務を除いて製造業派遣を禁止する労働者派遣法改正法案を共同で衆議院に提出した[36]。これは、事業法から労働者保護法へと法律の性格を変えるため、法案の名称を「労働者派遣事業の適正な運営の確保及び派遣労働者の保護等に関する法律」とすること、日雇い派遣を禁止し、派遣労働者の雇用契約については雇用契約期間が2カ月以下の労働者派遣も禁止することとしていた。

また、直接雇用みなし規定を創設し、派遣先が違法行為を行った場合、派遣先と派遣労働者間に雇用関係が成立する規定を設けている。このほか、就業の実体に応じて均等な待遇が図られるべきこと、派遣先労働組合への通知義務やマージン率の公開などの情報公開、派遣先での不利益取扱禁止などの派遣先責任の強化、派遣元は8割を超えて一つの派遣先に提供してはならないとの「専ら派遣」の規制強化、現行最高額を300万円から3億円にするなどの罰則の強化、専門業務を除く製造業派遣の禁止、26専門業務以外は常用雇用のみとすることなどを規定しており、政府案よりもずっと改善されていた。他方、登録型派遣の禁止では「専門業務」が除外されており、「抜け道」となる可能性があるなどの問題点もあった。

しかし、7月21日に衆議院が解散されたため、これらの改正法案はほとんど審議されることなく廃案となった。こうして、労働者派遣法の改正問題は、総選挙後の新しい国会に委ねられることになる。

(2) 労働政策審議会による答申

①労働政策審議会職業安定分科会労働力需給制度部会での審議と報告

8月30日投開票の総選挙では民主党が圧勝して与野党が逆転し、民主・社民・国民新の三党連立政権が発足した。冒頭に書いたように、三党は「雇用対策の強化―労働者派遣法の抜本改正」で合意し、10月7日に労働者派遣法改正案の審議を労働政策審議会に諮問した。具体的な審議は労働政策審議会職業安定分科会労働力需給制度部会で行われ、12月28日、「今後の労働者派遣制度の在り方について」答申が出された[37]。厚労省はこれをもとに改正法案を策定し、2010年の通常国会に提出することになった。

答申は、「昨年来、我が国の雇用情勢が急激に悪化して、いわゆる『派遣切

り』が多く発生しており、その中で、登録型派遣については、派遣元における雇用が不安定であり問題であるという指摘があった」こと、「また、特に製造業務派遣については、製造業が我が国の基幹産業であり、技能を継承していくためにも労働者が安定的に雇用されることが重要であると考えられるところ、昨年来のいわゆる『派遣切り』の場面においては派遣労働者の雇用の安定が図られず、製造業の技能の継承の観点からも問題であるとの指摘があった」ことを明らかにし、「こうした指摘も踏まえつつ、当部会としては、労働者派遣法について必要な改正を行うことが適当との結論に達した」として、登録型派遣の原則禁止、製造業派遣の原則禁止、日雇い派遣の原則禁止、均等待遇、マージン率の情報公開、違法派遣の場合における直接雇用の促進、「派遣労働者の保護」を明記する形での法律の名称・目的の変更などを打ち出した。しかし他方で、「派遣先責任の強化や派遣先・派遣先労働組合への通知事項の拡大など」や「労働者派遣事業の許可・届出や派遣元責任者講習等の在り方」については、今後の「検討」に委ねられ、先送りされた。

②答申に対する評価

これに対して、連合は同日、南雲弘行事務局長名で談話を発表した[38]。談話は、まず「労働者派遣法の創設以来の規制緩和の流れを転換し、労働者保護の視点で法改正をはかるものとして概ね評価できるもの」だとし、「『部会報告』の内容は連合の主張に沿ったもの」だと評価した。しかし、「一方で、派遣先責任の強化や、特定労働者派遣事業における届出制から許可制への移行、専門26業務の見直しなどの取り扱いは先送りとされ、課題も残った」と指摘している。

そのうえで、「連合は、早期の成立・施行を求めていくとともに、引き続き先送りとなった課題への対応をはか」り、「連合のめざす、あるべき労働者派遣制度に向けて、創設当時の専門的な業務に限定したポジティブリスト方式化をはかり、労働者保護のさらなる強化と雇用の安定化に取り組んでいく」と表明していた。

また、全労連も同日、小田川義和事務局長名で談話を発表した[39]。談話は、「規制緩和一辺倒であった労働法制『改正』論議から大きく転換し」ている点を評価しつつ、「しかし同時に、登録型派遣の禁止、製造業派遣の禁止とも

『抜け穴』が多く」、「不十分さは否めない」としていた。

具体的には、①製造業派遣を原則禁止としつつも「雇用の安定性が比較的高い常用雇用の労働者派遣」を例外としている、②登録型派遣についても原則禁止としつつ、専門26業務などについては「雇用の安定等の観点から問題が少ない」と言い切り、ここでも例外規定を設けるとしている、③違法派遣について「違法であることを知りながら」派遣労働者を受け入れた場合に「派遣元における労働条件と同一の労働契約を申し込んだものとみなす規定」の創設は消極的すぎる、④派遣先の団交応諾義務など派遣先企業の責任が明確になっていない、⑤登録型派遣については最長5年間、製造業派遣についても3年間の「猶予期間」を設けるとしていることを問題点として批判している。

さらに、派遣ユニオンは、12月26日付で「派遣法改正3党法案から大幅に後退する公益委員案に対する批判」を明らかにした。この「批判」は、「公益委員案」について、「今年6月に民主・社民・国民新党が提出した派遣法改正法案（以下、「3党案」という）から大幅に後退するものであり、派遣労働者の保護という観点が大きく欠落している」として、①「派遣先責任の強化」が全面削除されている、②登録型派遣原則禁止としながらも、有期雇用を認めてしまっている、③直接雇用みなし制度が有名無実化してしまう、④日雇い派遣禁止が有名無実化してしまう、⑤施行期日が先送りされてしまう、という5つの問題点を挙げていた[40]。

このように、ようやく具体的な法改正という形で、労働再規制に向けての「反転」が具体化することになった。しかし、残念ながら、労政審において使用者側が激しく抵抗し、これに一部の公益委員が同調したため、麻生政権時代の野党三党（民主・社民・国民新）案より後退している面もある。

たとえば、焦点の製造業派遣の禁止では、登録型ではない常用型については認める内容になっている。偽装請負や期間制限違反など違法派遣があった場合の「みなし雇用」についても自動的に直接雇用になるのではなく、派遣先が派遣労働者に「労働契約を申し込んだものとみなす」とし、派遣労働者がこれを受け入れれば派遣先に直接雇用され、派遣先が直接雇用を拒否した場合には行政が勧告する形になっている。

また、仕事がある時だけ働く「登録型」派遣について、現行法で例外扱いされている専門業務などを除いて禁止しているが、審議会では専門業務の見直し

まで議論が深まらず、今後の検討課題とされた。これが「抜け穴」になる可能性もある。

労働政策審議会が示した原案は、このような使用者側委員による主張に引きずられ、中途半端で不十分なものになっている。鳩山政権には全体としてこのような中途半端な傾向が見られるが[41]、労働者派遣法の改正問題も例外ではない。今後、派遣労働の規制強化、派遣労働者の保護と均等待遇の実現、派遣先使用者責任の強化という方向をさらに強める形で改正法案が作成される必要があるだろう。

おわりに

拙著『労働再規制』では06年から「反転」が始まることを明らかにし、その「反転の構図」を描いた。その後、「反転」はジグザグの過程を経ながら続いている。このプロセスにおいて政治家は最も敏感に反応し、厚労省はそれに引きずられてきた。経営者団体も金融・経済危機の発生と雇用情勢の悪化に対する対応を迫られ、その文書においては譲歩的な発言も散見される。

小泉「構造改革」と規制緩和の司令塔であった「経済財政諮問会議」は地盤沈下し、「規制改革会議」は孤立した。その代わりに、新たにセーフティネットの強化や整備を掲げた「安心社会実現会議」が登場した。戦略的政策形成のベクトルもまた、「反転」しつつあった。

マスコミと労働運動によって世論は変わり、新たに反貧困運動も登場している。貧困の増大と格差の拡大に対する反撃が始まり、社会運動のあり方もまた、守勢から攻勢へと「反転」したように思われる[42]。

このようななかで実施された09年夏の総選挙は、歴史的な転機となった。この総選挙での政権交代は、06年から様々な領域で進行していた「反転」の一つの到達点にほかならない。そのプロセスは、民主党政権の成立によって、質的に新たな段階を迎えることになった。

このようななかで、労働者派遣法の改正問題が具体化されようとしている。改正法案の内容も、次第に規制強化と派遣労働者の保護という色彩を強めてきた。この労働者派遣法の改正が実現すれば、労働再規制に向けての構造改革路線からの「反転」はさらに進展するにちがいない。

注

1) 「連立政権：三党合意書（全文）／政策合意（全文）」『毎日新聞』2009年9月10日付。http://mainichi.jp/select/seiji/news/20090910ddm005010109000c.html?FORM=ZZNRを参照。
2) この「反転」の構造とプロセスについて、詳しくは、拙著『労働再規制——反転の構造を読みとく』ちくま新書、2008年、を参照。
3) 本稿に関連する拙稿として、「労働政治の構造変化と労働組合の対応」『大原社会問題研究所雑誌』第580号（2007年3月号）、「労働法制の規制緩和と日本の労働者の働き方」『季刊生協労連』（2007年4月号）、「第4章　規制緩和と労働政策」（拙著『労働政策』日本経済評論社、2008年、所収）、「こうして貧困は作られた——派遣法に焦点を当てた労働法制の変遷」『週刊金曜日』第736号（2009年1月30日）、「雇用と規制緩和——労働法制の変遷を振り返る」『東京保険医新聞』2009年3月25日付、「新自由主義と労働政策——労働再規制に向けての動きを中心に」『経済科学通信』第119号（2009年4月号）、「規制緩和と労働問題」『歴史地理教育』2009年6月号、「新自由主義化における労働の規制緩和——その展開と反転の構図」『社会政策』第1巻第3号（2009年9月）、などがある。本稿以前の動向については、これらを参照されたい。
4) その典型的な例は、規制緩和政策の推進など「改革を担った経歴を持つ」中谷巌が「懺悔の書」を出版したことに現れている（中谷巌『資本主義はなぜ自壊したのか』集英社、2009年）。これに対する私の批判的見解については、「私は「格差論壇」ＭＡＰをどう見たか」『ＰＯＳＳＥ』第4号（2009年7月）、109頁、参照。
5) これについて、詳しくは、冷泉彰彦『アメリカモデルの終焉——金融危機が暴露した虚構の労働改革』東洋経済新報社、2009年、を参照。
6) 「特集ワイド」『毎日新聞』2008年12月24日付夕刊。
7) 2009年1月30日の参院本会議での質問。
8) 2009年2月5日の衆議院予算委員会での筒井議員の質問への答弁。
9) 2009年2月12日の「郵政民営化を堅持し推進する集い」の幹事会でのあいさつ。
10) 2009年5月27日の党首討論での発言。
11) 「骨太の方針2009」への私のコメント「『小泉の影』におびえ　改革めぐり党内に亀裂」を参照。共同通信によって配信され、『埼玉新聞』『東奥日報』『佐賀新聞』の2009年6月25日付に掲載。
12) 加藤紘一・姜尚中『創造するリベラル』新泉社、2008年、23頁。加藤紘一『強いリベラル』文藝春秋、2007年、も参照。
13) 与謝野馨『堂々たる政治』新潮新書、2008年、27頁。
14) 自民党ＨＰのニュース「労働時間法制と最低賃金について再度議論　雇用・生活調査会」。http://www.jimin.jp/jimin/daily/07_02/06/190206d.shtmlを参照。
15) 以上については、上記の自民党HPhttp://www.jimin.jp/index.htmlのニュースのバックナンバー、後藤田正純・公式サイトhttp://www.gotoda.com/archives/2798などを参照。
16) http://www.jimin.jp/jimin/seisaku/2009/pdf/seisaku-003a.pdfを参照。
17) 平成20年8月29日「安心実現のための緊急総合対策」に関する政府・与党会議、経済対策閣僚会議合同会議「安心実現のための緊急総合対策」。http://www5.cao.go.jp/keizai1/2008/080829taisaku.pdfを参照。
18) 平成20年10月30日、新たな経済対策に関する政府・与党会議、経済対策閣僚会議合同会議「生活対策」http://www.kantei.go.jp/jp/keizai/images/taisaku.pdfを参照。

19) http://www5.cao.go.jp/keizai1/2008/081219taisaku.pdfを参照。
20)「経済危機対策」に関する政府・与党会議、経済対策閣僚会議合同会議「経済危機対策」。http://www5.cao.go.jp/keizai1/2009/0410honbun.pdfを参照。
21) これについて詳しくは、拙稿「労働の規制緩和の現段階――『骨太の方針2008』の意味するもの」『賃金と社会保障』第1472号（2008年8月下旬号）、参照。
22) 第3次答申の「労働分野」については、http://www8.cao.go.jp/kisei-kaikaku/publication/2008/1222/item081222_18.pdfを参照。
23) http://www.mhlw.go.jp/houdou/2008/12/h1226-12.htmlを参照。
24) 第12回会議の議事要旨については、http://www.keizai-shimon.go.jp/minutes/2009/0519/shimon-s.pdfを参照。
25) 第1回会議の議事録については、http://www.kantei.go.jp/jp/singi/ansin_jitugen/kaisai/dai01/01gijiyousi.pdfを参照。
26) 会議の名簿については、http://www.kantei.go.jp/jp/singi/ansin_jitugen/index.htmlを参照。
27) 第2回会議の議事録については、http://www.kantei.go.jp/jp/singi/ansin_jitugen/kaisai/dai02/02gijiyousi.pdfを参照。
28) 第3回会議の議事録については、http://www.kantei.go.jp/jp/singi/ansin_jitugen/kaisai/dai03/03gijiyousi.pdfを参照。
29) http://www.mhlw.go.jp/houdou/2008/09/h0909-2.htmlを参照。
30) http://www.doyukai.or.jp/policyproposals/articles/2008/090409a.htmlを参照。
31) http://www.doyukai.or.jp/policyproposals/articles/2008/090421a.htmlを参照。
32) http://www.doyukai.or.jp/policyproposals/articles/2008/090423a.htmlを参照。
33) http://www.keidanren.or.jp/japanese/policy/2009/009.htmlを参照。
34) http://www.mhlw.go.jp/houdou/2008/07/h0728-1.htmlを参照。
35) http://www.mhlw.go.jp/houdou/2008/09/h0924-3.htmlを参照。
36) http://www.dpj.or.jp/news/files/090626houan（3）.pdfを参照。
37) http://www.mhlw.go.jp/stf/houdou/2r98520000003hjs.htmlを参照。
38) http://www.jtuc-rengo.or.jp/news/danwa/2009/20091228_1261980663.htmlを参照。
39) http://www.zenroren.gr.jp/jp/opinion/2009/opinion091228_01.htmlを参照。
40) http://hakenunion.blog105.fc2.com/blog-entry-92.htmlを参照。
41) 鳩山政権の評価、その課題や限界・問題点などについては、「『反転』へのとば口に立つ民主主義――政権交代後の課題とは何か」アジア記者クラブ『アジア記者クラブ通信』第208号（2009年11月5日発行）、「新連立政権の樹立と労働組合運動の課題」銀行労働研究会『金融労働調査時報』No.701（2009年11・12月号）、「鳩山新政権への期待と問題点」国公労連『国公労調査時報』No.564（2009年12月号）、「新政権発足後の情勢と運動の課題」全国商工団体連合会『月刊民商』No.590（2010年1月号）、などの拙稿を参照。
42) 労働運動や反貧困運動の新たな動向については、拙稿「戦後労働運動の第3の高揚期を生み出す新たな条件が生まれている」『日本労働研究雑誌』10月号、同「労働の規制緩和――いまこそチェックすべきとき」『職場の人権』第60号（9月号）10頁以降、などを参照。

第Ⅱ部
労使関係・労働条件篇

第3章 「企業社会」再論
―― 新自由主義の改革と「企業社会」の変容 ――

高橋　祐吉

1　いまなぜ「企業社会」を問うのか

　本稿では、あえて「企業社会」再論と銘打つことによって、いまではいささか色褪せたかに見える「企業社会」のありようを、あらためて今日の地点から可能な限り包括的に見渡してみたいと思っている。ではなぜ、そうした問題意識をもつに至ったのか。昨今の動向からも明らかなように、労働の分野における新自由主義の改革とその帰結である格差と貧困の広がりと深まりについては、多くの論者によってじつに詳細に論じられているのであるが、ではなぜそうした改革があれほどまでに隆盛をきわめることができたのか、またそうした改革が、しばらく前に一世を風靡したかに見えた「企業社会」の、いったい何を変えあるいはまた何を変えなかったのか、もしも「企業社会」が「変質」あるいは「解体」したというのであれば、現在の経営や労使関係をいったいどのような性格のものとして把握すればよいのか、こうしたことが、頭脳明晰とは言いかねる筆者にはどうにもよく理解し得なかったからである。「企業社会」にいささかなりとも拘って議論を展開してきた身としては、こうした疑問を少しでも解き明かすことによって、この機会に「企業社会」の来し方を振り返りつつ、その行く末についてもきちんと見届けておきたい、ささやかながらそんな思いが浮かんだのである。

　現代日本の市場には、次から次へと目新しい商品やサービスが登場する。アカデミズムの世界も似たようなもので、新たな理論や学説、研究が登場し紹介され、そしてそれらを消化し受容することが、あたかも最先端のファッションを身に纏うことででもあるかのような観を呈したりもする。目まぐるしく移り

ゆく時代の相を切り取ろうとしたのはいいが、その結果を見れば、流行に追随しただけの議論に陥っているようなケースも、決してないとは言えない。これは労使双方について言えるのであるが、現代社会の最新の動向を紹介し、解説し、分析することを生業とする筆者のような人間は、「画期」や「転機」や「転換」などといった言葉の愛好者で（合わせて、「危機」や「再編」や「解体」なども大いに好む）、それらをさまざまな局面で使用するのであるが、あまり拘りもなく使用されるそうした言葉の中身が、いまあらためて問われているようにさえ思われるのである。言うまでもないが、これは他人をあげつらい揶揄せんとして言挙げしているのではない。過去のそしてまた現在の我が身について、自省を込めて語っているだけである。

　筆者はこれまでに、多くの研究者の先行研究を下敷きにしながら、「企業社会」について論じたことがある[1]。そして、その後の「企業社会」の変容に関しても、今日までささやかながら関心を払い続けてもきた。なぜいつまでも「企業社会」といった表現に執着してきたのか。教科書的な議論に従えば、経営者と労働組合はともに労使関係の独立したアクターとして存在しているはずだが、そうした前提そのものが怪しくなるほどの「癒着」が、民間の大企業を中心に存在していたからであり、また、わが国の企業が非法的な「組織的関係」のもとに労働者を従業員として統合してきたために、労働者は企業内においては市民として生きることがきわめて難しかったからであり、しかも、こうした世界では企業内の地位をめぐる全員参加の長期の競争が組織されており、それが企業による労働者支配の構造を内側から支えていたからである。それ故、「企業社会」を狭義に捉えてみれば、「企業権力による物的・イデオロギー的支配を基軸にしつつも、内部化され企業リスクを負わされた労働者とそうした労働者によって組織される労働組合が、その支配を『受容』することによって形成される疑似『共同体』的な諸関係」と言うことができる。こうした狭義の「企業社会」のありようは、社会の姿態にも無視しえない影響を及ぼすことになる。成長重視の政策によって私的消費に大きく傾斜した「豊かな社会」が形成され、それが社会統合に大きな力を発揮したのである。その意味では、「企業社会」は「企業本位の市民社会」を形成しているとも言えよう。

　もちろん、労働者の側から見た「企業社会」の限界が意識されていなかったわけではない。昇給や昇進、配置を決定する人事考課が、「経営者の専制的で

一元的なイニシアティブ」のもとにおかれ、企業別組合の職場規制力がきわめて脆弱なうえに、労働組合が事実上企業の「労務管理機構の一部に変質」しているような場合には、労働者の「旺盛な活力」が際限なく引き出されて、大衆消費社会としての「豊かな社会」が形成されてはいくものの、過剰化した労働は、「人間と社会の解体」をもたらしかねないものにまで行き着くように思われたからである。なぜそうなるのか。わが国の人事考課は「無規定的な能力なるものを評価の対象としているために、それは全人格が評価の対象とされることと同義となり、人間存在そのものを秩序化していく手段として機能」するからである。そうした世界の住人となった労働者は、「社会ではなく会社が何を許容して何を許容しないのかという境界線を内面化し、会社の『掟』にしたがって自己を律する術を身につけていく」ことになる。その結果、「企業社会に浸食され衰退し解体する市民社会」、あるいは「マクロや公共や市民社会に対する問題関心を希薄化させた社会」が出現することになる。こうした「社会」の衰退によって生まれた広義の「企業社会」のありようは、後に詳しくふれるように、新自由主義による改革の帰結とも重なり合っているのである。

　上記のような限界に加えて、狭義の「企業社会」における排他性や閉鎖性も問題となる。企業内における賃金の順当な上昇や昇進機会の確保さらには長期雇用の保障なども、「経営に対して協調的な正規従業員集団すなわち『企業人』たろうとする者以外の者には決して及ばないシステム」になっているのであり、「企業社会」は「経営内の非協調的な正規従業員や非正規従業員に対する分断、差別、抑圧」を前提とするとともに、下請・系列企業群に対する支配も加わって、「『企業社会』の内外にわたる強固な階層構造」に立脚しながら成立していると見ていたからである。非正社員が雇用労働者の３人に１人にまで急増した現時点から見れば、より強調さるべき視点であったということになろうか。

　古証文ででもあるかのような過去の指摘を今日の時点から振り返ってみると、さまざまな感想が心に兆す。若気の至りで表現の生硬さは否めようもないし、狭義と広義の「企業社会」の異同などが十分には論じられていなかったり、労働者が「企業リスク」を負わされることになるメカニズムの解明や人事考課の位置付けなどが不十分であることなども、やはり気にはなる。しかしながら、自説の正しさを声高に吹聴しようなどといった気持ちはさらさらないに

もかかわらず、今でも内容的にはそれほど大きな違和感を感じることはなかったし、すっかり旧くなってしまったとも思えなかったのである。

これまで「日本的経営」の「三種の神器」として常識的に語られてきた長期雇用慣行や年功賃金、企業別組合のありようは、労働の分野における新自由主義の改革によって、今日までに注目すべき変化を遂げてきた。それを象徴的に示しているのが、非正社員の増大であり、成果主義賃金の拡大であり、組合組織率の低下である。しかしながら筆者には、「企業社会」こそが新自由主義の改革をさほどの抵抗もなく受け入れる素地となってきたように思われるのであり、それ故、先のような変容が、「企業社会」の「変質」や「解体」をもたらしているなどとは到底思えないのである。「内部化され企業リスクを負わされた」労働者と労働組合は、長期雇用慣行が揺らぎ、賃金から年功的な要素が削ぎ落とされ、企業別組合の影響力がさらに低下しても、あるいはまた、「総中流」のコーポラティズムから「格差社会」のデュアリズムへと移行して、格差と貧困が深刻な問題となって社会に浮上しても、ミクロ・コーポラティズムとしての「企業社会」から離脱しようとはしなかったからである。それどころか、冷静に事態を観察してみれば明らかなように、脅かされた「特権」を守ろうとして、よりいっそう「企業社会」に自閉しつつあるかのようでさえある。

筆者は現状を上記のように捉えているのであるが、周りを見渡せば、「企業社会」の「変質」や「解体」を指摘する論調が広がっている。それらのなかから代表的な議論を紹介し、筆者なりのコメントを付してみよう。橋本健二は、「企業社会」論は「マルクス主義階級理論の有効性を否定する議論の、『左翼』版ともいうべき存在」であり、「階級関係の重要性を否定する傾向」があると批判し、現代社会を「新しい階級社会」として把握すべきであると主張している[2]。彼は自らの著作において、これまでの「企業社会」に関する研究が「印象批評」に終わりがちであるとの文言のみを、山田鋭夫の論文から引用するのであるが、じつは山田は「企業社会とは『エリート』の共同体なのであり、エリートのみの『平等』の世界」だとし、企業社会はじつは「非企業社会を前提にし、またそれを踏み台として成立している」と述べ、企業主義が日本社会を「二重社会」化していると述べているのである[3]。日本における格差のありようを捉えた興味深い指摘であろう。大事なことは、階級の有無を論ずることではなくて、階級関係の日本における発現形態を論ずることではないのか。橋本

はこれまでのさまざまな階級理論を渉猟、整理、批判したうえで、階級の存在をあらためて確認する。だが、労働者階級は政治的な変革の中心的な主体にはなりえず、新中間階級にも夢を託すことはできないと述べ、「階級という枠」にとらわれることなく「新しい社会を構想」しなければならないのだと説く[4]。いったい何のために階級を論じてきたのかがわからなくなるようで、何とも不可解な結論なのではあるまいか。

　これに対して、後藤道夫の場合はどうか。彼は日本型雇用の「解体」によって「企業主義統合」が「分解」し始めている（同じ論文で「企業主義統合の解体」とも言っている）と言うのであるが[5]、何をもって「分解」と言い何をもって「解体」と言うのかがわからないだけではなく、「解体」の結果についても何ともわかりにくい。彼の論理によれば、90年代末の「日本型雇用の解体の開始」とともに、企業への強い帰属意識と企業間と労働者間に現れた二重の競争受容を基軸とした「企業主義統合」は急速に「分解」したのであるが、その結果は生活不安を増大させただけではなく、「さまざまな社会領域の統合水準や社会秩序に対する『合意』の水準を切り下げる」ことになったという。「企業主義統合」の「分解」の端的な表れとして列挙されているのは、若年層の離職率の高さや職場の強い人間関係への忌避意識の広がり、転職可能な技能蓄積欲求の広がりなどである。しかし、こうしたものをあげることによって「分解」や「解体」を論証できたかどうかは疑問である。山田が指摘するところの「印象批評」であろう。後藤は別の論文で、21世紀初頭におこなわれた大リストラが大きな抵抗なく進行したことをもって、「社会規範としての長期雇用が終焉」し「日本型雇用の最終解体」がおこなわれたとも言う[6]。普通の労働者が長期雇用を願うのはごくごく自然な性向であって、社会規範としての長期雇用（あるいはその世俗的な表現としての正社員願望）がそれほど簡単に終焉するようには思えない。もう少し冷静な議論が必要なのではあるまいか。

　次に、「日本的企業社会」からの「共同体的要素の後退」を説く西谷敏を取り上げよう[7]。彼は、伝統的な企業社会が90年代にかなりの程度変容してきたことを確認したうえで、しかもそれが依然として変化の過程にあると述べる。西谷の議論は、「共同体的構造をもつ日本的企業社会」は、労働者の長期雇用慣行を前提としているが故に、信頼関係や帰属意識が芽生え、定着しえたのであるという。しかしながら、90年代のリストラによる企業帰属意識の希薄

化、成果主義による労働者の個人主義化、処遇の個別化などによって、「日本的企業社会は、共同体的要素を後退させる方向で変化」せざるをえないと述べる。こうした後退は、一方では「グローバル化のなかでの必然的な流れ」ではあるが、他方では生活保障機能の放棄や労働力の使い捨てなどの矛盾を生み出すという。冷静な筆の運びではあるのだが、「企業社会」の核心を「共同体的構造」と捉え、特殊かつ前近代的なもののように説く議論には同意できない。また、個人主義化を企業からの自立の可能性を孕むかの如くに見るのも事実に反していよう。また、明確な将来展望なき「共同体的要素の後退」は、「つぎはぎの制度」を生むに過ぎないのかもしれないが、それがどのような存在なのかは定かではない。さらに言えば、長期雇用慣行が揺らぐならば「企業社会」は変化すると見ているようであるが、「内部化され企業リスクを負わされた」労働者の「企業社会」への統合は、彼が思う以上に深いのではないか。

　最後に、「新・日本的経営」戦略のめざすところは、「日本的経営」の「再編」ではなく「解体」であると強調する牧野富夫の見解も見ておこう[8]。彼は「企業社会」といった表現を用いてはいないが、終身雇用や年功賃金の「解体」によって、「日本的経営」もまた「解体」し、それとは異質の「ポスト日本的経営」になったという（その名称はまだ確定していないので、「X的経営」とされている）。しかしながら、そもそも最初から全労働者をカバーしていたわけではない終身雇用や年功賃金の「解体」を、データとして確認するのはそれほど容易ではない。そこで、牧野が労働者の企業への統合水準の代理指標として持ち出すのは企業帰属意識である。その弱化こそが終身雇用や年功賃金の「解体」を反映したものだというわけである。彼の議論は、あれこれの夾雑物を排除しているために、大胆かつシンプルである。しかしながら、「日本的経営」の「解体」を強調することで、いったい何を主張したことになるのであろうか。「解体」後も、企業内の労使関係は奇妙なまでの静寂を保ったままなのである。彼は、多くの研究者が「日本的経営」の「再編」論に取り込まれていると論難しているのであるが、そうだとすると、労働者もまた「X的経営」に取り込まれていると批判するだけになりかねないように思われるが、果たしてそれでいいのか。そもそも、名称さえ不明な「X的経営」では、他人はその当否を検証することさえ不可能なのではあるまいか。不遜にもそうした疑問が浮かんでくるのである。

2 「企業社会」成立の背景

　言うまでもないことではあるが、「企業社会」はわが国における労使関係が析出させたものであり、その成立には長い前史がある。では、「企業社会」はどのようにして成立し、そしてまたどのように変容していったのであろうか。以下の節ではそうした問題について検討してみたい。以前筆者は、「企業社会」成立の前史に登場する戦後的労資関係（この場合のみ、労使関係ではなく労資関係と表記する）、日本的労使関係、日本的雇用慣行、日本的経営、日本的生産システムなどのキーワードを整理しつつ、「企業社会」成立のプロセスを歴史的に跡付けようとしたことがある[9]。今日の時点から見直してみると、旧稿の時期区分では、新自由主義の改革による「企業社会」の変容を位置付けることができなかったり、またある時期については、区分された期間が短すぎるなどの問題点がある。そこで、あらためて整理してみると、おおよそ以下のような時期区分が可能となるのではないか。

　　第1期　「戦後的労資関係」の形成と崩壊（1945年〜50年）
　　第2期　「日本的労使関係」の成立と「日本的雇用慣行」の定着（1950年〜65年）
　　第3期　協調的労使関係の拡大と「日本的経営」の浮上（1965年〜80年）
　　第4期　「企業社会」の形成と「豊かな社会」の内実（1981年〜94年）
　　第5期　新自由主義の改革と「企業社会」の変容（1995年〜）

　筆者が注目しているのは、もちろん第4期と第5期であるが、まず最初に、それ以前の時期も含めた戦後の推移をごく簡単に振り返っておこう。労働組合の急速な組織化と運動の激化のもとで、戦後改革期の組合主導の労資関係、すなわち「戦後的労資関係」が形成される。こうした体制選択をも含んだ激しい階級対抗を背景にした労資関係は、占領政策の転換や産別会議から総評への組合運動のリーダーシップの交代、さらには産業別の結集をめざした事業所別組合の企業内組合化によって終焉し、経営優位の「日本的労使関係」へと転換する。総評は、こうした「日本的労使関係」を、職場闘争の展開や春闘の高揚に

よって対等の労使関係に改革しようとしたが、こうした試みは、民間大企業では企業の職場支配が強められたために挫折する。しかしながら、大争議をも孕んだ労使の厳しいせめぎ合いと高度成長の過程で、終身雇用慣行と年功賃金を柱とした「日本的雇用慣行」が社会に広く定着していくことになる[10]。

こうした「日本的雇用慣行」の定着を背景にしながら、重化学工業部門の民間大企業における労働組合のリーダーシップが転換させられていくなかで、「日本的経営」は成立するのである。60年代末には団体交渉に替わって労使協議制が多くの企業に普及し、「一発回答」体制が定着することによってストライキ権はほとんど行使されなくなり、さらには協調的な労働組合が企業レベルでの「合意」形成のマイナー・パートナーとして位置付けられたために、民間大企業の労使関係からは対立的な性格がほとんど剥離されるに至った。こうした労使の「相互信頼」（その根拠とされたのが「日本的雇用慣行」である）という外皮におおわれた大企業における経営者支配の仕組みこそ、「日本的経営」と呼ばれるものにほかならない。

70年代に入って、一方では、低成長への移行と「減量経営」の展開によって「日本的雇用慣行」は能力主義的に再編成され始めるが、他方ではこの過程で、「ムダ」を徹底的に排除したきわめて効率的な「日本的生産システム」が、世界的にも注目されるような状況も生まれた。その後、二度のオイル・ショックを乗り越え、「臨調・行革」と「連合」の結成による労使関係の官民一元化によって、「企業社会」はその姿を現していくことになる。こうして成立した「企業社会」は、80年代から90年代の前半にかけて「豊かな社会」を生み出して社会を統合していったが、グローバリゼーションの進行によって「日本的雇用慣行」は「高コスト体質」の元凶と見なされるようになり、新自由主義の改革によって「企業社会」は変容を遂げて、今日に至っているのである。おおよその推移としては、このように整理することが可能であろう。

現在にまで続く、第５期の新自由主義の改革による「企業社会」の変容については、次節で詳しくふれることにして、ここではまず、「企業社会」が成立し定着していった第４期の状況について、もう少し詳しく検討しておきたい。なぜかと言えば、「企業社会」を「日本的経営」や「日本的雇用慣行」とほとんど同義のように捉え、長期雇用慣行が揺らいだり賃金から年功的要素が削ぎ落とされてきたことをもって、「企業社会」の「変質」や「解体」を論ずるよ

うな、あまりにも素朴すぎる議論が多いように思われるからである。わが国の民間大企業における「企業社会」への労働者の統合の根深さを、われわれはいささかも軽視すべきではない。また、この期の始期を81年からとしたのは、この年に臨調が発足しここを起点としながら国鉄改革が進められ、そこでの労使関係の改編を梃子としながら「連合」が結成されていったことによる。この「連合」の結成によって、わが国の労使関係は今日のような形に大きく再編成され、「企業社会」は定着していったように思われるのである。

　80年代に入って、わが国経済は赤字国債の累積による深刻な財政危機や国際貿易摩擦の深化、先進国病の予防による経済・社会の活力の維持といった新たな課題に直面することになる。こうした事態を財界主導で打開し、国家の政策全般を新自由主義的な方向で改編しようとしたのが、臨時行政調査会による行政改革であった。81年に発足した臨調は、「増税なき財政再建」をメインスローガンに、「活力ある福祉社会の建設」と「国際社会に対する積極的貢献」を二大目標として活動を開始した。そこでは、効率や競争を高く評価した民間活力論や規制緩和論がもてはやされ、そうした路線に沿って、福祉の切り捨てや第三セクター方式の採用、専売・電電・国鉄の民営化、社会的領域にまで及ぶ規制緩和、消費税の導入などが次々と強行されていったのである。

　とくに注目されるのは、民営化によって公労協が解体されその中心だった国鉄労働組合が弱体化したことである。臨調は、国鉄の膨大な累積債務や親方日の丸的な経営姿勢、職場規律の乱れなどを問題とし、分割・民営化による経営形態の変更以外に国鉄再建の道はないと主張した。政府・自民党・臨調・マスコミによって国鉄批判の大キャンペーンが執拗にくりかえされるなかで、分割・民営化や余剰人員の整理、累積赤字の国民負担を柱とした最終答申が出され、翌86年には国鉄改革法案が成立してＪＲグループが発足したのであった。分割・民営化の過程で、それまで総評労働運動と公労協の中核部隊であった国鉄労働組合に対する攻撃が強められ、「余剰人員」と見なされた組合活動家の「人材活用センター」への隔離や露骨な採用差別、さらには本務ではなく関連業務への不当な配属も横行した。当局の激しい国労攻撃のなかで組合脱退者も続出し、さらには100名を超える労働者が自殺した。こうして、臨調発足の81年時点で24万名を超える組織を誇った国労は、分割・民営化後の88年には４万名を割るに至ったのである。現場協議制のもとにあった職場は民間並みに改編

され、民間部門と官公部門といった労使関係の二元的な構造も一元化されることになった。こうした労使関係の激変を背景にして、「企業社会」は成立していったのである。

　上記のような動きのなかで、「日本的雇用慣行」が能力主義を強める方向で再編成され始めたことも注目されよう。80年代にはパートタイム労働者が急増して、「雇用形態の多様化」と言われる事態が広がり（85年には「労働者派遣事業法」が成立した）、長期雇用慣行が徐々に揺らぎ始めていったし、賃金も、従来の性と学歴と勤続年数を主要な基準としたものから、人事考課による職務遂行能力の評価のウェイトを高めた職能給へと変わっていったのである。労働組合について言えば、「スト権スト」の敗北や「減量経営」の遂行、「臨調・行革」による官公部門の労働組合の影響力の衰退によって、組織と闘争力は大きく低下した。組合組織率は75年以降低下を続けて83年には３割を切り、争議件数なども激減した。こうして、「癒着」をも含んだ安定的な労使関係が、社会を覆っていったのである。いわゆる「三種の神器」が、これまで労働者の企業へのコミットメントを高めてきたことは間違いないが、それを猛烈な働きぶりを含んだ「自発」による企業への統合に結び付けたのは、人事考課とＱＣサークル活動であったと言えよう。人事考課をつうじて、職務遂行能力が経営サイドの一方的な評価にさらされ、それが労働者の処遇上の重要な諸決定と結び付けられたために、職場は労働者が自らの「やる気」を「自発的」に示さなければならない場へと変わったのである。「企業社会」を支えていたのは、もはや60年代に成立した「日本的雇用慣行」そのものではなかったと言えようか。

　能力主義管理のもうひとつの柱となった、ＱＣサークル活動の展開についてもふれておけば、60年代に製造業の生産現場から始まったＱＣサークル活動は、70年代の後半にはＴＱＣ（＝全社的品質管理）として金融、サービス業や事務・管理部門にも広がって、わが国の多数の労働者を巻き込むまでになった。品質と原価に対するきめ細かな作業改善の蓄積を、わが国企業の国際競争力の源泉として位置付けた企業は、現場監督者を使ってＱＣサークル活動の組織化に積極的にのりだしたのである。自発的な参加が企業によって強制されたということであろう。自主的であるとの建て前にもかかわらず、職制によって参加が強制されたり、参加の程度が人事考課の対象とされたのはそのためである。しかしながら、そこには労働者が「主体的」に参加しているという側面が部分的に

せよ存在したことも無視はできない。職場内の意思疎通が促進されたり、管理業務の一部が加えられて職務が拡大したり、教育訓練の役割を果たしたり、仕事がやりやすくなったりもしたからである。しかも、改善能力や管理能力は昇進にあたって必要とされる能力でもあった。だからこそ、多数の労働者がQCサークル活動に積極的に参加したのである。

　先に指摘したような経緯もあって、70年代には総評労働運動が地盤沈下して、ナショナルセンター間の力関係が大きく変化したことは誰の目にも明らかとなったが、そうしたなかで再燃したのが労働戦線統一問題であった。さまざまな紆余曲折を経て、89年には「連合」が誕生した。一方、「連合」加盟に反対した労働組合のうち統一労組懇に結集するグループは「全労連」を結成した（「連合」には批判的であるが統一労組懇にも加盟していないその他の左派グループは、「全労協」を発足させた）。こうして89年にわが国の労働組合の組織図は大きく塗り替えられたのであった。「連合」の運動理念は、その綱領的文書である「連合の進路」に示されているが、そこで「自由にして民主的な労働運動の伝統を継承」すると述べられていることからもわかるように、同盟やＪＣの運動理念とほぼ同一のものとなっていた。その意味では、「連合」の誕生は、これまでの協調的な労働組合運動の総決算であり帰結とも言うべきものであったろう。「連合」は自らの任務を、中央・地方における多面的な政・労・使協議のシステムづくりにおくとともに、経済成長の成果配分における公正さを確保しようとした。政策参加をめざしていたという点では「ネオ・コーポラティズム」と言えなくもなかったが、「連合」の主力が企業協調的な民間大企業の企業別組合にあり、政策参加による影響力の行使が微弱なものにとどまっていたという点からすれば、きわめて日本的な「ネオ・コーポラティズム」と見ることができるだろう。

　80年代後半からのわが国企業の急速な海外進出は世界的にも大きな関心の的となり、ポスト・フォーディズムの最先端に「日本的経営」のもつ柔軟な生産システムを位置付けるレギュラシオン派の議論なども登場した。この議論によれば、日本の生産システムはたんに効率的であるだけではなく、労働者にとっても評価すべき側面をもつというのである。つまり、わが国の労働者はQCサークル活動をとおして現場において作業改善に参加するとともに多能工化しており、こうした労働編成は、作業の構想＝精神労働と実行＝肉体労働を分離

させるとともに、労働を細分化することによって生産性の上昇をめざすような、フォーディズムの非人間的な労働編成を超えているというわけである。しかしながら、こうした理論は、過労死をも多発させたわが国の職場の現実を、そしてまた、にもかかわらず沈黙を続けてきたわが国の労働組合の実態を、いったいどこまで踏まえていたであろうか。「日本的生産システム」に対する国の内外での評価が高まるなかで、「企業社会」は、一方では過剰富裕化を危惧されるほどの「豊かな社会」を出現させながら、他方では「過労死社会」をも生み出していったのであった。

3 「企業社会」と新自由主義

市場原理主義とも呼ばれた新自由主義の改革によって、労働の世界が大きく変容させられたことについては多くの論者が指摘しているところでもあり、それほどの贅言は要しまい。その様相を、『新自由主義』の著者デヴィッド・ハーベイは次のように描き出している。「各国内では、労働組合をはじめとする労働者階級の諸機関の力が押さえ込まれ解体される（必要とあらば暴力によって）。フレキシブルな労働市場が確立される。国家は社会福祉の給付から手を引き、雇用構造の再編を技術的に誘導する。それによって個人化され相対的に無力にされた労働者は、資本家の個々の要望にもとづく短期契約しかない労働市場に直面する」と。こうして、新自由主義のもとでは「『使い捨て労働者』が世界的規模で労働者の典型として現われ」、多くの人々が「最も安く最も従順な労働供給を見出すための『底辺へ向かう競争』に巻き込まれていく」というのである[11]。100名を超える自殺者を出しつつ強行された国鉄の分割・民営化と国労潰し、労働者派遣事業法の度重なる改悪に典型的に示された、労働市場の規制緩和の野放図な拡大、そして大量のワーキング・プアの堆積と続いてきたこの間のわが国の動向は、こうした指摘をまさに典型的に示しているのではあるまいか。

本節では、先にふれた第5期、すなわち1995年以降現在に至る「企業社会」の変容の過程を整理しておくことにしよう。95年をこの期の始期としたのは、この年に当時の日経連が『新時代の「日本的経営」』を発表し、きわめてエポック・メーキングな「日本的経営」論を提起したからである[12]。なぜこう

したものがこの時期にことあらためて提起されることになったのか。その背景から検討してみよう。重要なのは、バブル経済の崩壊とその後の「失われた10年」と呼ばれた長期不況であり、しかもそうした事態がグローバル化の進展による「大競争の時代」のもとで引き起こされたことであった。そうしたなかで、「小さな政府」による財政負担の軽減、規制緩和による民間活力の培養、競争の強化と効率の重視といった、「自由」な「市場」を主軸に据えた新自由主義の改革が急速に広がっていったのである。そうした考え方の端緒は、第4期の臨時行政調査会による行政改革が開始された時期にすでに現れていたが、それが体系的に示されることになったのは、96年の橋本6大改革である。その後の紆余曲折を経て2001年に登場した小泉「構造改革」は、これをほぼ継承するものであった。小泉「構造改革」でとりわけ注目すべきは、経済財政諮問会議に代表されるような戦略型の政策形成機関が設置されることによって、トップダウン型の政策形成が強化されたことであろう。

　新自由主義の改革の下では、これまでの「日本的雇用慣行」が内包している「高コスト体質」こそが問題であり、これを是正することが喫緊の課題とされたのであった。さらに言えば、そうした改革によってこれまでの「企業社会」のありようを変容させたとしても、協調的な労使関係は十分に維持しうるとの判断もあったはずである。先の報告書『新時代の「日本的経営」』でもっとも注目されたのは、これからの労働力を①長期蓄積能力活用型（従来の長期継続雇用という考え方に立って、企業としても働いてほしい、従業員としても働きたいというグループ）、②高度専門能力活用型（企業の抱える課題解決に、専門的熟練・能力をもって応える、必ずしも長期雇用を前提としないグループ）、③雇用柔軟型（職務に応じて定型的業務から専門的業務を遂行できる人までいるグループ）の3タイプに分け、「高コスト体質」の是正のために、これまで①に位置付けられていた正社員を可能な限り限定し、それを代替するものとして②や③のタイプの非正社員を活用しようとしたことであった。ここで重要なことは、長期雇用慣行が初めて公然と放棄されるに至ったことであり、それまでは形式上は①の補完物とされて、その周辺や底辺に位置付けられていた②や③の雇用形態が、①と並ぶような位置に迫り上がってきたことである。

　こうして、たとえ経営者が主張する建て前に過ぎなかったとはいえ、それまでの「日本的経営」を特徴付けてきたはずの「長期」的視点にたった「人間」

的経営からの転換が始まり、「日本的経営」は内部の人材を育成する「ストック型」の経営の側面を弱め、外部の人材を活用する「フロー型」の経営の側面を強めていったのである。①と②や③の間に経験や知識、技能の点で明確な境界がなかった産業や業種では、①から②や③への代替はその後急速に進んでいった。②や③のようなタイプの労働力の活用自体が、「高コスト体質」の是正にストレートに結び付いていたからである。あるいは、「名ばかり正社員」のように、①自体が②や③に近づいたケースもある。②や③のタイプの労働者は、短期の雇用契約や間接雇用の労働者であったので、流動化した労働市場のなかで使い捨ての労働力となる危険性は高まったのである。「専門的熟練・能力」をもった②のタイプの労働者や、「専門的業務」を遂行できる③のタイプの労働者などは、きわめて限定的に存在するに過ぎない。こうした②や③のタイプの労働者を活用するにあたっては、新自由主義の下での新たな「日本的経営」像に沿う形で進められた労働市場の規制緩和が、大いに力を発揮したことは言うまでもない。

　雇用においては非正社員の急増が注目されたのであるが、では賃金についてはどうだろうか。第5期における賃金をめぐる新たな動向として注目されたのは、成果主義賃金の拡大である。人口に膾炙し喧伝されている割には、今ひとつその実態が明らかではないのであるが（03年版の『労働経済白書』では、「従業員の個人業績を評価してその結果を賃金額に反映していく」賃金制度を成果主義的賃金制度と称している）、そこで課題とされてきたのは、職能給に付随した年功的性格の一掃による「高コスト体質」の是正である。先の「新時代の『日本的経営』」では、総額人件費管理を徹底し、「職能・業績反映型賃金管理システム」を確立することが強調されていたが、そこで経営サイドがめざしていたものは、賃金決定を可能な限り「個別化」し、わが国の賃金が依然として脱却できないでいる年功的性格と賃金のもつ下方硬直性を打破し、査定・業績・変動賃金に改編していくことであったといってよい。

　わが国の賃金の中核を占めている基本給は、大きく括るならば年齢・勤続給部分と職能給部分からなり、両者の構成比は、職能資格等級が上位になればなるほど、前者よりも後者の割合が大きくなるように組み立てられてきた。この間能力主義管理が強められてきたこともあって、全体として職能給部分が膨らんできており、今日では基本給のもっとも重要な部分となっている。この職能

給部分は、職能資格等級が上がれば上がるほど金額が上昇することになっており、そしてまた、職能資格等級の上昇すなわち昇級には、人事考課の結果が反映されているのである。その人事考課では、能力考課と情意考課と業績考課によって、労働者の企業への貢献度が評価されることになる。能力考課では、各職能資格が期待する資格要件がどこまで充たされているのかが問われ、年1回行われる考課の結果は昇級や昇格に反映される。情意考課では仕事に向かう姿勢や日々の勤務態度が問題となる。そして業績考課では、一定期間にどの程度目に見える形で企業に貢献したかが、達成した業績を通じて問われるのである。情意考課と業績考課は通常年2回行われる。

　では、こうした賃金管理のいったい何がどのように問題となったのか。まず職能給についてであるが、そこには、習熟昇給と呼ばれた毎年の定期昇給が制度として織り込まれていたり、職能資格等級ごとの賃金の上限も厳格に運用されていないケースも見られたという。また、能力はひとたび身に付けば失われないということで、職能資格等級の降格は想定されていなかったし、さらに言えば、たとえ工夫を凝らしたとしても、職能資格等級ごとに期待される能力の違いを文言として表現し区別することはもともと難しかったのである。これらの問題点が、能力主義の厳格な適用を難しくして、職能給を「曖昧」な処遇制度にしていったと言えよう。「曖昧」であれば処遇はどうなるのか。結果としては、どうしても「勤続」を評価した年功的なものになっていくのである。なぜだろうか。おそらくは、そのような処遇が多数の労働者にとっては「公正」であると意識されているからであろう。グローバルな競争に直面していた経営サイドが、こうした職能給の年功的なあり方に不満を募らせていたことは間違いない。

　また人事考課について言えば、潜在能力までをも評価の対象にした能力考課や、仕事に対する姿勢や態度を評価の対象とした情意考課では、企業に対する貢献度の評価がここでもいささか「曖昧」になることは避けられない。顕在化した能力を重視すれば、それは業績に反映されるはずであり、業績考課に近付いていく。情意考課を通じて企業にとっての異質な問題行為を封じ込めることにあらかた成功し、「生活態度としての能力」をかなり高いレベルで均質化できたことも、情意考課の役割を低めていく。つまり、個人間の評価をいくら緻密化してみても、評価のための負担が大きい割には、それほどの違いが見いだ

せなくなっていくのである。そうなると、ここでも評価は年功的にならざるをえない。違いを無理にでも明確にしようとすれば、もはや業績考課に頼るしかなくなっていったのである。業績考課のウェイトが大きくなっていったのはそのためである。

　こうした職能給と人事考課に孕まれた問題点を克服して、「高コスト体質」を是正するために登場したのが、個人の業績に照準を合わせた成果主義賃金であった。具体的な動きとしてまず注目されたのは、年俸制の導入である。職能給による賃金決定を抜本的に改変して、顕在化された個人の業績のみを評価の対象にしようとしたのである。年俸制を導入する理由として、業績主義の強化や経営参画意識の高揚などがあげられていたことからもわかるように、自らの賃金を自らの努力で稼ぎ出すといった、賃金についての自己責任意識を植え付けようともしたのであろう。年俸制の特徴は、定昇もなく賃下げさえも可能な業績主義そのものの賃金だという点にある。年俸制は主に管理職を対象に導入されたのであるが、業績を口実にして、賃金が簡単にしかも大幅に減額されるようなケースも生まれたのであった。

　もうひとつは、職能給を維持しながらも業績を重視した運用をおこなうというものである。年俸制は、そもそも業績に対して責任を負うことのできる権限や裁量が付与されていることが前提となるので、多くの労働者に適用するのはどうしても難しくなる。「長期蓄積能力活用型」の労働者の多くは、やはりこれまでのような職能給を基本とした月給制とならざるをえない。そこで日経連報告は、定期昇給が存続する限り賃金体系を変えても賃金は年功的になるとして、定昇制度の廃止を提起するとともに、職能資格制度が資格の「上ずり現象」によって現実には年功的に運用されていることを踏まえ、洗い替え職能給を導入して実績重視で運用しようとしたのであった。

　では洗い替え職能給はどのように具体化されたのか。人事考課で業績考課のウェイトを大きくするとともに、そこに「目標管理制度」を導入して毎期ごとに個人目標を設定し、目標に対する達成度を個別に評価しそれにもとづいて賃金を決定すればよい。もちろん、この目標は労働者が勝手に決定できる性格のものではない。上司による面接を通じて決められるのであり、その結果、企業が期待する目標が個人目標となって具体化されることになる。本人が「同意」したという形式をとったノルマとでも言えようか。これまでの職能給では、全

員が前年度の賃金水準を維持したうえで、人事考課によって次年度の賃金の上げ幅に差が生まれたわけであるが、「目標管理制度」を導入すれば、降格という手荒な手段を取らなくても昇給ストップやマイナス昇給がありうることになる。

　成果主義賃金は、個人の業績の大小に賃金を連動させる仕組みとして「世俗化」し、新自由主義の思想とも共鳴したので（努力し頑張った者が報われる！）、わかりやすくしかも公正な賃金制度ででもあるかのように受け止められた。格差が生ずることこそが一見公正ででもあるかのように思われていたからである。導入当初、若年層や高学歴層に成果主義賃金に対する評価が高かったのも、そのためであろう。しかしながら、そこにはわかりやすいことの「無理」も存在した。自己完結的な労働の領域では、個人の業績はすでに歩合＝出来高賃金として評価されてきたわけで、チームによって遂行される労働においては、もともと個々人の業績を短期のうちに明確に区分して評価すること自体が困難だったからである。だからこその時間賃金であり、「遅い選抜」だったはずである。そうしたところに成果主義賃金を導入すれば、当初は高い評価を受けようとして頑張る者が一部に現れるものの、時間が経過すればするほど、短期に個人の業績を評価することの「無理」が表面化し、不満が広がらざるをえなかったのである。業績ではなくて、高い業績をあげうるような行動特性としてのコンピテンシーが評価されたりしたのも、そうした「無理」を示していたのではなかろうか。

　上記のような形で、成果主義賃金は「高コスト体質」の是正に貢献したのではないかと思われるが、成果主義賃金の広がりと深まりがどの程度のものなのかがいささか漠としているので、その貢献度は大量の非正社員の活用よりはずっと小さかったであろう。筆者としては、成果主義賃金については、そうしたことよりも以下のようなことを重視すべきではないかと思う。つまり、個人の業績というものを経営の祭壇に祭り上げることによって、労働者の賃金に対する考え方を変え、職場における労働のあり方を変えたことである。生計費対応的な賃金はもちろんのこと時間賃金をも何か古臭いものででもあるかのように思わせたし、従来の所定労働時間プラス若干の残業時間といった働き方を成果達成型の労働へと変え、これまでの長時間労働を遥かに超えた働き方を、労働者の「自発」を装いつつ強制したからである。

そうした「自発」は、若い正社員者たちの間にいわゆる自己実現系のワーカホリックをも生み出しているという[13]。やりがいのある仕事のためには、燃え尽きることさえ厭わないかのように見えるような、真面目な若者たちの群れである。そこでのキーワードは、仕事の中身としての「働きがい」や「やりがい」指向であり、主体のあり方としての「自己実現」や「自分らしさ」指向である。彼らの描く成功モデルは「ニューリッチ」や「起業」であり、それを可能にするのは、仕事のプロフェッショナルへの成長や自己啓発を主体にしたキャリアの形成である。フリーターやニートが問題とされた際には、若者たちの労働意欲の「過少」が話題となって、彼らに対するバッシングが広がったが、他方でその対極には、あまりにも真面目すぎるが故の労働意欲の「過剰」が問題となってもいるのである。こうした若者たちの世界とそこに流れている仕事観は、時代の風潮を敏感に反映しているはずであり、彼らだけに現れている特殊なものなのでは、けっしてない。程度の差はあれ、他の多くの世代にも共有されているはずであり、職場の底流にも潜んでいるものではなかったか。

上記のような職場においては、労使関係の存在自体が希薄になり、労働意欲の「過剰」ばかりが称揚され広がっていくのであるが、そうした労働者の「自発」は、財界が提唱するような「自律型」の人材や「価値創造型」の人材を育成しようとする試みへと接続していたようにも思われる[14]。希薄化した企業への帰属意識は、仕事への「前向き」な姿勢によって補完されているのかもしれない。こうした世界では、企業内での訓練効率の高さを示すトレイナビリティよりも、転職可能な被雇用能力の高さを示すエンプロイアビリティを身に付けることが、より重視されることになる。自発的な転職がきわめて困難となった労働者は、「寄る辺」なき労働者となるかもしれない不安を打ち消そうとして、企業という組織に依存しない自立した自己を確立しようとしているのであり、そうした形で「企業社会」に統合されているのである。ここに見られるのは、新自由主義が描くような、「自己責任」を自覚し自立した個人として生きる労働者像である。

4 「企業社会」の変容とその行方

個人の業績が「自己責任」と結び付けられることによって、企業はあたかも

労使関係なき生産ユニットやビジネス・ユニットと化し、プロフェッショナルとしての「仕事術」や「自己啓発」を説くビジネス書が、何やら人生の指南書ででもあるかのように売れる時代となった。こうしたものがベストセラーとなるのも、「自己責任」論が社会に定着して、将来に対する漠然とした不安が、非正社員はもちろんのこと正社員にも広がっているためでもあろう。自分以外の誰にも頼ることはできないといった諦めまじりの処世訓ばかりが蔓延し、「社会」が衰退していったからである。「日本的雇用」は「解体過程」に入ったのであり、「終身雇用という幻想」を捨てるように求める左右からの大合唱のもとで[15]、長期、直接、フルタイムの雇用を基本とするようなこれまでの雇用概念は、非正社員の間では無縁のものとなり、正社員の間でさえも揺らぎ始めている。雇用概念は風化を遂げ、不安定さを増しつつあるのである。しかしながら、こうした状況にあるにもかかわらず、先のような新自由主義の改革によってもたらされた「企業社会」の変容は、そこから自立した新しいタイプの主体を生み出す可能性があるかのような、いささか牧歌的な言説をも生み出した[16]。こうした過去の議論をあえて批判の俎上に載せるのは、冒頭で紹介した「企業社会」の「変質」や「解体」を主張する論者たちの多くは、そう主張することによって、直接的にまたは間接的にこうした議論と共鳴しあっているようにも思われるからである。

　典型的な議論をいくつか拾い出してみよう[17]。「能力主義の浸透は職場における個人主義的傾向を強化し、その結果、従業員の企業への帰属意識を弱め」、「日本型企業主義の漸次的解体」をもたらすとか、新自由主義への転換は、「専門的技術を大事にし、したがって賃金は性や年齢、思想、あるいは『年功』にかかわらず能力や成果に応じたもの」となり、またそのために労働者がよりよい条件を求めて転社が可能な、つまり「閉鎖性を脱した明るく透明な企業づくり」が求められることになり、「大局的にはそうした試みがつぎつぎと現れつつある」とか、「優勝劣敗の市場原理は、過酷な競争に人間を追い込み、弱者を切り捨てるというイメージで語られるが、そのような市場原理の把握は一面的」で、市場にはもう一つの側面、すなわち「封建的な旧い規範を崩壊させ、商品所有者相互の自由で対等な関係をつくりだすという側面がある」のであって、例えば、「年功的に処遇しない制度への転換は、家族賃金イデオロギーを崩壊させ、男女それぞれに対し、個人として生活をまかなう生存賃金を保障す

る道を拓くことにもつながる」などといった主張である。わが国における「企業社会」と新自由主義の改革の現実を凝視することなく、「原理」や「理論」や「哲学」から問題を解明しようとする人々には、「自由」な「市場」と「自立」した「個人」を標榜する新自由主義は、その底流において存外に馴染みやすい側面をもっているのかもしれない。

　だが、企業に依存しない自立した労働者、言い換えれば「自律型」の人材や「価値創造型」の人材を生み出すはずであった新自由主義の改革の結末は、何とも過酷なものであった。「寄る辺」を失い外部労働市場を漂流する大量の非正社員を生み出しただけではなく（筆者の推定では、非自発的な選択によって非正社員とならざるをえなかった労働者は500万人近くに達する）、過酷な労働を強いられた「名ばかり管理職」に加えて、社会・労働保険の保護や定昇、一時金、退職金の保護なき正社員のような、いわゆる「名ばかり正社員」をも生み出したのであった。われわれが直面したのは、融解した雇用と過剰化した労働であり、働く人々の将来に対する「不安」と心身の「疲弊」である。それらを内攻させたのは、「自己責任」論がもたらした「諦念」ではなかったか。

　『新時代の「日本的経営」』が徹底されていけば、「日本的雇用慣行」は失われていく。常識的に考えれば、その結果、労働者の企業へのコミットメントは希薄化してもおかしくはない。それ故、こうした新自由主義の改革を、「日本的経営」の「崩壊」や「企業主義統合」の「解体」をもたらすものとして捉えるような見解も生まれたわけであろう。だが、「企業社会」の変容は、そのこと自体で労働者の企業からの「自立」をもたらしはしなかった。正社員の場合は、依然として「内部化され企業リスクを負わされた」ままであり、「企業社会」に留まり続けるために業績の達成をめざして過酷な労働に従事せざるをえなかったし、非正社員の場合は、「寄る辺」なき労働者の群れに投げ込まれ、日々の生存に追われて「発言」の機会も意欲も失ったからである。メンタルヘルスに象徴される「燃え尽き」と、ワーキング・プアに象徴される「使い捨て」が、新自由主義がもたらした「企業社会」の変容の帰結であったと言えよう。

　では、こうした状況に対してわが国の企業別組合はどのような対応を試みてきたのであろうか。非正社員の増大にしても、成果主義賃金の広がりにしても、そしてまた組合組織率の低下にしても、論者によっては「企業社会」

の「変質」や「解体」を示す重要な指標のように思われたはずだし、こうした事態を前にして労働組合運動の活性化に期待を寄せる向きさえあったのであるが、残念なことにそうした期待に反して、連合の主流を占めた民間大企業の企業別組合は沈黙を守り続けてきたといってよい。なぜなのか。「内部化され企業リスクを負わされた」労働者と労働組合にとっては、非正社員の増大も成果主義賃金の増大も「高コスト体質」の是正のためにはやむをえないものとして認識されていたからである。経営目標の徹底した内面化である。組合組織率の低下にしても、ユニオン・ショップ協定によって、親企業の正社員についてはほぼ100パーセント組織していた企業別組合には、さほど深刻な問題とは受け止められなかったのではないか。連合の高木前会長は、偽装請負の蔓延に関して「バブル崩壊後、コスト削減でこういう雇用形態の人が製造現場にも入ってくるのを知りながら（労組は）目をつぶっていた。言葉が過ぎるかもしれないが、消極的な幇助。働くルールがゆがむことへの感度が弱かったと言われてもしょうがない」[18]と率直に自己批判したが、「社会」を見失っていた企業別組合には、新自由主義の改革への対抗が必要であるとの自覚すらもが薄らいでいたのではなかったか。

　企業の側は、『新時代の「日本的経営」』でも強調されていたように、企業内の協調的な労使関係については一貫して「重要」視し「維持」する姿勢を崩してはいなかった。現在もそうであろう。であるとすれば、「長期蓄積能力活用型」のタイプの労働者のところでは企業別組合は生き残ることになるが、しかしそうした組織は、「寄る辺」なき労働者の大群に包囲され、ますます企業内に自閉していかざるをえない。職場における労働者の階層構造が一段と複雑化し、正社員の処遇も個別化するなかで「団結」や「連帯」が弱まり、民間大企業の企業別組合は力なき組織として存在し続けているのである。「企業社会」への労働者と労働組合の深い統合こそが、新自由主義の改革をほぼ無抵抗に受容させたのであれば、90年代後半以降の事態は、ひとまずは新自由主義の改革による「企業社会」の変容の過程として認識すべきではなかろうか。民間大企業の労働組合は、「企業の発展あるいは生き残りという言説」によって雇用の流動化や労働条件の見直しを受け入れ、「価値の多様化や個の重視という言説」によって集団主義的な活動スタイルを変えてきたのであるが[19]、伝統的な労働組合観からすれば組合らしからぬこうした民間大企業の企業別組合の思考

様式は、新自由主義による「企業社会」の変容にきわめて適合的な労働組合のありようを示していたのかもしれない。

　労使関係の様相を見ても、集団的労使関係は制度化された形式としては残っているものの、その内実は失われているようにも見える。替わって注目されるようになったのが、個別紛争の広がりに示されるような個別的労使関係であった[20]。労働組合の関与していないところで、労働問題が噴出しているのである。こうした事態に対処するために導入されたのが、個別労働紛争解決制度であり、「労働審判制度」であった。「自己責任」や「自立」や「業績」が、労働組合による職場規制をさらに弱めたことも間違いなかろう。職場においても規制緩和が進められたと言えようか。パワー・ハラスメントやセクシュアル・ハラスメント、モラル・ハラスメントの広がりなども、職場における労働組合のさらなる衰退と無縁ではない。こうして、企業別組合は春闘時にしか話題にのぼらない存在となっているのであるが、労働条件に対する拘りもきわめて弱いものに過ぎなかったので、すでに「賃上げ」組合ですらなくなっていたとも言えよう。その結果、「労働分配率」は低下し続けてきたのであった。

　企業内に自閉した企業別組合は、組織のメンバーではない非正社員にほとんど関心を払うことはなかったし、正社員についても平等な処遇にそれほどの拘りをもってはこなかった。そのことの必然的な結果として、格差社会の現実に対しても無関心なままであったといってよい。もともと「社会」への関心が弱かった民間大企業の企業別組合から、「社会」はさらに衰退していったのである。だからこそ、新自由主義の改革は大きな抵抗を受けることなく、猛威を振るえたのではなかったか。今日の事態は、「企業社会」によってほぼ純粋に培養された新自由主義の改革がもたらしたものであり、その意味では「社会」の荒廃は加重されているようにも思われる。企業を「社会」に等値し、さらにはまた市場を「社会」に等値し続けてきたが故の「痛み」なのだと言うべきであろうか。

　しかしながら、そうした「痛み」は過酷であればあるほど、新たな反発を産み落とすことになる。「企業社会」の外部から格差社会への批判が広がり始め、「社会」問題としての労働問題に対する関心が増大していった。狭義の「企業社会」の安定によって、広義の「企業社会」は不安定化したのであるが、その結果、格差を放置し底なしの貧困を生み出した広義の「企業社会」に対する批

判が、急速に広がっていったのである。社会統合の危機といってもいい。そのインパクトが予想以上に大きかったことは、連合に「非正規労働センター」が、全労連に「非正規雇用労働者全国センター」が組織されたことにも象徴的に示されているのではなかろうか（さらに言えば、こうした社会統合の危機こそが今般の政権交代を生み出したのである）。

今日の状況を冷徹に眺めれば、「企業社会」に自閉し「社会」の衰退に無関心な企業別組合は、形骸化し自然死する可能性さえある。そうした事態を回避して労働者が企業から「自立」しうるためには、労働組合が自らを「寄る辺」とするとともに、衰退した「社会」を再生させて「溜め」をつくりだしていかなければならないのだろう[21]。非正社員に組合戦略の照準を合わせながら、「社会」のありように着目する労働組合が求められているのである。新自由主義の改革を批判し、「社会」を可視化しようとするような労働組合運動、言い換えれば社会運動ユニオニズムへの転換が期待される所以である。その際、ユニオン運動と呼ばれる新しいタイプの労働組合の実践とともに、既存のナショナルセンターや産別による「社会」への対応の強化や非正社員の組織化、正社員化などにも、もっと大きな関心が払われるべきである。労働運動に関心を寄せる論者には、新しいタイプの組織と運動にのみ注目し期待する者が多い。こうした運動が広義の「企業社会」や既存の労働組合運動に与えるインパクトを無視してはならないが、そうした少数の新しい運動をたんに称揚するだけでは、「社会」は可視化されることはない。

われわれが今後課題とすべきは、労働問題の世界から喪失させられていった「社会」を再浮上させることである。その際重要となるのは、労働者の人生に深く関わるが故に「社会」の重要な構成因子となっている、職場や企業、仕事、生活に関する新たな構想力であろう。紙幅を大幅に超えてしまった本稿ではもはや詳述する余裕はないが、ワーク・ルールや「企業の社会的責任」（CSR）、ディーセント・ワーク、ワーク・ライフ・バランスなどが内包している「社会」思想の行方に注目すべきではなかろうか。いま焦点となっているのは、労働をめぐる「再規制」の動きである[22]。自由化されて野放しとなった派遣労働に対する規制や、最低賃金の引き上げ、不払い残業の根絶や時間外労働の規制、非正社員の社会・労働保険への包摂などが焦眉の課題となっているのであるが、こうしてここに掲げた課題を振り返ってみると、あまりにもオーソドックスか

つクラシックなテーマであることに驚きを禁じ得ない。わが国の主流の労働組合が喪失してきた制度や政策に関わるような課題、すなわち「社会」のありように関わる課題が、新自由主義の改革の果てに再びクリアな形で浮かび上がってきているのである。思い起こせば、1970年代には当時の総評によって国民春闘が取り組まれ、そこには「生活闘争」や「制度・政策要求」があり、「社会的弱者」に対する連帯があった。今そうした過去の運動から学んでみることも、けっして無駄ではあるまい。

　企業内への自閉や市場における自由な競争のみで、人間的で良質かつ公正な「社会」が形成されるはずもない。「企業社会」と「市場社会」の二重の負債を克服して、労働と生活を基軸に据えた市民社会、言い換えれば「会社」主義ならぬ「社会」主義の市民社会に脱皮していくためには、「労働再規制」をつうじて「社会」を再浮上させていかなければならないだろう。「日本的経営」の「崩壊」や「企業主義統合」の「解体」は、その先にしか見えてはこない。

注

1）拙著『企業社会と労働組合』（労働科学研究所出版部刊、1989年）の序章や『企業社会と労働者』（同、1990年）の第6章、さらには『労務理論学会年報』第3号（1993年）所収の「『日本型企業社会』と労使関係の現地点」などである。本文中の引用箇所は、煩瑣になるのでいちいち明示しなかったが、いずれもこの3点からのものである。
2）橋本健二『現代日本の階級構造——理論・方法・計量分析——』、東信堂、1999年、97～99頁。
3）山田鋭夫「企業社会と市民社会」（平田清明他『現代市民社会と企業国家』、御茶の水書房、1994年、67頁）。
4）橋本健二『階級社会日本』、青木書店、2001年、234頁。
5）後藤道夫「岐路に立つ日本」（同編『岐路に立つ日本』、吉川弘文館、2004年、55～72頁）。
6）座談会「総点検・構造改革」（『ポリティーク』12号）。
7）西谷敏『規制が支える自己決定』、法律文化社、2004年、35～36頁。
8）牧野富夫「『新・日本的経営』の21世紀展開——『構造改革』との関連を中心として——」（労務理論学会誌第16号『「新・日本的経営」のその後』所収）。
9）拙稿「日本における『企業社会』の形成に関する覚書」（専修大学社会科学研究所『社会科学年報』第30号所収）。
10）ここでいう「日本の雇用慣行」とは、①職種を特定されないままに毎年定期一括採用された新規学卒者が、②低い初任給と職位を出発点としながら、OJT（＝職場内訓練）やジョブ・ローテーションをつうじて技能やキャリアを形成し、③勤続年数と人事考課にもとづく能力評価によって、毎年昇給するとともに生涯に何度か昇進・昇格しつ

つ、企業内福利厚生をも活用しながら「標準的」な生活を維持し、④途中退職者を除いて原則としては定年まで勤務を継続する、というものである。

11) デヴィッド・ハーヴェイ（渡辺治監訳）『新自由主義』、作品社、2007年、233〜234頁。
12) この『新時代の「日本的経営」』に関しては、すでに「日経連『新時代の「日本的経営」』をめぐって」（『労働法律旬報』1410号所収）、「現代日本の賃金問題の諸相」（社会政策叢書第21集『今日の賃金問題』所収）、「日本的経営の変貌と労働組合の行方」（日本労働社会学会年報第9号『労働組合に未来はあるか』所収）などで論じたことがある。
13) 本田由紀「〈やりがい〉の搾取」（『世界』762号）。
14) 経済産業省委託調査「人材マネジメントに関する研究会」報告書、2006年。
15) 後藤の前掲論文に加えて、木下武男「日本型雇用・年功賃金の解体過程」（後藤道夫編『岐路に立つ日本』、吉川弘文館、2004年）があり、また彼らとは逆の立場からの同種の議論として、柳川範之「終身雇用という幻想を捨てよ──産業構造変化に合った雇用システムに転換を」（ＮＩＲＡ研究報告書、2009年4月）がある。
16) こうした議論に対する批判は、すでに岩佐卓也（「『働き方の多様化』の論理」、『ポリティーク』7号）によってなされている。
17) 以下の引用は、碓井敏正、大西広編『ポスト戦後体制への政治経済学』（大月書店、2001年）所収の碓井敏正「『能力主義』社会の規範哲学序説」、大西広「日本型企業社会の変容と転換」、石田好江「日本型ジェンダー構造の変容と転換」からのものである。
18) 『朝日新聞』2006年8月9日。
19) 鈴木玲「日本の労働運動」（新川敏光・篠田徹編『労働と福祉国家の可能性』、ミネルヴァ書房、2009年、40〜43頁）。
20) 2008年度の総合労働相談件数は108万件、民事上の個別労働紛争相談件数は24万件にも達し、近年ともに大幅に増加している。
21) 湯浅誠は、「一人前の福祉国家であれば、失業と野宿の間には膨大な『距離』がある」と指摘し、その距離を「溜め」と呼んでいる（『反貧困』、岩波新書、2008年、205頁）。
22) 「労働再規制」の意義とその背景については、五十嵐仁『労働再規制』（ちくま新書、2009年）および『労働政策』（日本経済評論社、2008年）を参照されたい。

第4章　公務部門改革下の公務労使関係
―― その変化と見通し ――

松尾　孝一

はじめに

　従来、日本の公共部門、特に国営・公営企業などを除いたその非現業部門[1])（本章ではこれを公務部門と呼ぶ）の人事管理や労使関係は、その規模の大きさ[2])にもかかわらず、民間部門に比べて実証的な研究対象には十分に据えられてこなかった（公務員の種類と数、及びその数の年次推移については、図4-1・図4-2も参照）。しかし、国・地方を問わず、新自由主義的な政治勢力の主導の下で、公務員制度改革をはじめとした市場主義的な公務部門改革が進められている近年の情勢は、この領域の人事管理・労使関係の現状と変化の方向について考察することを緊要な課題としている。端的に言えば、新自由主義的改革の重要なターゲットに近年据えられている公務部門を分析対象として取り上げることは、「新自由主義と労働」をテーマとする本書においては、最も重要な課題のひとつである。

　本章では、このような問題意識に立ちながら、市場主義的な考え方を背景とする近年の公務部門改革や公務員制度改革が、公務部門における人事管理制度を現在どのような方向に変化させつつあるのかをまず明らかにしたい。そしてその変化が今後、個別官公庁レベルの労使関係、さらには公務部門の性格をどのように変化させていくのかについて、具体的な事例にも触れながら検討したい。そのことを通じて、近年の公務改革の問題点を浮き彫りにしたい。

　すなわち、まず本章では、公務部門の労使関係の制度的特質について概括的に述べる。続いて、近年の公務部門改革や公務員制度改革の主に人事管理面における現状・問題点について述べる。その上で、それらの改革が、人事管理の

図4-1　公務員の種類と数

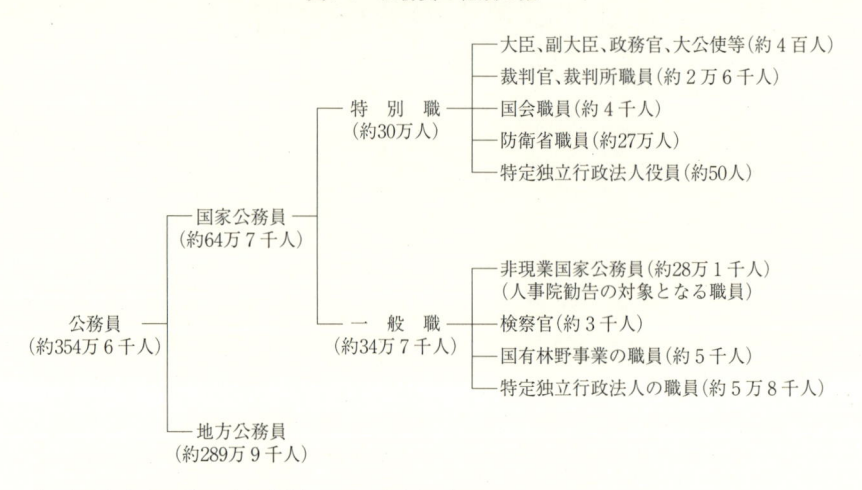

```
                                    ┌─ 大臣、副大臣、政務官、大公使等（約4百人）
                                    ├─ 裁判官、裁判所職員（約2万6千人）
                      ┌─ 特別職 ────┼─ 国会職員（約4千人）
                      │ （約30万人）├─ 防衛省職員（約27万人）
                      │            └─ 特定独立行政法人役員（約50人）
          ┌─ 国家公務員 ┤
          │ （約64万7千人）│
公務員 ────┤            │            ┌─ 非現業国家公務員（約28万1千人）
（約354万6千人）│       │            │  （人事院勧告の対象となる職員）
          │            └─ 一般職 ────┼─ 検察官（約3千人）
          │              （約34万7千人）├─ 国有林野事業の職員（約5千人）
          │                          └─ 特定独立行政法人の職員（約5万8千人）
          └─ 地方公務員
             （約289万9千人）
```

注1）国家公務員の数は、以下を除き、平成21年度末予算定員である。
注2）特定独立行政法人役員の数は、平成20年10月1日現在の常勤役員数である。
注3）特定独立行政法人の職員数は、平成20年1月1日現在の常勤職員数の合計である。
注4）地方公務員の数は、「平成20年地方公共団体定員管理調査」による一般職に属する地方公務員数である（総務省資料）。
注5）数値は端数処理の関係で合致しない場合がある。
注6）このほかに、非常勤職員の数は「一般職国家公務員在職状況統計表（平成20年7月1日現在）」による一般職の非常勤職員（独立行政法人の職員等を除く）で約14万3千人である（総務省資料）。
出所）人事院編（2009）『公務員白書（平成21年版）』日経印刷株式会社。

変化を媒介にして公務労使関係を今後どのような形に変化させていくのかについて検討する。さらに、それらの改革に対する公務部門の労働組合の認識と対応について検討し、その意義と限界を指摘する。最後に、公務部門の人事管理・労使関係の今後の見通しと、組合側に求められる対抗戦略について考える。

1　公務部門の労使関係の特質

（1）組合活動の法制度的制約：労働基本権の法制度的枠組み

公務部門においては、争議権の否認をはじめとする労働基本権の制約など、法制度的な枠組みに伴う組合活動の制約が大きい。これが民間部門とは異なる公務部門の労使関係の大きな特質のひとつである。特に、「勤務条件法定主義」の原則、さらに当局の当事者能力の制約などから、賃金労働条件の自律的

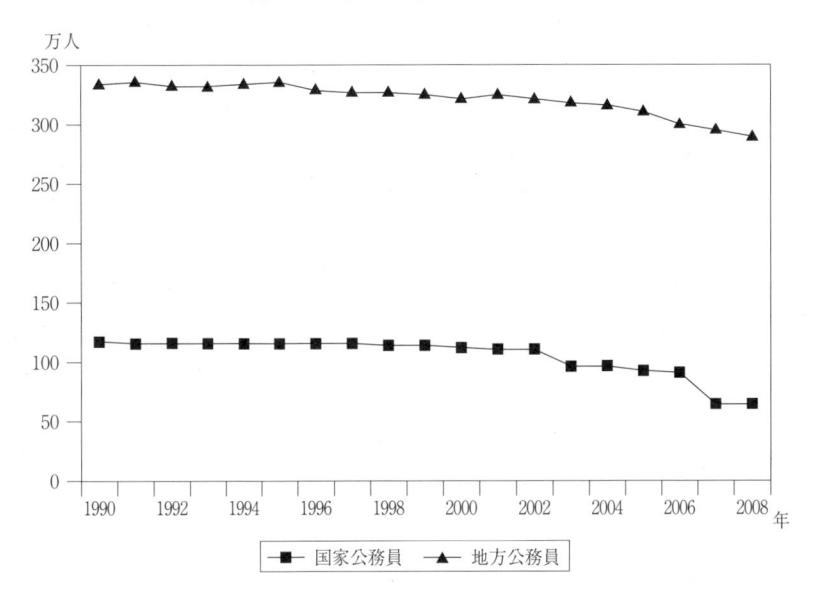

図4-2 日本の公務員数の年次推移

出所）『公務員白書』各年版より作成。

な決定に関して公務部門では民間部門より制約が多い。そのため、従来の労使関係論では、公務部門・公共部門では当事者間の自律性を持った労使関係が十分に形成されておらず、そのためその労使関係は集権的・政治的な方向に流れがちであるという見方が強かった（白井1992、田端1993など）。

しかし、法制度上も、職種・セクターごとの差はあれ、公務部門においても個別官公庁レベルでの組合活動の余地は相応に存在している。すなわち、職員の団結権については、非現業国家公務部門においても、警察職員などを除いて国家公務員法（国公法）108条の2第3項でそれが認められている。地方公務員の場合も、地方公務員法（地公法）52条3項で団結権が認められている（警察・消防職員を除く）。要するに、非現業の国家・地方公務員には労働組合法が適用されないものの、国公法・地公法によりその団結権が保障されているわけである[3]。

次に団体交渉権については、端的に言えば、非現業公務員の組合（ただし非現業公務員には労組法が適用されないため、その組合は労組法上の労働組合ではな

く、法的には国公法・地公法上の職員団体となるが、むろん本章ではこれらも労働組合と呼ぶ）も当局と交渉を行うことができる。すなわち、非現業公務員の団体交渉権については、当局は登録職員団体からの交渉申し入れに対し交渉応諾義務を負っている（国公法108条の5第1項、地公法55条1項）。ただし現業公務員の場合とは違い、交渉の結果を団体協約の形で締結することはできない（国公法同第2項、地公法同2項）。しかし、非現業でも地方公務員の場合は、法令・条例等に抵触しない範囲で書面協定を結ぶことができる（地公法55条9項）[4]。

　これらのことから、公務部門では、法制度上も個別官公庁レベルでの組合活動の余地が相応に存在してきたことがわかる（なお、一般職公務員の職員区分ごとの労働基本権の適用状況については表4-1も参照されたい）。そもそも、「勤務条件法定主義」の原則の下でも、勤務条件を個別具体的なレベルまで法令で逐一規定することは不可能であるから、詳細部分の決定において労使間の交渉の余地は自ずと生じる。特に地方自治体においては、人事院勧告の内容が通常はそのまま給与法改定に反映される国とは違い、各自治体の人事委員会の勧告を受けて当局が給料表や諸手当などの具体的な賃金労働条件（勤務条件）を定める過程で、実態としても労使の交渉の余地が相当程度残されてきた（いわゆる確定闘争）。

　ただし、行政事務の管理運営に関する事項（管理運営事項）については、現業公務員も含め、国・地方自治体共に労使間の交渉対象とすることはできない（国公法108条の5第3項、地公法55条3項）。しかし何をもって管理運営事項とみなすかについては、おおまかな通念的理解はあるとしても、個別具体的な事例におけるその定義づけには困難が伴う。また、職制改正などを管理運営事項とみなしたとしても、それは職場定員の増減などを通じて具体的な労働条件にも影響を及ぼすことが多い。これらのことが個別官公庁における労使間の対立の大きな原因になってきたし、これらに関しての労使のせめぎ合いが、個別官公庁レベルの労使関係を少なからず形作ってきたと言っても過言ではないだろう。

　要するに、公務部門においては、労働基本権の制約と「勤務条件法定主義」の原則の下でも、個別官公庁のミクロな労使関係の中での労働条件決定やその他労使間の決定が実態として行われてきた。特に「管理運営事項」をめぐるせめぎ合いが労使関係上の争点となってきたと言える。

第4章　公務部門改革下の公務労使関係

表4-1　公務員（一般職）における労働基本権の適用状況

職員の区分		適用法律	団結権	団体交渉権	協約締結権	争議権
国家公務員	非現業職員	国公法	○ （108条の2） （警察職員等除く）	△ （108条の5） （交渉は可能）	× （108条の5）	× （98条）
	現業及び 特定独法職員	特労法 （労組法・労基法）	○ （4条）	○ （8条）	○ （8条）	× （17条）
地方公務員	非現業職員	地公法 （労基法）	○ （52条） （警察・消防職員除く）	△ （55条） （交渉は可能）	× （55条） （書面協定は可能）	× （37条）
	現業及び 地方特定独法職員	地公労法 （労組法・労調法・労基法）	○ （5条）	○ （7条）	○ （7条）	× （11条）
	単純労務職員	地公労法（準用） （地公法・労組法・労調法・労基法）	○ （5条）	○ （7条）	○ （7条）	× （11条）

注）特労法は「特定独立行政法人等の労働関係に関する法律」（かつての公共企業体等労働関係法）のことである。適用法律欄のカッコ内は、併せて適用される法律を示す。
出所）坂（2004）、第1回行政改革推進本部専門調査会（2006年7月27日）配布資料（http://www.gyoukaku.go.jp/senmon/dai1/sankou3.pdf）などから作成。

(2) 従来の公務労使関係の特質

　では従来、公務部門においてはどのような労使関係が形成されていたのであろうか。この点については、政令指定都市A市の事例に基づいた拙稿（松尾1999、2001）ですでに論じたので、ここで再度記述することは省略したい。ただ、それを一言で言うならば、少なくとも地方自治体の場合は、高度成長期に一定の自律性をもった庁内労使関係が形成されていき、それが石油ショック以降の低成長期に、労使協議と組合の政策参加に基礎を置いた自律性と協調性をもった庁内労使関係として成熟・安定していったということである。1980年代の行政改革の動きも、むしろ民間型の協調的な庁内労使協議体制を深化させる一面があったと言える[5]。

　一方、国家公務部門の労使関係は、地方公務部門に比べて、各省庁レベルにおける自律的労使関係の確立は十分ではない。むろん、官房長や人事担当の審議官・参事官・課長などの省庁幹部と組合との交渉の機会は多くの中央省庁で設けられている。大臣との会見機会が設けられている場合もある。しかし、賃

金労働条件決定に関しての各省庁当局の当事者能力が地方自治体に比べて十分ではないため、これらの交渉が具体的な賃金労働条件決定の役割を実態的に果たしているとは言えない。

さらに、国家公務員の組合運動は、基本的には出先機関に勤務するいわゆるノンキャリア組によって中心的に担われている運動である。キャリア組は異動が頻繁にあることや、管理職階への昇進が早いことなどを考えればこれは当然とも言える。管理職の組合運動はあっても、それはノンキャリアの古参管理職（本省課長補佐相当クラス）が中心となった運動である。この場合、例えば国土交通省管理職ユニオンに見られるように、ノンキャリア職員、特に本省課長補佐相当クラスの古参ノンキャリア職員の昇格改善（とりわけその本省課長相当クラスへの昇格）を求める要求が特徴的なものとして存在してきた（萩原1998）。

ちなみに、中央省庁（出先機関も含む）における一般職の非現業公務員（管理職員等除く）の組合組織化の状況は、表4-2の通りである[6]。省庁ごとの差が大きいにせよ、また地方自治体ほどではないにせよ、全体的な組織率は低くはないと言える。ただし、たとえ組織率が高くとも、賃金労働条件決定上の影響力を個別省庁単位の組合が十分に持っているとは言い難い。また、地方自治体に比べれば、賃金労働条件決定に関する個別省庁当局の当事者能力が低いため、庁内マターに関しての現場労使の決定力も大きいとは言い難い。

(3) 中央省庁における単位労働組合の活動

ただし、国でも、省庁によっては、職場レベルで比較的活発な組合活動が行われている所もある。例えば、厚生労働省において旧労働省職員を組織している全労働省労働組合（全労働）は、組織率も高く、従来より活発な活動を展開してきたと言われている。以下では、「行政改革推進本部専門調査会小委員会」へ同組合より提出されたヒアリング用資料[7]と同組合役員への聞き取りに基づき、同組合の活動事例について簡単に記述する。

全労働は、1958年7月に結成され、現在、厚生労働省本省（旧労働省のみ）、都道府県労働局、労働基準監督署、公共職業安定所等に勤務する職員が加入している。全国に49の支部を持ち（ほぼ地方労働局単位）、地域ブロックごとに9つの地方協議会がある。組合員数は約1万8,000人であり、組織率は、課長級以上や本省官房系課長補佐などを除いた組織化対象人員比で約90％に達してい

第4章　公務部門改革下の公務労使関係

表4-2　中央省庁における組合組織化の状況

	在職者数(人)	組織人員数(人)	組織率(%)	(参考)主な職員団体		
				連合系(人)	全労連系(人)	その他(人)
内閣府	4,936	1,567	31.7		開建労 [155]	宮内庁職組 [601] 金融職組 [150]
総務省	4,253	1,893	44.5		全行管 [375] 全通信 [1,462]	
法務省	25,706	11,027	42.9		全法務 [10,748]	
外務省	4,759	21	0.4			外務職組 [21]
財務省	61,673	47,444	76.9	国税労組 [36,662] 税関労組 [5,627] 財務職組 [565] 全財務 [3,388]	全税関 [210] 全国税 [685]	
文部科学省	1,688	40	2.4		文部職組 [40]	
厚生労働省	49,229	28,669	58.2		全厚生 [3,300] 全医労 [3,476] 全労働 [18,130]	中労委労組 [57]
農林水産省	20,844	19,296	92.6	全農林 [19,157]		
経済産業省	7,152	2,300	32.2		全経済 [2,300]	
国土交通省	41,991 6,311	29,100 537	69.3 8.5	国交職組 [1,205] 全開発 [5,255]	全運輸 [9,234] 全港建 [1,855] 全気象 [3,250] 全建労 [8,093]	国管ユニオン [537]
環境省	964	205	21.3			全環境 [205]
人事院	516	116	22.5		人職 [109]	
会計検査院	1,130	1,017	90.0			会検労 [1,017]
計	224,841	142,695	63.5			

注）2006年3月31日現在。
　　国土交通省の下欄は、管理職員等で組織する職員団体に係るものであり、在職者数は当該職員団体に加入し得る職員の総数。
　　在職者数、組織人員数、組織率は、管理職員等を除いた常勤職員についてのもの。
出所）『人事管理通信』2007年6月12日。

る。ただし本省の組合員数は約160〜170人であり、その組織率は10％台と低いものになっている。特に本省キャリア組の組合員は数人しかいないという。

　組合の活動内容は、一般的な労働条件（特に、長時間・加重労働の抑制、メンタルヘルス対策、ワークライフバランスの実現等が切実かつ重要な課題という）に関しての労使交渉の他に、労働法制等の調査研究をはじめとする行政研究活動、教職員組合や民間団体との共同研究、組合員対象の相談活動、労働基準監督官の国際組織に加盟し行政手法等の経験を交流する国際交流活動なども行ってい

る。

　労使関係の基本姿勢は、「信頼関係に基づいた健全な労使関係の確立が、公正、民主、効率の行政運営の前提になるとの認識の下、解決すべき課題をめぐって労使が真摯に向き合い、建設的な議論を進めていく」というものである。団体交渉の状況は、厚生労働大臣との会見が年1回（大臣交代直後など）、官房長と年4回（春期要求期、人事院勧告期、秋・年末）、人事課長と年8回程度の交渉を持つという。交渉課題は、行政体制の整備、労働条件改善、職場環境改善が主なものである。具体的には、定員確保や定員削減に見合った業務の簡素化、業務の民間開放をめぐる問題、昇格改善（公正な昇格基準）などの課題がある。

　もちろん、いわゆる管理運営事項については直接の交渉対象に据えることはできない。しかし、典型的な管理運営事項とみなされる職制改正などは、現実には定員の増減等により職場の具体的労働条件にも影響を及ぼしてくることが多い。その意味で、表面上管理運営事項と解釈されるものについても、組合はできる限り具体的労働条件と関連づけて当局と交渉するように努めているという。

　以上の例のように、国でも、省庁によっては職場レベルで活発な組合活動が行われている所もある。もっとも、各省庁特有の業務に関わる手当すら人事院による一般的な規則化が必要であるような現状では、各省庁独自の上乗せ的賃金労働条件を庁内の労使交渉のみによって獲得するのは困難である。だがそれでも、特に要員の問題や職場の細かな労働条件については、省庁の単位組合は相応に「発言」を行っているということは言える。

2　2000年代の公務部門改革の動きと労使関係変化

(1) 公務員制度改革の流れ

　上記のように、従来、地方公務部門のみならず国家公務部門においても、省庁によっては、相応に自律性と協調性をもった庁内労使関係が存在してきたということが指摘できる。1980年代の行政改革にもかかわらず、それは最近まで比較的安定的に推移してきたとも言えるだろう[8]。

　だが2000年代に入ると、中央レベルで公務員制度改革の動きが進行し始める。

また地方自治体レベルでも、それに連動した人事制度改革が、ＮＰＭ（ニュー・パブリック・マネジメント）的な行政経営手法ともリンクしながら行われてくる。従って、問われるべき問題は、こうしたいわば政治主導の公務部門改革、特に人事制度改革によって、従来庁内レベルで一定の自律性と協調性を保持してきた公務部門の労使関係が近年どのような変化を余儀なくされてきたのか、そして今後されるのかということである。

この問題について考察する前に、本節ではまず、公務員制度改革の流れについてその人事給与制度面での変化を中心に簡単に触れた上で、この改革が公務員人事管理に与える意味合いについて述べる。

公務員制度改革については、まず2001年12月に「公務員制度改革大綱」が閣議決定されたのが大きな画期であった。この「大綱」は、人事給与制度面では、「能力等級制度の導入」、「能力等級を基礎とした新任用制度の確立」、「能力・職責・業績を反映した新給与制度の確立」などを内容的特色とするものであった[9]。

だがその後、政府内の利害対立や国内外各方面からの批判もあり、公務員制度改革の動きはしばらく停滞し、小泉政権下では公務員制度改革関連法案の国会提出は見送られた[10]。結局、「大綱」を具体化する形で「公務員制度改革について」が閣議決定されたのは安倍内閣下の2007年4月であり、これに基づき国家公務員制度改革基本法案の閣議決定（2008年4月）、国会提出（2008年5月）をへて、同法が成立したのは福田内閣下の2008年6月のことであった。

なお、この国家公務員制度改革基本法の主たる内容は、①「政治主導」の強化方針の下、内閣官房に「内閣人事局」を設置し幹部職員[11]人事の一元的管理を行う、②政治的任用の特別職公務員として、内閣の下に国家戦略スタッフ、各府省に政務スタッフを置く、③官民人事交流や職員の中途採用を推進する、④幹部候補職員の任用試験として、「総合職試験」を導入する、⑤能力及び実績に応じた処遇を徹底する、⑥「自律的労使関係制度を措置」し、それと整合するような労働基本権のあり方を検討する、などである。

ただし、公務員の人事給与制度に関しては、「大綱」の趣旨が人事院勧告にも取り入れられる形で、国家公務員制度改革基本法の成立以前から実態先行的に改革が進んできた。特に、2005年度の人事院勧告[12]で、「勤務実績の給与への反映」として、昇給区分を5段階に分けて勤務実績に基づいた昇給を行う査

定昇給制度[13] が勧告され、国家公務員の管理職において2006年度（一般職員では2007年度）よりこれが実施されていることは注目に値する（多くの大規模地方自治体もこれに追従）。さらに2009年4月からは、能力評価と業績評価とを組み合わせ、その結果を昇給に反映させる新たな人事評価制度が導入されている。また、2007年6月には、「能力・実績主義」[14] を主要な柱とする改正国公法（国家公務員法等の一部を改正する法律）も成立している。

(2) 公務員制度改革が公務員人事管理制度に与える意味

では、こうした公務員制度改革に伴う人事給与制度の改革が、公務員人事管理制度に与える意味合いはいかなるものなのであろうか。

この点に関して第一に指摘されるべきことは、そもそも、「公務員制度改革大綱」がうたう「能力等級制度」や「能力・職責・業績を反映した新給与制度」は、公務員の人事給与制度において、戦後長らく目指してきた職階制・職務給という方向から転換し、職能資格制・職能給という方向を指向するものであるということである。言い換えればそれは、ポストを責任度などに応じてランク付けし、そのポストに給与をつけるという職階制・職務給の建前的理念を捨て、人事給与制度の属人主義的・能力主義的運用を強めるということである（現実に、前述の2007年の改正国公法において、職階制について規定した同法第29条〜32条が削除されている）。ただしそれは、かつての民間大企業における年功的運用に流れがちであった職能資格制度よりも、昇進・昇格に関しては厳格なものとなる上に、かなりの程度成果主義的要素が加味されることになろう[15]。これは、人事給与制度の面からも、ＮＰＭが想定するような柔軟な職務割り当てを支援しようとするものである。

実際、2006年度の人事院勧告においても、勧告別紙第3「公務員人事管理に関する報告」の中で、「能力・実績に基づく人事管理」が強調されている。さらに、前述のように、2008年6月に成立した国家公務員制度改革基本法では、「政治主導の強化」の下で、「能力及び実績に応じた処遇の徹底」や、内閣の人事管理機能の強化、幹部職員等における能力及び実績に応じた降任降給も含めた弾力的な人事処遇、などを行うことが明確にうたわれている。一般職員も含めた採用政策においても、「官民の人材交流」や「中途採用」がうたわれている。

結局、以上のような改革の流れから予測されることは、公務員の人事給与面の処遇においては属人的要素が強まり、職能システムに基づく能力主義をベースにしながら、それに成果主義を加味した処遇が行われるようになるだろうということである。特に幹部職員の人事管理については、政治的任用・個人契約化の動きが持ち込まれるであろう。またこれらの動きは、政治主導の人事制度改革であるということからも、公務員人事管理にスポイルズ・システム（猟官主義）の要素が持ち込まれる可能性があることを示唆するものでもある（それに関連して、幹部職員以外も含めた公務員の任用・昇進において、派閥・学閥等のインフォーマルなネットワークが従来以上に影響力を増してくる可能性もある）。これらのことが、公務員制度改革が、人事給与制度改革を通じて公務員人事管理制度に与える意味合いである。

(3) 公務部門改革の労使関係への影響

　現在、このような政治主導の公務員制度改革が進行し、人事院勧告のレベルでもそれに追従する人事給与制度改革が勧告され、かつ実施に移されてきている。もっとも、地方自治体では、総務省（旧自治省）との指導関係が実態としては存在することや、庁内単組と当局との関係も概して国よりも緊密であることなどから、現在の政治主導の公務員制度改革が国ほどにはストレートに貫徹されないことは考えられる。ただし、人事委員会を持つ大規模自治体を中心に、基本線ではこの改革の方向に沿った形で人事給与制度改革が進められていくであろう。地方自治体の人事委員会の勧告内容も、事実上人事院の勧告内容に追従するものに過ぎないからである。では、この情勢下では、既存の個別官公庁レベルの労使関係はどのように変化していくのだろうか。

　この点に関して考え得るひとつの方向性としては、以上述べたような人事給与制度改革によって人事処遇決定の柔軟性が増すことから、人事院（地方自治体の場合は人事委員会）勧告の内容に沿った形で制定される法律・条例に基づいた賃金労働条件の決定といういわゆる勤務条件法定（条例）主義が希薄化し、人事院（人事委員会）の権限が弱まり、賃金労働条件決定において個別官公庁レベル（あるいは部局レベル）の分権的労使関係が相対的に重要性を増してくるというものがあろう。

　もっとも、国の場合、国家公務員制度改革基本法に基づき内閣官房内に設置

されることが定められた内閣人事局において、国家公務員の幹部人事の一元的管理が現在図られようとしていることは事実である（ただし本稿執筆時点では、政権交代直後ということもあり、その具体的な設置時期については明確ではない）。しかし、内閣人事局設置のような内閣の人事権限強化の意図は、むしろ公務員人事管理についての人事院の決定権限を相当程度内閣に移すことによって人事院の影響力を弱めることにあるとみることもできる。そして、内閣人事局が現実に設置されたとしても、幹部職員以外の職員の個別的人事管理権限を各省庁が持つことにそう大きな変化はないであろう。むしろ、人事給与制度改革によって人事院の影響力が低下していけば、（内閣が提示する人事管理の基準は各省庁の最大公約数的なものにしかなり得ないであろうから）個別省庁の人事管理上の当事者能力はむしろ増大することが考えられる。これらの意味で、今後の可能性の高いシナリオは、上層幹部の人事管理については政治サイドの運用が相応に行われるとしても、それ以外の職員、特にノンキャリア組の賃金労働条件に関しては、人事院の規制力が弱まり、個別省庁の分権的労使関係の中での決定が従来より重要性を増してくるということがやはり考えられよう。

しかし、こうした賃金労働条件決定の分権化の動きと同時に、現在の公務員制度改革は、「能力等級制度」や「能力・職責・業績を反映した新給与制度」などの属人的な人事給与制度も強調している。ここからは、前述のような個別省庁別の分権的労使関係への移行という方向のみならず、賃金労働条件決定における（当局対組合という）集団的労使関係から（当局対個人という）個別的労使関係への移行というベクトルも同時に見て取れる。加えて、近年の公務員制度改革は、国・地方を問わず、制度づくりにおいて個別官公庁の自律性を尊重するものというよりは、政治主導の画一的な改革の動きである。要するに、現在の公務員制度改革・公務部門改革は、組合をアクターに組み込んだ個別官公庁レベルの分権的労使関係の重要性の増大という方向と、政治主導の画一的な改革を動因とする集団的労使関係から個別的労使関係への移行という方向とを生み出してきているが、この両者は必ずしも矛盾なく両立するものではない。個別的労使関係への移行という方向は、ノンユニオニズムを志向する面があるからである。

従って、この両者をできる限り矛盾なく両立させるための方向としては、制度政策の大枠作りにおいて当局は組合参加を求める一方で、賃金労働条件事項

については、査定昇給など賃金労働条件決定の個別化によって組合の影響力を無力化し、職制・定員などの具体的な管理運営事項についても、組合側の発言力を殺いでいくというものが恐らくは考えられよう。また極端な場合、制度政策の大枠の決定におけるパートナーとしてさえも、当局は必ずしも常に組合にその役割を求めるとは限らない。「政治主導」の名の下に、外部人材を登用した審議会やコンサルタントなどを活用することも可能であるからである。

特に地方自治体の場合は、当局の労使関係上の当事者能力が中央省庁に比べてはるかに高いことから、賃金労働条件の詳細部分が庁内労使関係の中で決定されるという実態が、国以上に存在していた[16]。この状況下で市場主義的な公務改革を推し進めることは、国以上に既存の庁内労使関係の「改革」の必要を伴う。少なくとも、低成長期に制度化されてきたきめ細かな庁内労使協議を中心に据えた労使関係は変容を迫られることになるであろう。

一方、国の場合は、個別省庁レベルでの自律性を持った労使関係が、少なくとも地方自治体に比べると十分に構築されていない。この現状のままでは、賃金労働条件決定の分権化は、当局サイドによる一方的な賃金労働条件決定というノンユニオニズム的世界や、幹部職員の個人契約化を生み出す恐れがある。

(4) 個別官公庁における労使関係の変化：政令指定都市Ａ市の事例からの示唆

なお、上で述べたような政治主導の公務員制度改革や公務部門改革が公務部門労使関係へ及ぼす影響については、拙稿（松尾2009ａ、2009ｂ）において、政令指定都市Ａ市の事例に基づいて検討した。そこで指摘したことは、高度成長期に形成されその後の低成長期に成熟してきた、労使協議と組合の政策参加に基礎を置いた自律性と協調性を持った庁内労使関係が、首長によるトップダウン式の改革により、行政的意思決定から組合の影響力を排除する形のものに変質してきているということであった。

具体的には、①交渉事項と管理運営事項との区分の厳格化、②管理運営事項を極力広く解釈することにより、従来実態としてあった市の行政施策等に関する労使協議を縮小していく、③交渉事項の範囲を極力限局的に解釈していくことにより、賃金労働条件面における組合の規制力を弱めていく、などの傾向が指摘できるということである。

このようなＡ市の労使関係の事例から示唆されることは、低成長期に成熟し

ていった一見安定的に見える労使協議型の庁内労使関係も、首長や外部の人材などのイニシアティブによる政治主導の「改革」によっては、比較的容易に変化しうる可能性があるということである。また、A市の事例は、特定の環境変化（公務部門の場合、例えばサービスの市場主義化や、人事管理の能力主義もしくは成果主義化など）の下では、首長をはじめとした官公庁マネジメント層の経営戦略のあり方が、労使関係のあり方を大きく変えてしまう可能性があることも示唆している。

なお、国の場合は、従来地方自治体ほどには自律的な庁内労使関係が確立されてこなかったことから、地方自治体ほどドラスティックな庁内労使関係の変化は起こらないかもしれない。だが、それだけに労使関係の分権化よりも個別化・個人化の方向がストレートに現れ、ノンユニオン的世界に容易に流れてしまう可能性がある。

3　公務員制度改革への組合側の認識と対応

(1) 公務単産の全般的認識

本節では、これまで述べたような政府・当局主導の公務部門改革に対する組合側の認識についてみた上で、その認識や対応の問題点について指摘する。

すなわち、現在の公務部門改革の核心をなす公務員制度改革に対する公務部門の主要単産の認識は以下のようなものである。例えば、各公務主要単産のHPによれば、2008年6月の国家公務員制度改革基本法成立時の各主要単産の見解・談話は次のようになっている。

まず、自治労の見解は、以下の通りである[17]。

「現在の自治体における労使関係は、労働基本権制約による人勧制度のもと、労使が交渉によって賃金・勤務条件を決定することができず、自らの責任を果たす仕組みとなっていない状況にある。また、人事委員会勧告と無関係な給与の独自削減を実施している自治体は既に70％近くに達しており、現行の人勧制度は、労働基本権制約の代償措置たりえず、機能不全に陥ってしまっている。自治労は、連合・公務労協と連携して、推進本部の下に設置される検討機関を通して、管理運営事項、職員団体登録制度、不当労働行為救済制

度のあり方等の課題解決を含め、職場の声を背景に、公務労使関係制度の抜本的改革に全力を挙げて取り組むこととする。」

次に、自治労連の談話は、以下の通りである[18]。

「本来、公務員制度の改革について国民世論は、天下りの禁止や特権官僚制度の見直しにより政財官癒着を断ち切り、住民生活の向上に努める公務員像の確立を求めている。しかし、『基本法』は『議院内閣制のもとの国家公務員』を基本理念に掲げ、『内閣官房による人事の一元的管理』『官民の流動性を高める』『能力と実績に基づく処遇』をすすめ、時の政府と財界の言いなりになる公務員をつくりあげようとするものである。これは公務の公平性・中立性をゆがめ、憲法15条の『全体の奉仕者』から一部財界の奉仕者とするものであり、到底容認できるものではない。
労働基本権回復については、『検討する』から『自立的労使関係制度を措置する』に修正し、協約締結権のみに限定している。これは、『専門調査会』報告の団結権及び争議権についての両論併記を一方的に結論付けたものであるとともに、ＩＬＯの３度に及ぶ勧告に反して、争議権を含む労働基本権の全面的回復、消防職員・刑務所職員の団結権を除外していることは重大である。地方公務員について、付則で『国家公務員の労使関係制度に係る措置に併せ、これと整合性をもって検討する』としている。国会で『３年以内の法案提出』を大臣が明言しており、直ちに地方公務員の全面的労働基本権回復に向けた道筋を示すべきであり、関係する労使協議を強く求めるものである。同時に『基本法』は今日増大し続ける本格的恒常的業務に従事する臨時非正規公務員の位置づけになんら触れておらず、この点を含めた検討がされることを要求するものである。」

最後に、国公労連の談話は、以下の通りである[19]。

「公務員制度改革は、国の役割の重点化や歳出・歳入一体改革、構造改革の総仕上げとしての道州制導入・地方分権改革等と一体的に進められてきたことに明らかなように、『この国のかたち』改革の中心に据えられている。

その点で、政治任用の拡大や幹部人事の内閣統制・一元管理によって公務員の政治的中立性を損う懸念があること、官民人材交流の推進によって公務員が『全体の奉仕者』から『財界・一部企業の奉仕者』に変質させられる危険性が高まること、特権キャリアの人事運用が制度化されること、政官財癒着の温床である天下り根絶には手つかずであること、などの重大な問題を改めて指摘しておきたい。

成立した基本法は、5年以内に『改革』を行うために必要な法制上の措置を3年以内（内閣人事局に関わっては1年以内）に講ずることとされており、その具体的な検討への対応が求められることとなる。

とりわけ、労働基本権について『自律的労使関係制度を措置する』とした第12条の具体化にあたって担当大臣は、『3年以内の法案提出』と『労働組合の意見反映』を国会答弁で言明している。政府は、ＩＬＯの再三にわたる勧告に誠実に応え、関係労働組合の代表を含む協議の場を設定し、具体的な制度設計に向けた検討を速やかに開始すべきである。」

このように各単産の見解は、労働基本権の回復を第一義的に求めるという点では共通している。さらに自治労連と国公労連は、「基本法」における官民人材交流、政治的任用の拡大、内閣による幹部人事の一元管理については、これらを公務員の「全体の奉仕者」性を歪めるものとして批判している。

(2) 公務単組の認識

次に、公務員制度改革に対する公務単組の認識は以下のようなものである。1 (3) で言及した全労働省労働組合（全労働）について見てみよう。

まず現状の労使関係上の課題についての同組合の認識については、「勤務条件の不利益変更（定員削減、給与引き下げ等）が相次いでいるにもかかわらず、これらの決定への組合の参加・関与が保障されておらず、労使関係を不安定にする要因となっている」と述べる（前述の行政改革推進本部専門調査会小委員会（第2回：Ｂグループ）における全労働省労働組合提出資料、以下同様）。その上で、「今日、多様な行政展開が求められていることから、各府省等の段階で行政運営の実情に即した適切な勤務条件の設定がますます重要」であり、そのために「実情をよく知る労使によって適切な基準を設定しうる仕組みが必要」と主張

する。

　同組合はこのような認識に立ちながら、今後の労使関係、労働基本権のあり方については、「今日求められる多様な行政展開に相応しい勤務条件決定にあたって行政運営の実情を知る労働者・労働組合の参画は重要」であり、人勧制度という「代償措置論」から脱却し、労働基本権の回復を急ぐべきであるとする（同上資料）。

　また、公務員制度改革についての同組合の認識は次のようなものである。「公務員制度改革は、公務員の勤務条件に密接に関わることであるから、勤務条件決定システム＝労働基本権の在り方等に関する議論を先行させるべき」とした上で、「行政に求められる公正・中立性、専門性、能率性、継続性等を確保するため、能力の実証に基づく任用、政治的中立を基本とする職務規律、公務に専心しうる適正な勤務条件の確保等の公務員制度の原則を維持すべき。その上で、ＩＬＯの『勧告』を基本に労働基本権を回復（原則付与）し、近代的な労使関係を確立すべき」と主張している（同上資料）。

　一方、地方自治体の単組については、公務員制度改革への反応はさほど敏感ではない。むしろ前節で見たような足下の具体的な人事管理・給与制度・労使関係変化への対応が関心事である。地方自治体の単組は、公務員制度改革へはその単産（自治労・自治労連）を通じて対応を図ろうとしている。これは、地方自治体の場合、中央レベルでの「政治」や人事院勧告の影響を直接的に受ける国とは異なり、公務員制度改革の影響は自治体当局を通して及んでくること、それゆえむしろ自治体当局との対応が決定的に重要となることや、国レベルでの動きには単産やナショナルセンターを通じて対応せざるを得ないことなどの事情があるからであろう。

(3) 組合側の認識・対応の問題点

　公務員制度改革に対する、上記のような公務部門の単産・単組の認識における問題として指摘できることは、第１に、「自律的労使関係制度」との関係において、従来からの公務部門労使関係をどう認識し、評価するのかという点について、各単産・単組のスタンスが必ずしも明確・的確ではないということである。だが、仮に「自律的労使関係制度」を追求するとしても、従来からの労使関係がどの程度まで自律（自立）的であったのか、なかったのか、特に労働

基本権が制約されている中で、職場の問題をめぐる労使交渉が実態としてどの程度可能であったのかという点についての組合自身による検証と評価は不可欠であろう。さらにそれを踏まえた上で、組合側は、近年の公務部門改革の中での労使関係変化の現状を冷静に認識・評価し、そこから「自律的労使関係制度」の構築を展望していく必要があろう。

この点に関しては、例えば自治労は、上記の声明において、「現在の自治体における労使関係は、労働基本権制約による人勧制度のもと、労使が交渉によって賃金・勤務条件を決定することができず、自らの責任を果たす仕組みとなっていない状況にある」とし、人勧体制には従来同様に否定的な認識を示している。その上で、人勧制度は実態としてはすでに機能不全に陥っている（「人事委員会勧告と無関係な給与の独自削減を実施している自治体は既に70％近くに達しており、現行の人勧制度は、労働基本権制約の代償措置たりえず、機能不全に陥ってしまっている」）として、人勧体制を克服し自律的労使関係へ移行することをこの際目指すというスタンスを取っているように思われる[20]。

だが、これは、庁内で組合側が相応に「発言」するなど、協調的な庁内労使関係が築かれてきた従来の自治体労使関係の実態を十分に認識しようとしないやや硬直的な主張である。またこの声明は、人勧制度の機能不全自体よりもむしろ政治主導のトップダウン式の公務部門改革を通じた従来の庁内労使関係の侵食こそが、「人事委員会勧告と無関係な給与の独自削減を実施している自治体は既に70％近くに達しており」といった事態を引き起こしているのではないかという側面を考慮していない。さらに、人勧体制に代わる自律的労使関係を組合としていかに主体的に構築するかについては上記声明の限りでは言及がなく、「（公務員制度改革）推進本部の下に設置される検討機関を通して」、「公務労使関係制度の抜本的改革に全力を挙げて取り組む」として、政治主導の改革の土俵に上がることをむしろ宣言するものとなっている。

また、全労連・自治労連系の組合にしても、労使関係の現状を踏まえた上で各省庁労使の当事者能力をいかに高めるか、庁内協議体制をいかに構築するか、さらにその中でいかに組合が主導権を発揮するか、という戦略を具体的に打ち出しているとは言い難い。

第2の問題は、いずれの組合においても、人勧体制の積極面を守るという戦略が明確ではないということである。人事院の調査企画機能、官民の「均衡」

維持機能などを考えれば、労働基本権回復と人勧体制とはトレードオフの関係にあるとは必ずしも言えない。公務労働の性格を考えれば、何らかの専門的・第三者的人事機関の必要性は消えない。特に賃金面については、公務部門の性格を考えれば、人事院勧告などの何らかの規制があってしかるべきであるし、それがミニマムの賃金水準を守るのに役立つ場合もある。実際、人事院勧告が賃金労働条件のミニマム基準の保障となってきた面は否定できないし、人勧体制が崩壊すれば、地方自治体間や省庁間で賃金労働条件格差が拡大する可能性が高いと思われる。上記の自治労の声明における「人事委員会勧告と無関係な給与の独自削減を実施している自治体は既に70％近くに達しており」という文言も、公務部門改革が進む近年の状況下では、人勧体制の解体が自治体給与水準の低下をむしろ招く可能性が高いことを示唆するものであろう。仮に、それでもなお人勧体制からの脱却と自律的労使関係の構築を目指すのであれば、その場合には人勧制度が賃金労働条件の維持・改善にどの程度寄与してきたのかを組合として検証する作業が最低限必要であろう。

　以上のように、連合・自治労系、全労連・自治労連系を問わず、従来からの公務部門労使関係とその変化の現状への組合としての認識・評価や、それを踏まえた組合側の対抗戦略は必ずしも明確・的確とは言えない。むしろ、各組合とも、労働基本権回復という長年の公式的主張を前面に出すあまり、「改革」の土俵に乗ってしまっている面すらあるのである[21]。従って組合側がまず行うべきは、公務部門の従来の労使関係がどのような機能を果たしてきたのか、特に諸手当も含めた賃金や職場労働条件の決定に庁内の労使関係がどの程度寄与してきたのかを検証することであろう。その上で、「改革」の実施の有無にかかわらず、従来の労使関係の中で得られてきた成果を維持・発展させていくことであろう。

4　まとめ：今後の公務員人事管理・労使関係の変化の見通し

(1) 人事管理変化の見通し

　では、公務員制度改革や実態としての公務部門改革が進んでいく中で、公務部門の人事管理や労使関係はどのような方向に変化していくのであろうか。最後にこの点について、これまでの叙述をまとめる形で述べてみたい。

まず、公務員人事管理の任用面における見通しについてである。いわゆる「国家戦略スタッフ」等は、それを職制ヒエラルキーのかなり上層部に組み込み、国家的な戦略決定業務を委譲することが想定されている。しかし、国家公務員キャリア組でも課長クラス以下や、まして一般公務員（キャリア組以外）のレベルにまで政治的任用という考え方が及ぶのかどうかという疑問は生じる。ただし中途採用や官民人事交流は、地方公務員も含め、一般公務員のレベルでも一層普及してくることは確実と思われる。そしてその際にコネや派閥、学閥等の影響力が増し、一種のスポイルズ・システムが広がってくることも考えられる。要するに、広い意味での政治的任用は、国家公務員キャリア組や幹部クラス以外にも及んでくる可能性は否定できない。むろんこれは、建前としての公務の公共性・中立性すら侵害しかねないものであり、簡単に容認できるものではない。

もちろん、新規採用者の圧倒的多数については、従来からの国家公務員採用Ⅰ種試験などの競争試験やそれに準じる形態の試験で採用されることに変わりはないはずである。ただし、いわゆるキャリア制度の再編・廃止との関係で、現行の国家Ⅰ種試験が総合職試験のような形に再編されれば、合格者の中から採用者を絞り込む過程で、学閥・コネ等による囲い込み的採用が現状よりも露骨になる恐れはある[22]。

次に、任用された職員の人事管理については、国家公務員制度改革基本法の言う「国家戦略スタッフ」や「政務スタッフ」の人事管理は、政治任用や個人契約の色彩を濃厚にしながら属人的能力主義と成果主義をミックスした形で行われることとなろう。場合によっては、本省部長級以上の「幹部職員」、さらには本省課長級及び室長級の「管理職員」の人事管理もそのようになる可能性すらあろう。これらは極端に言えば、労使関係や人事管理制度の枠にすら乗らない個別的・個人契約的処遇決定ということである。

だが、評価制度の設計の繁雑さや評価コストを考えれば、上記以外の公務員にまで処遇決定の個別化は及んでくるのかという疑問は残る。特に、人事管理権限に関して個別省庁の当事者能力が高まらなければ、少なくとも一般公務員（キャリア組以外）の人事処遇にはドラスティックな変化は起きない可能性もある（ただし、人事管理権限の各省庁への委譲度が高まれば、一般公務員のレベルでも省庁別の賃金決定などは普及する可能性があろう）。そもそも、昇進格差や

それに付随する賃金格差も考えれば、公務員の人事給与制度は、稲継（1996）が「積み上げ型報償システム」と呼んだように、従来から相応に能力主義的であったという見方も可能である。そうであれば、評価コストなど多大なコストを伴う複雑な人事制度の導入が必要なのか、あるいは、制度を導入したとして、それを建前通り運用できるのかという問題もある（例えば査定昇給制度）。結局、どのような制度が導入されるにせよ、その運用次第で実態は制度的建前から大きく乖離してくるのであるから、運用を左右する要素として現場の労使関係が決定的に重要となることは確かであろう。

(2) 労使関係変化の見通し

公務部門改革に伴う前述のような人事管理の変化は、公務部門の労使関係も変えていく可能性が高い。これまでの検討を踏まえれば、今後の公務部門労使関係変化の見通しについては、次のようなことが言えるであろう。

そもそも従来、国では地方自治体ほどには細かな庁内労使協議体制が存在してこなかった。確かに、省庁によっては労使協議[23]を相当程度行っているという見方も可能だが、単なる協議回数ではなく労使協議を通じて実質的な水準決定や制度作りが行われているかどうかという実態面まで考慮すれば、そのように言えるであろう。そうであれば、現状で庁内労使関係の確立が不十分な国の場合、協約締結権の付与が人勧制度の解体と引き換える形で行われるならば、省庁別労働条件決定が十分に機能しないまま、ノンユニオンに近い形での処遇の個人化という結果を招く恐れすらある。

それは極端な想定だとしても、国・地方を問わず、その労使関係においては、勤務条件法定主義の希薄化・人勧体制の衰退が労使関係の分権化を招いているという流れと、集団的労使関係の衰退が労使関係の個別化・個人化を招いているという流れの双方が現在存在していることは確かである。だが後者の流れは前者の流れを否定しかねない面もある。後者の流れは、従来からあった労使協調的な庁内労使関係を侵食し、ノンユニオン的な個別契約の世界を作り出す可能性が高いからである。

もっとも、特に地方自治体においては、庁内組合の影響力を当局が無視することは現実には困難であろう。従って2 (3) でも触れたように、当局は、この両者の流れを両立させるために、制度政策の大枠作りにおいては労使協調を

維持し組合参加を求める一方で、賃金労働条件事項については、賃金労働条件決定の個別化によって組合の影響力を無力化していくという方策を取る可能性がある。また具体的な管理運営事項についても、前述の松尾（2009 a、2009 b）におけるＡ市の例のように、組合側の発言力を殺いでいく施策を当局が取るということも考えられる。

(3) 組合側の取るべき戦略

それでは、以上のような公務部門の人事管理・労使関係の変化の見通しの中で、その労働組合の取るべき対抗戦略にはいかなるものがあり得るのだろうか。

この点については次のようなことが考えられる。まず第１に、賃金労働条件決定の個別化に対しては、それによって生じる個別的問題への対応（個人的苦情処理など）も必要であろう。しかし、単に個別的問題を個別的次元にとどめるだけではなく、その中から同種の属性の労働者に共通する問題を抽出し、もって各層ごとの階層横断的な組合運動につなげていくような戦略を組合は考える必要があろう。そのことによって、組合が、より幅広い層の職員にとって魅力的な組織となる可能性も増してこよう。またそれは、労使関係の個別化・分断化の流れを食い止めることにもつながるはずである。

第２に、管理運営事項については、公務の公共性を守るという観点から、組合は、管理運営事項の範囲の拡大解釈を許さず、幅広い事項に対しての職員参加や「発言」を極力追求すべきである（そして、有意味な参加や「発言」を行うためには、組合自身が、専門的な政策能力を備えることもやはり重要である）。しかし同時に、より実際的な戦略としては、管理運営事項から派生する具体的労働条件を交渉課題に据えることを通じて、管理運営事項への「発言」を追求するという戦略が考えられる。そして属人的問題であれ管理運営事項であれ、そこから派生して具体的な賃金労働条件に及んでくる問題については、勤務条件法定主義を逆手に取って極力細かく法制度化・条例化を求めていくという戦略も追求されるべきである。特にこれは、賃金条件面の決定において、地方自治体と違い人事院勧告後の労使交渉（確定闘争）の余地が事実上ほとんどない国家公務部門において一層言えることである。

ただし、特に地方自治体の組合の場合、組合は、職員参加や「発言」の名の下に当局との自律的だが内向きの労使関係を追求するだけではなく、こうし

た「団体自治」的な発想を超えて、住民自治の視点から住民との連携を追求することも重要であろう。このことが、行政を開かれたものにし公務の公共性を担保するのみならず、ポピュリズムな公務員叩きを抑止することにもつながる。さらには公務部門の労働組合が、地域における労働組合運動、特に組合組織化に相応の役割を果たすことにもつながるはずである。

そして第3に、公務員数の先細り傾向の中での組織化努力の必要性については言うまでもない。もちろん、公務部門、特に地方自治体の場合、オープンショップにもかかわらず正規職員の組織率は高い。しかし公務員数の削減や周辺業務の外部化が進む中では、各種の非正規労働者や関連労働者への依存度は現在以上に高まることになる[24]。こうした状況の下では、公務部門の非正規労働者や公務・公共部門の関連労働者を組合に組織化していくことは、組合の組織規模の維持や正規・非正規双方の労働条件の維持・改善などの観点からも公務部門組合にとって重要な課題となる。ただし、公務部門の単組がこれらの労働者を本体組合に組織化することは、制度的・実態的に民間企業別組合以上に難しい[25]。その意味では、非正規労働者や関連労働者の組織化については、その属性や雇用形態の多様性からも、産別レベルの組織化努力も重要となる[26]。

なお、国のみならず地方自治体においても、本庁を中心とした管理的な部局においては、たとえ組織率は高くとも、組合活動自体は活発ではないことが多い。人事管理の個別化が進む中では、この領域における組合の影響力を拡大できるかどうかが、組合の存在意義・有効性を確保する上で重要なポイントとなろう。これは、拙稿（松尾2006）で主張したような「組合組織の質的改善」ということである。そしてそのためには、これも松尾（2006）で主張したように、単組内での多様な職員の「属性・階層ごとの横断的なサブ組織化」という視点を持つことが重要であろう。

以上のような実践を通じて、公務部門の労働組合は、その力量を量的にも質的にも確保し、庁内外の諸階層に開かれた組織を形成し、もって当局との交渉力や社会的影響力の拡大を図ることが望まれる。そしてそのことは、新自由主義的な公務部門改革に対抗するというのみならず、個別官公庁レベルで当局との対等な労使関係を再構築し、もって公務の公共性を守り、行政サービスの質的水準を向上させるという観点からも重要な課題と言えるであろう。

注

1) 現業部門とは、国営企業（かつてのいわゆる三公社五現業、うち2009年度時点で国営企業として残っているのは、国有林野・独立行政法人国立印刷局・独立行政法人造幣局の三つ）や特定独立行政法人、地方公営企業、特定地方独立行政法人など、公共部門のうち非権力行政的事業を行う部門を指す（なお図4-1が示すように、これらの部門の職員の身分は公務員であるが、特定独立行政法人以外の独立行政法人の職員は非公務員である）。また現業職員とは、ブルーカラー・ホワイトカラーを問わずこれらの現業部門に所属する職員のことを意味する（ただし地方公務員の場合、上記部門の職員のみならず、単純な労務に雇用される地公法上の単純労務職員も現業職員と呼ばれることもある）。現実には現業と非現業との間の線引きには曖昧さが残るものではあるが、本章では、国・地方自治体における上記の意味での現業職員を除いた、一般職の非現業公務員、特に一般行政職の領域における労使関係を主たる対象に据えた叙述を行う。

2) 例えば、図4-1の通り、2009年現在で特別職も含めたわが国の国家公務員数は約64万7千人（2009年度末予算定員、うち人事院勧告の対象となる一般職の非現業公務員が約28.1万人）、地方公務員（一般職の常勤職員）数は約289万9千人（総務省「平成20年地方公共団体定員管理調査」）である（人事院編2009）。なお、この約289万9千人の地方公務員のうち、警察・消防・教育・公営企業等を除いた一般行政部門に所属する者は約97万6千人である（うち福祉関係を除いた一般管理部門は約58.4万人）。もちろん、つとに指摘されているように、労働力人口や雇用者数に占める公務・公共部門雇用者数の割合は、関連部門の職員や、国で約15万人、地方自治体で約45万人にのぼるとされる非常勤職員等までを含めても諸外国に比べて小さい（なお、国や地方自治体の非常勤職員数については、布施（2008）、『朝日新聞』2007年9月19日朝刊なども参照）。ただし、公務部門の社会的影響力の大きさや組合組織率の高さなども考慮すれば、労使関係の分析において公務部門のそれは決して軽視されるべきではない。

3) ただし、公務部門の場合、組合員資格と雇用資格との関係を規定するショップ制については、オープンショップ制が取られる。これは、公務員の任用における公開性・能力実証性の建前や、任用後の身分保障の高さなどを考えれば、当然のことと言える。

4) ただし、複数の自治体の組合役員からの聞き取りによれば、労使が合意した内容を書面協定の形で残すことはほとんど行われていないという。

5) なお、こうした低成長期の成熟した協調的庁内労使関係については、中村・前浦（2004）が、いくつかの地方自治体を事例にして詳細に描き出している。

6) ただし、この表4-2の在職者数には、一般職だが非現業公務員には通常分類されない検察官（約3千人）も含む。

7) 2007年2月6日に行われた行政改革推進本部専門調査会小委員会（第2回：Bグループ）における全労働省労働組合提出資料（http://www.gyoukaku.go.jp/senmon/iinkai/dai2/b_siryou4.pdf）。なお、2007年6月18日には、全労働省労働組合中央執行委員の斎藤力氏より聞き取りにご協力をいただいた。記して感謝の意を表したい。

8) 熊沢誠は、この時期の状況をいみじくも次のように述べている――。「1980年代末からおよそ15年ほどの間は、公務員に対する行政改革の加圧も一休みしていたようにみえます」（熊沢2007:196）。

9) もっともバブル期あたりから、公務部門でも賃金労働条件決定における成績主義を強化しようとする動きはある程度出始めていた。例えば、1990年に導入された役職者への

一時金の傾斜配分制度や1992年に導入された昇格時特別昇給制度などである。これらは、1980年代の臨調行革期のように給与をコストとしてとらえ給与水準の総体的抑制を意図するものから、給与政策を人事管理・行政管理の一環として位置づけた上で、給与のフレキシビリティを追求しようとする方向への転換を意味するものでもあった。しかし1990年代の公務部門における給与のフレキシビリティは、まだ給与面における昇進・昇格メリットの増大というレベルにとどまっており、短期的スパンでの能力・業績評価と給与水準とのリンクを強めようとする志向は弱かった。

10) 当初は、2004年の第159通常国会への公務員制度改革関連法案の提出が予定されていた。
11) 同法における「幹部職員」とは、本省部長級以上を意味する。なお同法における「管理職員」は、おおむね本省課長級の職員を意味する。
12) この2005年の人事院勧告は、給与構造の改革について基本的な考え方を打ち出した2004年度までの勧告のレベルを超え、給与構造改革を2006年度から2010年度までの5年間で段階的に実施するというスケジュールを明示したもので、人事院自身が「昭和32年以来約50年振りの改革」と呼ぶものであった。
13) 2005年の人事院勧告に基づいて2006年度から導入されたこの査定昇給制度は、従来の1号俸を4分割し、本省課長補佐級（6級）以下の職員の場合、勤務成績が極めて良好である場合Aランクの8号俸の昇給、以下Bランク6号俸、Cランク4号俸、勤務成績がやや良好でない場合Dランクの2号俸、勤務成績が良好でない場合Eランクの昇給なしとするものである。
14) 内閣官房「国家公務員法等改正法案の概要」（2007年4月）など。
15) ただしこの点については、遠藤公嗣の次のような指摘もある——。「（公務員の賃金制度改革を）『成果主義化』と労働組合側は認識することがある。しかし、この認識は妥当ではない。使用者側の企図は、端的にいえば、人事査定制度の導入が主眼目である。属性基準賃金であることを改革しようとはしていない。したがって、その改革の方向は、無査定の年功給から職能給への改革と理解すべきである。」（遠藤2005:159-160)。
16) ただし地方自治体でも、賃金労働条件の決定において、総務省（旧自治省）との実態としての指導関係や、議会や住民の監視、（中小自治体であれば）都道府県の指導等はあり、労使間での馴れ合いによる恣意的な水準決定ができるわけではもちろんない。
17) http://www.jichiro.gr.jp/seimei/080606.htm （2009年7月23日アクセス）。
18) http://www.jichiroren.jp/modules/opinion/ （2009年7月23日アクセス）。
19) http://www.kokko-net.org/kokkororen/08_danwa/d080606.html （2009年7月23日アクセス）。
20) このスタンスは、国家公務員制度改革基本法案の閣議決定に対する2008年4月4日付の自治労声明において、より明瞭に読み取れる——。「現在各自治体においては、財政赤字からの脱却を職員の人件費削減等に求める動きが数年にわたり続いている状態にあり、人事委員会勧告とは無関係の給与カット等を行っている自治体は既に70％近くに達している。すなわち、人勧システムは、少なくとも自治体においては機能不全的な状況にあり、労働基本権制約の代償措置としては全く不十分であることは明白である。このような状況を客観的に見れば、労使が誠意をもって協議・交渉し、あるべき賃金・労働条件について責任をもって決定していくというシステムに移行するのは時代の必然とさえ言えるものである。」（http://jichiro.gr.jp/seimei/080404.htm）。
21) 公務部門の労働組合の路線は、伝統的に、連合・自治労系の組合が手段主義的で公務員の民間労働者との同一性を強調してきたのに対し、全労連・自治労連系の組合は公務

員の「全体の奉仕者」性を強調する傾向があったと言えよう。それゆえ、課題によってはむしろ全労連系の方が「改革」の土俵に積極的に乗ってしまう可能性も皆無とは言えない。

22) たとえ国家 I 種試験などの従来からの競争試験の大枠が維持されたとしても、採用数を大幅に超過した数の筆記試験合格者を出し、その中から「人物本位」や「コミュニケーション能力重視」等の基準によって各省庁が採用者を絞り込むことが従来以上に行われるならば、例えば首都圏のいくつかの有名大学出身者が有利になるなど、採用にあたってコネや派閥、学閥等の影響力が増すことはあり得る。

23) 争議権や団体協約締結権が認められていない非現業公務部門の場合、「交渉」と「協議」との区別は、民間以上に曖昧になるが、例えば前述のA市の場合、団体交渉や交渉録などの文書で労使双方の発言内容を確認する場合を「交渉」と呼び、事務折衝や市側の事業説明に対する意見交換など広い範囲の話し合いを「協議」と呼んでいたという。

24) 公務部門自体、従来から相応の非正規労働者を抱えてきたことは事実であるし、現業部門や外郭団体・第3セクターなどを含めた部門にまで範囲を広げれば、非正規労働者の数・比率はさらに増大する。国・地方自治体の非常勤職員の概数（国約15万人、地方自治体約45万人）については注2でも言及した（なお『公務員白書』の平成21年版では、図4-1の通り国の非常勤職員数について初めて記載しており、その数を約14万3千人としている）。さらに外郭団体等の職員や委託・派遣・関連労働者等まで含めると、国・地方自治体の非常勤職員・関連職員等の総計は100万人を下らない。

25) 国公法・地公法における組合（職員団体）の定義は、「職員がその勤務条件の維持改善を図ることを目的として組織する団体又はその連合体」（国公法第108条の2、地公法第52条）であり、労組法第2条における労働組合の定義（「労働者が主体となって自主的に労働条件の維持改善その他経済的地位の向上を図ることを主たる目的として組織する団体又はその連合団体」）と比べて、「主体となって」の文言が入っていないだけ労組法より厳しい。ただし地方自治体の職員団体の場合、日本の消防職員の団結権をめぐるＩＬＯ結社の自由委員会における第179号事件の経緯からも、「職員が主体となって」結成されていれば、非正規労働者や関連労働者などその他の者が加入していたとしても、労組法上の労働組合の場合と同様に問題はないとされる（小原2000: 213）。

26) この点に関して言えば、組合統合を通じた大産別化は、公務・公共部門の非正規労働者・関連労働者の組織化のためのひとつの方策にはなるであろう。実際、2006年の自治労と全国一般との組織統合や、2007年の自治労と公営企業2労組（日本都市交通労働組合・全日本水道労働組合）との連合体結成など、大産別化を志向した動きもすでに見られる。

参考文献

稲継裕昭（1996）『日本の官僚人事システム』東洋経済新報社。
───（2000）『人事・給与と地方自治』東洋経済新報社。
───（2005）『公務員給与序論──給与体系の歴史的変遷』有斐閣。
───（2006）『自治体の人事システム改革──ひとは「自学」で育つ』ぎょうせい。
遠藤公嗣（2005）『賃金の決め方──賃金形態と労働研究』ミネルヴァ書房。
大住荘四郎（2003）『ＮＰＭによる行政革命──経営改革モデルの構築と実践』日本評論社。

岡田真理子（2007）「公務員制度改革に関わる枠組と問題点」『Int'lecowk（国際経済労働研究）』第62巻第10号、7-12頁。
小原昇（2000）『地方公務員の勤務条件と労使関係』学陽書房。
川手摂（2005）『戦後日本の公務員制度史――「キャリア」システムの成立と展開』岩波書店。
熊沢誠（2007）『格差社会ニッポンで働くということ――雇用と労働のゆくえをみつめて』岩波書店。
斎藤力（2006）「公務員労働組合の組織拡大――非常勤職員の組織化をめぐるとりくみ」鈴木玲・早川征一郎編著『労働組合の組織拡大戦略』御茶の水書房。
坂弘二（2004）『地方公務員制度（第7次改訂版）』学陽書房。
佐藤英善・早川征一郎・内山昂編（1984）『公務員の制度と賃金』大月書店。
城塚健之（2008）『官製ワーキングプアを生んだ公共サービス「改革」』自治体研究社。
白井泰四郎（1992）『現代日本の労務管理（第2版）』東洋経済新報社。
人事院編（2009）『公務員白書（平成21年版）』日経印刷株式会社。
田端博邦（1993）「公企業の労使関係――民営化プロセスでの変貌」戸塚秀夫・徳永重良編著『現代日本の労働問題――新しいパラダイムを求めて』ミネルヴァ書房。
中村圭介・前浦穂高（2004）『行政サービスの決定と自治体労使関係』明石書店。
西谷敏・晴山一穂編（2002）『公務員制度改革』大月書店。
―――・―――・行方久生編（2004）『公務の民間化と公務労働』大月書店。
西村美香（1999）『日本の公務員給与政策』東京大学出版会。
日本人事行政研究所編（2009）『平成21年版国家公務員の給与――その仕組みと取扱い』PM出版。
萩原有治（1998）「なぜ、建設省管理職ユニオンを結成したか――経緯とこれからの方針」『労働法律旬報』No.1443、1998.6.10、36-43頁。
晴山一穂（2006）「地方公務員制度改革」三橋良士明・榊原秀訓編著『行政民間化の公共性分析』日本評論社。
早川征一郎（1997）『国家公務員の昇進・キャリア形成』日本評論社。
布施哲也（2008）『官製ワーキングプア――自治体の非正規雇用と民間委託』七つ森書館。
松尾孝一（1999）「日本におけるホワイトカラー組合運動――高度成長期までの地方公務員組合の運動を中心に」『経済論叢』第164巻第4号、89-112頁。
―――（2001）「戦後日本のホワイトカラー労働組合主義の特質と展開（2）――自治体職員組合の事例を中心に」『青山経済論集』第53巻第1号、1-32頁。
―――（2006）「大企業組合の組織拡大戦略の分析と評価――電機連合と加盟単組の事例を中心に」鈴木玲・早川征一郎編著『労働組合の組織拡大戦略』御茶の水書房。
―――（2009a）「公務員制度改革と公務労使関係の変化――庁内労使関係を中心に」『青山経済論集』第61巻第1号、53-75頁。
―――（2009b）「公務労使関係の変化――庁内労使関係を中心に」久本憲夫編著『労使コミュニケーション』（叢書・働くということ⑤）ミネルヴァ書房。
渡辺賢（2006）『公務員労働基本権の再構築』北海道大学出版会。

第5章　規制緩和と長時間労働

鷲谷　徹

はじめに

　新自由主義的規制緩和と労働政策との関連については、専ら労働市場政策とりわけ派遣労働法制に社会的関心が集まっている。労使関係政策に関しては、団体交渉権の少数労組からの剥奪が打ち出されたが、具体化には至らなかった。労働者保護政策については、最も大きな注目を集めたのは2006年に具体的な法案提示に至ったホワイトカラー・エグゼンプションであるが、これは、大きな社会的批判を浴びて挫折し、ある意味で新自由主義的規制緩和政策の本質的問題点を国民の前に明らかにするという皮肉な結果を示すところとなった。

　本稿で取り扱う労働時間法制について規制緩和という論点に限って歴史的にみると、その起源は1980年代に遡ることができる。具体的に言えばそれは1987年の労働基準法改定であるが、この改定によって、40時間労働制への段階的移行が始められたと同時に、いわばそれと引き替えに、一連の規制緩和＝「労働時間の弾力化」（労働省労働基準局1986）が導入された。変形労働時間制の拡大、みなし労働時間制の導入がそれである。この労働基準法改定は決してスムースに事が運んだわけではなかった。労働運動や研究者の中では、改定案が含む様々な例外規定、経過措置の存在、そして、労働時間の弾力化に対する懸念は相当大きなものがあり、様々な反対意見や、対案が対置された[1]。

　1987年の労働基準法改定後の労働時間制度の規制緩和は、主に裁量労働のみなし時間制の拡充ないし要件の緩和という形で進められた。にもかかわらず、そうした規制緩和規定が活発に利用されたとは言えず、例えば、裁量労働制のもとで働く労働者は、厚生労働省「平成21年　就労条件総合調査」によれば、

専門業務型が1.1％、企画業務型は0.4％に過ぎず、時系列的にみてもあまり増えてはいない。もとより、専門業務型裁量制は、特定業務に限られており、使用者側からすれば対象業務範囲が狭すぎるとの不満が強く、また、その対象業務を一挙に拡大した企画業務型については、しかし、本人同意等の要件の厳しさから、使用者側にはやはり実際には使いにくい制度と認識されている[2]。

結局のところ、労働時間制度の規制緩和が大きくは進まなかったのは、もちろん、反対運動の力があったことが要因の一つではあるが、労働基準法の規制力そのものの弱さが、実際には企業における「弾力」的な労働時間運用を容認してきたことを忘れるわけにはいかない。すなわち、企業による労働基準法の労働時間規制の軽視・違反が横行し、また、労働基準法の有する基本的弱点である様々な例外規定を「活用」した長時間・不規則労働の押しつけが一般的に行われてきたのである。

本稿では、まず、日本の労働時間の現状について統計的な分析を行い、次に、労働時間の現状を規定する諸要因について分析し、最後に、問題解決の課題と政策的方向性について論じたい。

1 日本の労働時間の現状

(1) 国際統計比較からみた日本の労働時間

日本の労働時間の現状について、最もよく知られる指標として、厚生労働省が試算した、先進5カ国（日、米、英、独、仏）の製造業生産労働者の実労働時間比較（労働政策研究・研修機構 2009）を用いてみよう。最新の2009年推計によれば、日本の年間総実労働時間は2,003時間で、5カ国中最も長く、最も短い国であるフランスの1,537時間の1.3倍である。日本の労働時間の長さは昔から変わっておらず、同推計が開始された1950年から今日まで、ほぼ一貫して最も労働時間の長い国であり続けている。

ただし、問題は、最も労働時間が長い国であるといったとき、厚生労働省推計で示された日本の労働時間が実態に即しているかどうかという疑問があるという点である。すなわち、厚生労働省推計では同省の「毎月勤労統計調査」を用いて各国と比較をしているが、その「毎月勤労統計調査」のデータが、労働時間の実態とかけ離れているという批判があるからである。この点に関して、

第5章 規制緩和と長時間労働

筆者はこれまでいくつかの論文で論じてきたので（[鷲谷2007] 等）、詳しくは触れないが、要するに毎月勤労統計調査が事業所調査に基づくデータであり、そこで把握された労働時間が「実」労働時間に値しない、過小評価されたものであるとの主張である。

労働時間を把握するもう一つの調査データとして総務省「労働力調査」中の「就業時間」を用いて計算すると、例えば2008年の労働時間は2,126.8時間と推計され、「毎月勤労統計調査」の1,791.6時間と比べて著しく長いのである。ちなみに、「労働力調査」は世帯調査であり、有業世帯構成員の毎月最終週の就業時間を記入するようになっている。さらに、「労働力調査」とは異なるもう一つの労働時間把握の方法として、総務省「社会生活基本調査」の「仕事時間」を用いる推計がある。これは、「生活時間調査」としての「社会生活基本調査」のデータを活用し、より精度の高い推計をしようという試みである。

図5-1は以上の3つの統計データを一括して掲げたものであるが、一見明らかなように、毎月勤労統計調査のデータは低めに出、労働力調査及び社会生活基本調査のデータは高めに出ていることがわかる。時系列的にみると、毎月勤労統計調査と労働力調査の差は350時間前後で推移しており、相似的なグラフをなしていることがわかる。労働力調査と社会生活基本調査のデータを比較すると、後者が5年に1度しか行われないが故に、グラフの形状が異なるが、それぞれの重なる年次で比べると、かなり似通ったデータであることがわかる。「社会生活基本調査」を用いた理由は、労働力調査が有している弱点をカヴァーできるからであるが、その弱点とは、労働力調査では自らあるいは家族が代わりに調査票に記入するのであるが、自分の就業時間を多めに報告（記入）したいという心情がデータに反映し、過大な時間を記入する可能性が指摘される可能性を指している。しかし、生活時間調査は、自らの時間帯別行動をもれなく記述し、各行動時間の総計は必ず1日24時間、あるいは1週168時間となる訳で、睡眠や食事、仕事等、各行動時間中、ある時間を誇大記入する心情はわきにくいと考えるからである。しかし、図にみる通り、両者のデータの一致度は高かった。さしあたり、毎月勤労統計調査と労働力調査の差を不払い残業時間とみなすことができよう。

先に5カ国比較でみた日本対米・欧の格差より実際の格差ははるかに大きいことがわかる[3]。

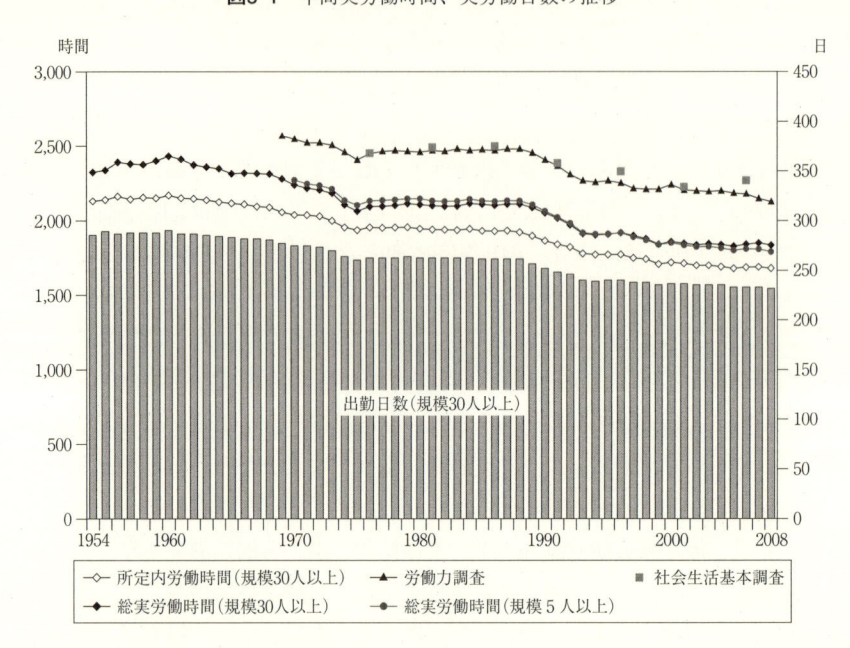

図5-1 年間実労働時間、実労働日数の推移

資料）厚生労働省「毎月勤労統計調査」（「総実労働時間」、「所定内労働時間」、「出勤日数」）、総務省統計局「労働力調査」及び総務省統計局「社会生活基本調査」。

(2) 長時間労働の背景

日本の労働時間が何故長いのかについては、すでにかなりのコンセンサスができている。政府・労働省は1970年代以降の労働時間短縮政策の中で、日本の労働時間が長い理由＝労働時間短縮の課題として、①週休２日制の未普及故の所定労働時間の長さ、②残業・休日出勤等の所定外労働時間の長さ、③年次有給休暇の取得率・取得日数の小ささ、の３点を20世紀の間は一貫して掲げていた[4]。それは、これまでみてきた統計上の把握と一致する。

それでは、以上の３つの問題は何故に生じているのであろうか。労働時間の水準を決める要因は、我が国ではまず、労働基準法の定める最低基準であり、その上に、企業規模にしばしば依存する企業の広い意味での「支払い能力」及び、企業の労務・人事管理政策が乗っかっている。今日ではこれに、企業のコンプライアンス、あるいはＣＳＲの水準を付加する必要があろう。もちろん、

労働組合が職場に存在する場合には、その交渉能力が一つの要因となるが、その力は限定的である。

これに対して先に国際比較を通じてその実労働時間の短さを確認したヨーロッパの場合、国によって相違はあるものの、労働時間規制は労働組合・労使関係と法制度の双方から、行われている。従って日本の長時間労働の背景、要因をより本質的に分析するためには、労働時間法制と労使関係要因の双方からアプローチしていく必要があることがわかる。

2　日本の労働時間制度の枠組み

(1) 日欧比較

前述の厚生労働省による5カ国比較調査には日本以外ではヨーロッパ3国とアメリカが含まれていた。労働時間制度の枠組みを比較すると、アメリカのみが全く異なり、労働時間の法的規制がない国である。労使のボランタリズムに委ねられている訳であるが、もちろん、何の基準もないという訳ではない。連邦公正労働基準法（Fair Labor Standards Act）第7条は、週48時間を超える労働時間については50％以上の割増賃金の支払いを義務付けており、これが労働時間延長の歯止めとなっている。ただし、上層ホワイトカラーについては、同法第13条によってこの条項の適用が除外（"exempt"）されており、これを指して「ホワイトカラー・エグゼンプション」と呼んでいる訳である。ホワイトカラー・エグゼンプションについては後述することとして、さしあたり、労働時間規制法を有するヨーロッパとの比較検討を行うこととする。

ヨーロッパにおける労働時間規制法制度について整理しておこう。ヨーロッパの主要国には、EU労働時間指令によって、日本の労働基準法水準を上回る最低基準が共通して存在する。すなわち、1993年に成立したEUの労働時間の設定に関する指令（Directive）はEU加盟国を束縛する法的効力を持ち、従って加盟国は同指令と同等かそれを上回る法制度を各国国内法によって整備しなければならない。EU労働時間指令の主要項目を列挙するならば、4カ月以内の労働時間算定期間中、時間外労働を含め週平均48時間を超えないこと、1日の「休息」時間（"Rest"～勤務終了時刻から次の勤務開始時刻までの間隔時間）を連続11時間とすること、年4週間の年次有給休暇の付与、である。とりわけ重要な

のは、時間外労働を含む上限時間の設定と、睡眠時間を含む生活時間の確保を目的とする「休息」時間の設定、その結果として1日当たりの最長拘束時間の事実上の設定という基本的な枠組みのもと、時間外労働に対するリジッドな規制がかけられているところである。

さらに、ドイツなどでは、労働組合の力によって法的規制をはるかに上回る労働協約レベルでの労働時間短縮が積み重ねられている。歴史的にみると、1970年代以降、ドイツ労働総同盟のイニシアティヴの下、労働時間短縮闘争が進められ、80年代には、長期にわたるストライキを背景に、週35時間協約がいくつかの産業・地方で勝ちとられた。ちなみに、当時のドイツ（西ドイツ）の法定労働時間は週48時間であり、結局のところ、EU労働時間指令成立前も後も、労働協約によって形成された労働時間制度の水準は法が規定する最低基準を大きく上回っていた。この点は、日本の労働者の多くが適用を受けている所定労働時間の水準が労働基準法が定める最低基準に極めて近いこととは対照的である。例えば2009年の厚生労働省「就労条件総合調査」によれば、週所定労働時間は労働者1人平均39時間ちょうどであり、労働基準法の最低基準である40時間と1時間しか違わない。もちろん、「平均」の内訳をみると、日本独特の企業間格差が存在しており、1,000人以上規模の企業では38時間37分であるのに対し、30〜99人規模では労働者1人平均所定労働時間は39時間23分と、労働基準法水準に大きく近づいていることに留意しなければならない。

ヨーロッパでも、フランスは労働組合による時間短縮と法規制による労働時間短縮を両面で前進させている国として特徴的である。第二次世界大戦以前に週40時間労働制に達していたフランスは、ミッテラン政権時代に39時間労働制に移行し、21世紀に入ると35時間労働制に進んだ。フランスでは法規制による労働時間短縮は雇用政策と密接不可分であって、マクロレベルでのワークシェアリングを実践したということになる。

逆に日本では、法的規制、労働組合による労働時間短縮のいずれもヨーロッパに遅れを取っており、それは、労働運動のあり様とも密接にからみあった、日本の労使関係の独自性に規定されるところが大きいと考えられる。

(2) 労働基準法における労働時間規定

日本における法的労働時間規制は1911年成立、1916年施行の工場法によって

女性及び年少者を対象として開始された。成年男性については、1939年に工場就業時間制限令によって製造業の一部の労働者に対して一時的に労働時間規制が行われたが、1943年にそれは廃止され、全ての労働者を対象とする労働時間規制が実現したのは1947年の労働基準法成立によってであった。労働基準法による労働時間規制は、戦前の規制水準から飛躍的に前進したものであり、1日8時間、週48時間というILO第1号条約の水準に到達し、また、はじめて年次有給休暇制度が導入されるなど、画期的なものであった。しかし、過半数組織労働組合または労働者の過半数代表との書面による協定に基づく時間外労働、休日労働を容認し、その上限を定めることがなかったため、ILO第1号条約を批准することができず、また、その後の長時間労働出現の要因を既に内包するものでもあった。

週48時間制から今日の40時間制に進むまでに40年以上かかった。労働基準法の労働時間部分の本格的な改定が行われたのは前述の通り1987年であったが、その労働基準法改定は極めて変則的なものであった。すなわち、本則では週40時間を謳いつつも、附則で、「当面の間、『40時間』とあるのは『40時間を超え、48時間未満の範囲内において命令で定める時間』とする」と規定し、当面の法定労働時間を定める「命令」は政令として別途定められ、事業の種類と事業場の規模のマトリックスによって、労働時間の上限が多様に定められた。最終的に今日の週40時間制に移行したのは1997年のことであった[5]。

1987年改定の内容としては、週労働時間規定及び変形労働時間制、フレックスタイム制やみなし労働時間制以外では、年次有給休暇の付与日数の引き上げ及び計画取得制度の創設が挙げられる。

1987年以降今日まで、労働基準法の労働時間規定に関しては、小、中規模の改定が数回行われている。そのうち、規制緩和にかかわる主なもののみ示しておくと、1993年改定では3カ月単位の変形労働時間制の期間を1年間単位に延長、1997年には労働省告示によって専門業務型裁量制の対象業務がそれまでの5業務から11業務に拡大された。

さらに、1998年改定ではそれまでの専門業務型裁量制とは別に企画業務型裁量労働制が創設され、本社等重要決定が行われる事業場において企画・立案・調査・分析業務に携わる労働者一般を対象とする裁量制が発足することになった。2002年には厚生労働省告示によって、専門業務型裁量制の対象業務がさら

に拡大され、19業務となった。

2003年には、労働基準法改定によって企画業務型裁量労働制の要件が緩和され、本社以外でも適用可能となり、また、それまで労使委員会の議決要件が全会一致であったのが5分の4以上の賛成に緩められた。

ところで、労働基準法の基本的問題点は、前述の通り、法36条による時間外協定さえ締結すれば、法的には事実上無制限の時間外労働を課すことができること、変形制やみなし労働時間制等によって、長時間労働や不規則労働が課せられる余地があること、時間外労働の割増賃金率の低さ故に時間外労働抑止力を有さないこと[6]、等である。さらに、労働基準法の規制力そのものにも問題がある。一例を挙げるならば、厚生労働省の現在の労働時間政策の基準と考えられる「労働時間等見直しガイドライン」(労働時間等設定改善指針~平成20年厚生労働省告示第108号 2008年3月24日改定)は、「労働者が健康で充実した生活を送るための基盤の一つとして、生活時間の十分な確保が重要であり、事業主が労働時間等の設定の改善を図るに当たっては、労働時間の短縮が欠かせない。このため、事業主は、今後とも、週40時間労働制の導入、年次有給休暇の取得促進及び所定外労働の削減に努めることが重要である」と述べている。たしかに1993年の労働基準法改定によって週40時間制に移行したが、中小事業場については「猶予期間」が与えられ、当面、週46時間等の経過措置が容認された。しかし、その「猶予期間」は1997年には終了しているのであって、今更、週40時間労働制の導入を事業主に呼びかける意図を図りかねるが、言葉通り受け取れば、厚生労働省そのものが週40時間労働制が実態としてまだ確立していないことを自覚しているということになる。現実に、厚生労働省「平成18年 労働基準監督年報」によると、2006年に行われた定期監督の結果、労働基準法の労働時間条項である32条、40条違反事業場は監督対象事業場の23.8%、割増賃金に関する37条違反は同じく17.1％であった。

また、厚生労働省が毎年発表している「監督指導による賃金不払残業の是正結果」によれば、2008年度において、全国の労働基準監督署の指導により、不払いとなっていた割増賃金の支払いが行われた企業のうち、1企業当たり合計100万円以上の支払いがなされた企業数は1,554企業、対象労働者数は180,730人、支払われた割増賃金の合計は196億1,351万円に達するという。これは、労働者やその家族から厚生労働省の各機関に寄せられた長時間労働、賃金不払残業に

関する相談に基づいて行われた重点的監督の結果であり、まさに氷山の一角に過ぎないと考えられる。

　また、ハンバーガーチェーン・マクドナルドの店長の長時間労働と未払い時間外手当に関する訴訟・判決を契機に瞬く間に広がった「名ばかり管理職」ということばも、日本の企業の労働基準法に対する意識の低さを如実に物語っている。

(3) 労働時間と労使関係

　本来、労働時間規制の主要な主体は労働組合である。ヨーロッパ諸国では、実際、ドイツの例のように、労働組合が労働時間短縮を推し進めている。しかし、上述の不払い残業や「名ばかり管理職」の事例をみる限り、日本の多くの労働組合、とりわけ企業別労働組合は長時間労働の抑制機能を果たしているとは言えない。厚生労働省の「監督指導による賃金不払残業の是正結果」では、指導対象企業名は公表されていないが、政党の調査や、マスコミの報道によって、いくつかの企業名が明らかになっている。その中には2005年に69億4,800万円の不払い残業を摘発された東京電力を始め、中部電力、ＮＴＴ東日本、ＮＴＴ西日本、スズキ自動車等の巨大企業の名前が含まれる。いずれも企業別労働組合が存在し、36協定も締結しているはずである。そこで、何故に不払い残業が起きるのだろうか。

　また、過労死や過労自殺の取り扱いをめぐって特徴的なことは、ほとんどの場合、企業別労働組合の支援を受けず、遺族や支援者による労災申請や企業に対する民事損害賠償請求が行われていることである。あろうことか、過労死や過労自殺の告発に対して妨害行為を行う企業別労働組合も少なからず存在している。「大阪・京都の弁護士が運営する過労死・過労自殺・労災の相談室」というインターネットサイト（http://www.karoshi-rosai.com/article/13500478.html）によれば、（労災申請にあたって）「労働組合に相談すべきでしょうか？」という質問に対し「その労働組合の実態がわかるまでは相談すべきではない、と考えます」とした上で、「ひとつ、確実に言えることは，同僚が過労死しているのに、何事もなかったように安閑と過ごしている労働組合に頼るのは得策ではないということです」。「労働組合も千差万別で、きちんと労働組合の目的に沿った立派な活動をしている労働組合もあれば、企業の一組織としか言いようの

ない企業別の御用組合（労働者ではなく会社の利益のために動く組合）もあります」。「私たちの経験からすると、企業別労働組合の中で、きちんと真相を解明し、労働者や労働者の遺族のために積極的に取り組んでくれる労働組合は極めて少数と言えます。そればかりか、会社と一体となって妨害してくる例も少なからず存在します。このようなひどい組合に労災について相談することは、百害あって一利なしと言えるでしょう。なお、労働組合に頼らなくても、きちんと立証ができれば、労災は認められます」と答えている。

一方、過労死の責任を労働組合に問う訴訟も起きている。システム開発会社エスシーシー（ＳＣＣ、東京）に勤務中に脳出血で死亡した男性（当時30歳）の両親が「過酷な労働条件を改善せず過労死を招いた」としてＳＣＣと同社の労働組合に約１億4,400万円の損害賠償を求める訴訟を2004年５月12日、東京地裁に起こした。原告の代理人弁護士は「ＳＣＣと労組は、協議なしに月30時間以上の時間外労働をさせられない、との協定を結んでいるのに、労組は協議を怠った。労災申請にも協力しようとせず悪質だ」としている（共同通信2004/5/12配信）。

企業別労働組合は労働時間を含む個別労働条件の引き上げに、十分な力を発揮できないという組織的な弱点を有している。もとより企業別労働組合においては企業の存立が自らの存立の前提となっている。すなわち、所属する企業が競争を勝ち抜き、成長していくことが労働組合の存立基盤となっており、逆に労働時間短縮がコスト上昇につながり、企業間競争での敗北をもたらすことを恐れるからである。これはヨーロッパの企業横断的な産業別あるいは職業別労働組合とは大きく異なる。ヨーロッパ型の労働組合においては、個別企業の経営事情などは労働組合の戦略の上においてはほとんど取るに足らないものであって、社会的要求水準に基づく運動が展開され、それに耐えられない企業が淘汰されることも当然とみなされている。

最近では「名ばかり管理職」に倣って「名ばかり労組」などという蔑称まで与えられることとなってしまった企業別労働組合が、組織的な弱点を乗り越え、労働条件の横断的な前進を図るべく、社会的連帯の途を進むことが要請されるところである。

3 労働時間短縮の論理の検討と政策提起

(1) 長時間労働のインパクト

「景気悪化の影響による仕事量の減少のため、2009年1月に人員削減が行われた。その後、6月から仕事量が増加したが、人数が少ないため残っている労働者にしわ寄せがきて、1人当たりの仕事量が景気悪化以前の約2倍、残業が1ヵ月100時間を超える長時間労働となっている。このため体調を崩し、周りの労働者もやつれている」。

これは、厚生労働省が毎年11月に行っている「労働時間適正化キャンペーン」の一環として09年11月21日に行われた「労働時間相談ダイヤル」に寄せられた「製造業」の労働者の相談内容である（厚生労働省 http://www.mhlw.go.jp/stf/houdou/2r98520000002rdq-img/2r98520000002rmy.pdf）。

厚生労働省の発表資料にはこの相談者の所属企業の規模等の詳しい情報は含まれていないが、いかにもありそうな訴えである。

$$産出量(O) = (平均)労働時間(H) \times 労働者数(W) \times 労働生産性(P) \times 労働強度(I) \cdots\cdots 式1$$

上式は産出量と労働の諸要素の関係を示す一般式である。例えば、生産性、労働強度一定のもとで産出量を増やすためには、1人当たりの労働時間を増やすか労働者数を増やすか、あるいはその両方をなさなければならない。上記の相談例では、労働者数を増やさないのであるから必然的に労働時間は過大とならざるを得ず、おそらくそれに労働強度の増大が加わっているのであろう。逆に、産出量一定のもとで労働者数を増やすためには労働時間を短縮しなければならない、すなわちワークシェアリングが必要となることを示す。しかしそれぞれの要素の中には相互規定的なものもあり、生きた人間が担う労働力を前提とするならば労働時間と労働強度は本来トレードオフ関係にあること、また、労働時間や労働強度が増大すればそれは疲労を招き、逆に労働時間や労働強度に反作用することは明らかである。

要するに、式1によれば、産出量を増やす場合、労働者数を増やすか労働時

間を増やすか、あるいは生産性を上昇させるか、あるいは労働強度を増すかの選択肢のうちから可能かつ適当なものを組み合わせなければならないが、この企業のように、景気悪化によるリストラ＝人員削減を行った経験がある場合、半年後に労働者を新たに雇用するという選択肢は取りにくいであろう。いつ再びリセッションが到来するか予測がつかない。その際に、再び人員整理をすれば、何らかのコンフリクトが起きるであろうから、さしあたり現有勢力で仕事をこなしていこうと考える訳である。職場に労働組合が存在すれば、労働者の負担増を抑制するために、人員増の要求をすることもあり得よう。しかし、労働組合の組織率は低く、かつ、職場における作業量・人員のコントロールに取り組みうる力量を持った労働組合は必ずしも多くない。いささか、事例の勝手な解釈になりかけてしまったが、マクロの統計からみても、このような状況はこれまでにもあったことを確認することができる。前掲図5-1で、高度成長期に労働時間短縮が進んだが、1975年をボトムに、むしろ所定外労働の増大によって、1980年代末までは総実労働時間が停滞ないし延長していったことがわかる。これは石油ショックによるいわゆる「減量経営」と、企業の「少数精鋭」型人事管理への転換、景気変動に労働時間の増減で対応するというビヘイビアの確立を物語っていると言える。

(2) 労働時間短縮の意義と目的

　話は少し横道に逸れたが、長時間労働は疲労、蓄積疲労そして健康への悪影響をもたらす。すなわち、長時間労働そのものが強い精神的・肉体的疲労をもたらす。さらに、長時間労働によって、労働者は本来睡眠や休養を取るべき生活時間を奪われ、従って疲労回復を阻害されることを通じてさらに疲労を増加させる。長時間労働は、労働者の疲労を二重に加重させるのである。従って、長時間労働規制の第1の目的は労働者の健康確保である。

　第2に、長時間労働は睡眠時間等の生理的生活時間のみならず、労働者の個人的生活時間を蚕食し、家庭生活に歪みを与える。生活時間の国際比較をすると、日本の男性の家事時間はヨーロッパの男性に比して非常に少なく、男女間の格差は突出して大きい。日本の女性は男性が担当しない家事を引き受けざるを得ず、それは女性の社会進出を阻害するという結果に結びつく。また、長時間労働の男性の家庭不在は家族関係に様々な歪みをもたらす。逆に、労働時間

第5章　規制緩和と長時間労働

短縮は、家庭における男女共同責任の実質化の条件であり、男女共同社会実現の前提である。

　第3に、労働時間短縮は、やはり同じく労働者の個人的生活時間の確保、増大によって、労働者の労働能力を含む潜在的可能性を高める。身心を鍛え、社会的活動に参加し、様々な人びととの交流の機会を得た労働者は、自らの労働と生活を捉え直し、企業社会そのものを見直す機会を得るだろう。そのことは長時間労働の本質的背景をなす、企業内及び企業間競争による長時間労働への駆り立てそのものへの労働者による異議申し立てに結合するかも知れない。

　第4に、ワークシェアリングによる雇用拡大についてである。ワークシェアリングはかつて、バブル崩壊後大いに注目されたことがあったが、ほとんど政策レベルでは具体化することはなかった。リーマンショック以降の不況において再び注目されるところではあるが、実態として、企業内の賃下げ合理化の手法として用いられているところが多く、その本来の姿とはかけ離れていると言わざるを得ない。すなわち、前述の通り、日本の労働時間は不払い残業も含め異常に長く、一方で、総務省「労働力調査」によれば、2009年10月の完全失業者数は344万人と1年前に比べ89万人増加している。日本の労働時間を少なくとも不払い労働時間部分だけでも短縮するために、前掲式1に当てはめて試算すると以下のようになる。

　産出量、生産性、労働強度一定のもとで不払い残業をなくすということは、さしあたり、年間実労働時間を労働力調査の示す2,127時間から厚生労働省「毎月勤労統計調査」の示す1,792時間まで減少させるということである。日本の雇用者数は5,478万人であるから、必要追加雇用者数をx万人とし、労働生産性及び労働強度は不変と仮定するので合わせて定数項aとするならば

現状の産出量は：$O1 = 5,478 \times 2,127 \times a$
ワークシェアリング後の産出量は：$O2 = (5,478 + x) \times 1,792 \times a$

で示される。

　従って、同じ産出量を実現するためには、すなわち、$O1 = O2$とするためには

$5,478 \times 2,127 \times a = (5,478 + x) \times 1,792 \times a$を解けばよい。

111

x = (5,478×2,127)/1,792 − 5,478

x = (5,478×(2,127 − 1,792))/1792

5,478×335/1,792＝1,024万人必要となる。失業問題の解消どころか、とても労働力は足りないということになる。かなり粗っぽい試算であるが、それほど的外れではないだろう。

　第5に、生活時間とりわけ社会的文化的生活時間の増大による余暇生活の充実を通じた経済活性化の可能性についてである。これはしばしば政府の時短政策の目的として掲げられるが、とりわけ長期間の休暇取得によって、細切れ的な休暇の過ごし方ではなく、よりダイナミックな余暇活動が展開されれば消費拡大効果は大きいものとなろう。

　第6に、企業にとってのメリットについてである。労働時間の延長は、短期的には企業の利益に結びつくかも知れない。しかし、中長期的にみた場合、前述の労働者の疲労増大を通じた生産性の低下を招いたり、品質低下に結びつく可能性がある[7]。さらに、長時間労働を課す企業は、今日のインターネット社会においては、ＤＱＮ（「ドキュン」）企業とか、「ブラック企業」として評判になる。ちなみに、検索サイトGoogleで「ブラック企業」を検索すると426万件ヒットした。逆に、まともな労働条件、環境を実現すれば、より優秀な労働者を獲得できる訳である。

　第7に、公正な国際競争条件を実現するということである。かつて、戦前の日本はソーシャルダンピング国として国際的に批判された経験がある。また、1987年の労働基準法改定以降の一連の労働時間短縮政策は、ある意味で、国際関係が一つの理由であった。日本の輸出産業が長時間労働による低コストで欧米の市場を荒らしていることへの反発がその背景にあり、例えば「新前川リポート」（1987年）が提起した年間1800労働時間という時短目標は、対米貿易摩擦解消のための内需主導型経済構造への転換の対米公約の一環であった。

　今日の日本の「経済大国」という立場からして、労働時間短縮の停滞は許されない状況になっていると言えよう。

おわりに──今後の労働時間短縮のために

　労働時間の短縮のために当面最も実効性の高い戦略は、現行労働法制の有効

活用と更なる規制強化の方向の模索であろう。具体的には、第一に、少なくとも労働基準法の遵守の徹底という当面の施策を重視することである。その中には、くり返し述べてきた違法な労働時間運用、とりわけ不払い残業の根絶、時間外協定の当事者の選出手続きの厳格化等が含まれる。国会での野党による不払い残業問題の追及の結果、厚生労働省からは「労働時間の適正な把握のために使用者が講ずべき措置に関する基準について」（2001年4月6日付基発339号）等の通達が出され、これは、改善の一つの手がかりとなっている。

　第二に、冒頭でふれた通り、日本版ホワイトカラー・エグゼンプション導入はいったん頓挫したが、その議論の過程で、労働基準法の基本的な位置づけ・精神をめぐる問題提起がなされたことに注目する必要がある。日本版ホワイトカラー・エグゼンプション導入に関する検討の場であった、第54回労働政策審議会・労働条件分科会（06年4月11日）に厚労省が提示した「労働契約法制及び労働時間法制に係る検討の視点」なる文書によれば「自律的労働時間制度（日本版ホワイトカラー・エグゼンプションを指す：筆者注）の創設」の「基本的な考え方」として、「高付加価値の仕事を通じたより一層の自己実現や能力発揮を望み、緩やかな管理の下で自律的な働き方をすることがふさわしい仕事に就く者について、一層の能力発揮をできるようにする観点から、現行の労働時間制度の見直しを行う。」とある。そもそも労働基準法がその目的を同法第1条第1項において「労働条件は、労働者が人たるに値する生活を営むための必要を充たすべきものでなければならない」と定め、かつ同第2項において「この法律で定める労働条件の基準は最低のものであるから、労働関係の当事者は、この基準を理由として労働条件を低下させてはならないことはもとより、その向上を図るように努めなければならない」としていることからも明らかなように、労働基準法は労働者の労働条件の最低基準を定めるものであって、労働者の能率の向上を目的とするものではない。「人たるに値する生活」条件に「能力発揮」が取って代わる訳にはいかないのである。実は、ホワイトカラー・エグゼンプション導入は労働基準法の精神そのものを変質させる可能性を有していたことを重視すべきであり、逆に現行労働基準法のどこを守るべきであるのかを明確にする必要がある。

　その上に立って、第三に、労働基準法の抜本的な改定が要請される。その中で重視すべきは、時間外労働の上限規制のためのいくつかの施策であり、そこ

では、EU労働時間指令の2つの規定を取り入れることが有効であろう。すなわち、時間外労働を含めた労働時間の上限の設定、勤務間隔時間の法定化（"Rest"の導入）は我が国の労働時間に大きな変化をもたらすであろう。更に、時間外割増率について、労働基準法は2010年4月に改定施行され、これまでの一律25％の割増率から、1カ月60時間を超える時間外労働に対して50％以上の割増率が適用されることになっているが、時間外労働抑止力という視点からみると、まことに不十分な改定であり、更なる引き上げが検討されて然るべきであろう。

注
1) 有力な対案として［労働時間問題研究会 1987］等がある。
2) 厚生労働省「裁量労働制の施行状況等に関する調査」（2005年）によれば、専門業務型裁量労働制の対象業務の範囲について、裁量労働制未導入企業においては「現行制度でよい」と答えた事業所が59.9％と過半数を占めるものの、「広すぎる」は0.3％に過ぎず、「狭すぎる」は33.9％と大きく上回っている。また、既導入事業場においても、専門業務型裁量労働制の対象業務の範囲について「現行制度でよい」と答えた事業場が57.1％、「広すぎる」1.0％、「狭すぎる」40.9％となっている。一方、企画業務型裁量労働制については、未導入事業場においては「現行制度でよい」と答えた事業所が53.5％と過半数を占めるものの、やはり「狭すぎる」が38.5％を占め、「広すぎる」の0.6％を大きく上回った。また、既導入事業場においては、「狭すぎる」が67.9％を占め、「現行制度でよい」は30.2％、「広すぎる」が0.8％であった。
3) にもかかわらず、［小池 2009］は厚生労働省の5カ国比較における日本の実労働時間が過大評価されていると主張する。その根拠は統計上正確に把握できないホワイトカラーの労働時間を入れて計算しているからというものであったが、同比較は明確に「製造業・生産労働者」の比較と表示しており、全く的外れの批判となっている。小池は、更に、「日本は長時間労働でなんとか競争力を保ってきたという観念はまず捨て去るべき」とまで言っているのだが、何故「過労死」が2002年以降、オックスフォード大辞典に「karoshi」と日本語発音のまま載っているのか小池はどう説明するのだろうか。
4) 2000年11月30日に中央労働基準審議会は建議「労働時間短縮のための対策について」を決定、新しい中期的な労働時間短縮政策を掲げた。この中では、労働時間短縮の3課題から週休2日制普及は「一定の成果が見られ」たとしてこれを外し、残る2課題に絞ることとした。この点について、［鷲谷 2010 a］を参照されたい。
5) ただし、今日においても、常時10人未満の労働者を使用する商業、映画・演劇業（映画製作の事業を除く）、保健衛生業及び接客娯楽業の事業場においては、労働基準法第40条に定める特例措置として週44時間までの労働が認められている。
6) 割増賃金は使用者に対して労働時間延長の経済コストを高めることによって時間外労働を抑制することを目的としている。しかし、賃金体系の独自性とも相まって、日本の

賃金においては賞与等の一時金や諸手当の割合が大きいため、割増賃金の算定基礎に含まれない賃金額が大きく、高い割増率を課さないと、抑制効果が生じないという問題がある。例えば、60％を超える割増率を設定しないと抑制効果は働かないという試算も行われている。この点、詳しくは［鷲谷2010ａ］を参照のこと。
7）労働時間と生産性の関係については［鷲谷2010ｂ］を参照のこと。

参考文献
小池和男『日本産業社会の「神話」――経済自虐史観をただす――』日本経済新聞社、2009年
労働省労働基準局『労働基準法の問題点と対策の方向――労働基準法研究会報告書』日本労働協会、1986年
労働時間問題研究会『労働時間短縮への提言』第一書林、1987年
労働政策研究・研修機構『データブック国際労働比較2009』労働政策研究・研修機構、2009年
鷲谷　徹「日本の労働時間――現状と課題――」『労働の科学』62巻2号、2007年2月
鷲谷　徹「長時間労働と労働者生活」、石井まこと・兵頭淳史・鬼丸朋子編『現代労働問題分析』法律文化社、2010年所収
鷲谷　徹「日本の労働時間問題――長時間労働と労働のサスティナビリティ」『労務理論学会誌』第19号、2010年

第6章　外資系企業A社における1990年代以降の雇用調整に関する一考察

鬼丸　朋子

はじめに

　1990年代以降、日本的雇用システムなるものに動揺がみられる。国内外の企業間競争の激化に喘ぐ企業は、生き残りをかけて人事・賃金制度の見直しを行うと共に、従来の雇用戦略の見直しを進めている。近年の日本的雇用システムの変容の方向性は、1995年に発表された新・日本的経営システム等研究プロジェクト編『新時代の「日本的経営」──挑戦すべき方向とその具体策──』に象徴的に示されているように、多様な雇用形態を組み合わせた雇用のポートフォリオの構築であるといえよう。とりわけ、長期安定雇用の規範が比較的強固であったいわゆるホワイトカラー正規労働者にリストラが実施される等、基幹的正規労働者層の絞込みが顕著にみられる。同時に、日本的雇用システムが適用されない非正規労働者の活用が質・量両面から急速に進められることで、日本的雇用システムの枠組みに組み込まれない層が急増しつつある。近年の企業の雇用戦略の変化によって、一定の人件費削減と雇用の流動化が実現したのである。

　近年の企業の雇用戦略の変化は、正規労働者・非正規労働者双方の働き方・生活のあり様にも影響を及ぼしている。本稿では、とくに正規労働者に対して解雇を回避するという半ば暗黙的な企業内労働市場のあり方の転換が、正規労働者にどのような影響を与えようとしようとしているかに関する事例分析を試みる。具体的には、外資系企業日本法人A社における雇用に関する労働者管理のあり方を概観し、今後の議論を深めていく上での一つの手がかりとしたい。

1 日本的雇用システムの転換をめぐる議論

　日本的雇用システムとは、典型的には大企業でみられるような、特定の企業における長期勤続によって実現される長期安定雇用をもって基幹的な正規労働者を遇することを軸にして年功的な人事・賃金システム[1]を設計・運用する規範的な雇用戦略を示すものと捉えられよう。このような日本的雇用システムを適用される基幹的業務に従事する正規労働者は、一企業内に勤め続ける限り、一定程度の雇用の安定と賃金水準を保証されてきた[2]。一方企業にとっても、長期勤続と年功的な賃金慣行[3]を採用することは、一定の経済合理性を有していたと解されている[4]。

　一方で、長期安定雇用慣行を維持するために、労使関係の変化や経済状況の変化等から影響を受けながら、企業は時代ごとに修正を加えつつ様々な解雇回避慣行を取ってきた[5]。具体的には、景気後退や業績悪化・事業再編等に伴うグループ子会社・関連会社への出向（在籍出向は除く）・転籍や希望退職[6]といった雇用調整の実施による様々な正規労働者の量的調整手段を駆使することで、社会的に暗黙の規範として受容されてきた基幹的正規労働者の雇用保障を確立・維持してきたといえよう。

　このような日本的雇用システムは、1990年代後半以降、動揺している[7]。新たな雇用戦略の方向性は、基幹的正規労働者層の絞込み[8]と日本的雇用システムが適用されない非正規労働者の拡大を推し進め、人件費削減と雇用の流動化を促すものであった[9]。この方向性は、例えば、1995年に発表された新・日本的経営システム等研究プロジェクト編『新時代の「日本的経営」──挑戦すべき方向とその具体策──』で、「長期蓄積能力活用型グループ」「高度専門能力活用型グループ」「雇用柔軟型グループ」の3層から成る雇用のポートフォリオとして示されている。この提言から15年近くが経過した現在、激化する国内外の企業間競争に直面した企業が生き残りをかけて処遇制度の見直しに着手した結果、基幹的正規労働者層の絞込みと非正規労働者のさらなる拡大によって、人件費削減と雇用の流動化が進んでいる[10]。

　現下の雇用システムの変容への要請は、企業側からみれば、労働市場の構造変化や激化する国内外の企業間競争に対応可能な雇用戦略を導入する必要性か

らと説明されよう[11]。また、労働者側からみたときに、労働市場や労働者の意識の変化に対応した多様な雇用形態を実現する雇用のあり方の再構築への志向が、雇用システムの変容に繋がると捉える向きもあるようだ[12]。両者の文脈の底流には、労働者保護の観点から構築されている現行の雇用に対する規制によって生じる非効率性の是正によって企業・労働者双方に積極的な影響をもたらし得るという議論が存在していると考えられる[13]。

しかし、転職市場の整備が不充分な上に、いわゆる「条件の良い就業機会」の確保がそれ以前と比較して困難になりつつある中で、これらの議論がどの程度の妥当性を持つかを判ずるためにも、絞込みの対象となる基幹的正規労働者層の受容あるいは反発のあり方について検討するためにも、事例を蓄積することには意義があると考えられる。日本的雇用システムが変容しつつあるとすれば、これまでの到達点と今後の課題を明らかにすると同時に、変化の方向性や労使間のコンフリクトといった点を実証的に読み解いていく作業が欠かせないからだ。例えば、企業内でどのような雇用調整の制度・手続が取られ、それが対象者からの納得をどの程度得られているのか、といった点については今後さらに多くの研究が必要であろう。そこで、次節以降で、外資系企業の日本法人（以下Ａ社[14]と記す）の雇用調整のあり方を概観し、その特徴を明らかにしたい。

2　1990年代以降のＡ社の事例にみる企業内雇用調整の概要

Ａ社グローバル本社のあるアメリカにおいて、多くの大企業が、低成長時代への対応を迫られたり、日本企業との競争激化に直面したりする中で、1980年代～1990年代はじめにコスト削減・生産性向上・品質やサービスの改善に向けて手を尽くした。その一環として、多くの企業が雇用削減計画を発表した。なかでも、いわゆる終身雇用を慣行とする会社であったＡＴ＆Ｔやイーストマン・コダックといった企業でさえ大規模なレイオフによる人員削減を実施する等、企業の雇用戦略の見直しを含めた大規模な動きが広範に進められた[15]。むろん、Ａ社グローバル本社も例外ではない。当時、主力商品が時代遅れになりつつあったこともあり、Ａ社グローバル本社の業績は世界規模で急速に悪化した。これを受けて、Ａ社グローバル本社は1990年代に入るまで雇用戦略として掲げてきた完全雇用の理念から大きく舵を切り、グローバル規模での雇用調整

を繰り返しながら雇用戦略の変革を推し進めていった[16]。

　戦前から日本で事業を展開している外資系企業日本法人Ａ社でも、1990年代以降の同社における正規労働者に対する一連の雇用調整が実施された。Ａ社の雇用戦略の転換は、これまでいわゆる終身雇用的な雇用システムに立脚した社内キャリアの形成を期待していたＡ社の正規労働者にも、働き方の変容を迫るものであった。これまでの雇用システムからの転換の方向性や手続がどのように設計・運用されたか、Ａ社正規労働者の受け止め方・反応がどのようなものであったかといった点から、日本企業における今後の雇用戦略を考える際に多くの知見が得られよう。また、Ａ社における一連の雇用調整は、日本大企業のそれに先行する形で、1990年代初めから大規模に展開している。そのため、同社の一連の事業再編・雇用調整のあり方は、いわゆる日本的雇用システムの限界を乗り越えようとする大企業を中心とする日本企業にとっても、正規労働者の絞込みの先駆け事例として位置づけられ得るものでもあったと捉えられよう[17]。

　以上の点を鑑みれば、Ａ社における近年の雇用調整のあり方を分析し、その意義と限界を明らかにすることで、今後の日本企業における雇用のあり方をさぐる上での示唆が得られると考えられる。そこで、以下では、1990年代以降のＡ社の一連の雇用調整を概観し、同社の雇用戦略の変化が働く者にどのような影響を及ぼしたかを検討したい。

　Ａ社の主な事業は、情報システムに関わる製品、サービスの提供である。本社は東京都で、2008年の資本金は1,353億円、売上高は１兆1,329億3,200万円、経常利益は1,543億3,100万円、純利益は967億9,700万円にのぼる。2008年12月31日現在のＡ社単体の社員数は16,111名（男性13,064名、女性3,047名）、平均年齢は40.7歳（男性41.6歳、女性36.8歳）、平均勤続年数は15.3年（男性16.1年、女性11.9年）である[18]。

　Ａ社は1980年代後半から1990年代初めにかけて、グローバルレベルで業績不振に陥っていた。その中で、図表6-1に示されたとおり、1990年代に入って以降、正規労働者に対する長期安定雇用を堅持する戦略を転じ[19]、希望退職制度や事業再編を通じて、数次に渡る雇用調整を実施してきた。時期的にみると、1990年代前半～中盤にかけては、いわゆるセカンドキャリア支援の側面が前面に押し出される一方で、この時期から低評価者への退職勧奨が水面下ではじ

第6章 外資系企業A社における1990年代以降の雇用調整に関する一考察

図表6-1　A社における雇用調整の歴史（1992～2008年）

期　　間	名　　　　称
1992年11月～1993年6月	セカンドキャリア支援プログラム
1993年3月～1993年12月	M（問題社員）計画（極秘）
1993年10月～1994年1月	キャリア選択援助計画への移行措置。人員再配置に伴う退職時の特別措置
1994年2月～	キャリア選択援助計画
1993年10月～1994年1月	人員再配置に伴う退職時の特別措置
1994年11月～	キャリア休職制度（無給休職／退職）
1994年10月～1995年1月	戦略投資分野への人員再配置
1995年10月～1996年2月	セカンドキャリア支援について
1995年11月～1996年3月	キャリアプラン休職制度（退職割増金有り）
1998年10月	企業体質強化に向けての人事施策
1998年12月	社員の業績向上について
1999年4月	人事、総務、経理の100％子会社設立
2001年6月	P事業所　半導体部門の分割・合併化
2001年9月	P事業所液晶ディスプレイ部門　T社との合併解消
2001年10月	P事業所液晶ディスプレイ部門（A社の100％子会社）設立
2001年10月	P事業所　実装基盤部門をS社に売却
2002年6月	リソース・プログラム（極秘）
2002年7月	営業業務部門を100％子会社化
2002年12月	Q事業所　HDD部門を分割、100％子会社化
2003年1月	同　子会社株をV社に譲渡。Q事業所をV社に売却
2003年9月	P事業所　積層基盤部門をR社に売却
2004年3月	P事業所　帰任社員を人材派遣会社T社に出張、出向、派遣
2004年4月	P事業所液晶ディスプレイ部門（A社の100％子会社）清算と解雇事件
2005年4月	PC部門をU社に売却
2005年8月	事業所の土地・建物をR社に売却
2005年6月	リソース・プログラム（極秘）
2005年10月	「人事改革の方向性と施策」発表
2006年頃～	「Bottom10」の実施
2006年6月	P事業所セミコンダクター（A社とW社が折半出資子会社設立）のA社持分をW社に売却（2007年にX社に事業資産を譲渡し、会社解散）
2007年5月	プリンター部門をZ社に売却
2008年11月	キャリア選択援助計画を終了し、2008リソースアクションプログラムを発表

出所）A社組合機関紙2006年2月20日号（第2014号）。A社組合機関紙2005年6月13日号（第1983号）。A社組合ビラ。A社組合機関紙2006年11月6日号（第2046号）。A社組合機関紙2007年11月26日号（第2095号）。A社組合機関紙2008年11月4日号（第2129号）により筆者作成。

まっている。1990年代中盤〜1990年代末にかけて、事業再編や分社化・子会社化に伴う転籍が盛んに行われたが、2000年代になると、これに加えて会社分割法・労働契約承継法を活用した雇用調整が進められるようになった。

同社の雇用調整のあり方は、大きく2つに分けることができる。すなわち、(1) 中高年及び社内の評価結果が下位の者を対象に、自己選択による新たなキャリア形成へのチャレンジを後押しするという外形を取るプログラム（退職勧奨を含む)、(2) A社の事業再編に伴う分社化・会社分割・合弁化に伴う人員再配置（退職勧奨を含む）である。(1) は年齢を含めて個人の企業への貢献を基準としているのに対して、(2) はA社の経営戦略の観点からの事業再編という組織的な視点に立脚したものと捉えられよう。以下では、これら二つの雇用調整のあり方のうち、(1) について1990年以降の流れを整理し、労働者にどのような影響を及ぼしたかという観点から特徴を概観したい[20]。

とはいえ、このような分析の方法は、いくつかの限界を有する。第一に、本稿の事例について、主としてA社組合が発行する組合機関紙・組合資料及び歴代組合幹部へのヒアリング調査に基づいている点である。本来、A社人事部にも調査に赴き、労使双方の見解を比較対照すべきであるが、この点は今後の課題としたい。第二に、基本的にA社組合の組合員数が150名程度と、A社の従業員数からみれば少数であることだ[21]。第三に、A社の労使関係は協調的とはいいがたい状況にあるため、A社が各種制度を設計・実施する際に、事前にA社と公式・非公式に意見交換するチャネルが殆ど存在しておらず、両者が歩み寄る契機に乏しいために労働委員会や裁判所に訴えるといった形に先鋭化しがちなことである。そのため、A社組合見解がA社従業員の全体を正確に反映しているかについて、留意する必要があろう。とはいえ、A社にはA社組合以外に労働組合が存在していないためにA社と団体交渉をおこなっている唯一の主体であること、組合機関紙の発行や各種アンケート調査等を通じた意見の集約・情報発信活動を積極的に行っていること等から、今回の分析に際しては主としてA社組合機関紙の記述に拠った。

3 A社における雇用調整 (1) ——セカンドキャリア支援プログラム

A社組合によれば、A社における雇用調整の嚆矢は、1992年11月〜1993年

6月に実施された「セカンドキャリア支援プログラム」である。この制度は、(1) 既存／新設の関連会社への転籍、(2) 個人ベンチャーとして独立・開業、(3) 指定の人材斡旋会社を通じての再就職斡旋、(4) 退職後週1日～3日勤務するオプショナル勤務、(5) 退職、から選択させるというものである[22]。(1)～(5) をみると、関連会社への出向といったA社への残留選択肢がなく、一旦A社を退職するという点で共通していることが分かる。また、個別折衝の際に、一部の職場で退職強要が行われている実態が労使交渉で問題視されたり[23]、A社が同制度を福利厚生制度の一環としてではなく対象者1,200人に退・転職を要請する人員削減策として実施している旨の新聞報道記事が掲載されたりしたことで、A社組合はこれをリストラと捉えた[24]。一方、A社は、この制度の目的を、福利厚生の一環であり、「自らの選択によって新しいキャリアを確立し、自己実現を図ろうとする社員に対し、多様な活躍の場を提供」するものと主張している。両者の見解の違いは、団体交渉を通じても解消の方向にむかわなわかった。

　この時生じた同制度の解釈をめぐる労使間の不信を払拭し得ないまま、セカンドキャリア制度は、1993年10月～1994年1月の「キャリア選択援助計画」への移行措置を経て、1994年2月から「キャリア選択援助計画」と姿を変える[25]。この制度は、これまでのセカンドキャリア支援プログラムに準じたもので、中高年齢社員の第二の人生設計を支援することを目的としている。とはいえ、1993年10月14日に発表された「人員再配置に伴う退職時の特別措置について」では、「人員再配置計画の伴うものでなくても、会社をやめたい人には誰でも同じように加算金を支払う（年齢条件は同じ）」とされ、年齢別金額の試算も発表され[26]、部門によっては「退職一時金試算表」が本人の希望の有無によらず全員に配布されている[27]。このように、本来中高年のセカンドキャリアを考える契機とする制度であったはずが、必ずしも配置転換者に対象者を限定せずに実施されるものへと変わっていることが伺えよう。

　同制度の実施期間終了時に、A社専務は「リストラは1月末で終結」し、現状では「あらたな早期退職はやらない」と発言していた[28]。だが、1994年10月6日に「戦略投資分野への人員再配置」の中で間接部門の全社員（約5,000名）を対象に1,000人程度の配置転換と年齢毎の退職割増金計算式を発表する[29]。会社側としては「今回の施策は、人員削減が主目的ではない。人員は既に適正

規模になっていると判断している。間接部門を減らし、戦略部門に人員を再配置するのが目的である」としている[30]。

　この動きに対して、A社組合は「実際はあちこちの職場で再配置の話を個別に呼び出して行っていて、これに応じられないというと、辞めろと、社員に迫っている」、ある職場では「部下を個別に呼び出し、勤務態度が悪いとか、『あなたは五〇歳以上だから』と年齢の問題を持ち出して、退職を迫っている」と主張している[31]。会社側は「辞めろとはいっていない筈だ。人事ではそのようには指導していない」としているが、社内で制度実施手続が不徹底で、少なくとも一部の職場においては退職強要的行為が発生していることがうかがえる[32]。A社組合機関紙から判断する限り、同制度が、いわゆるリストラ策としての性質を持つ制度ではないかという疑念を解消し得るような交渉の成果が上がっているとは言い難い。また、会社が発言を翻して早期退職制度を実施した点も、制度への理解・納得を妨げる要因となっていると考えられる。

　キャリア選択援助計画は、その後もさらなる展開をみせる。1994年11月に45～49歳を対象とする「キャリアプラン休職制度」が提示され[33]、さらに1995年11月～1996年3月にはキャリアプラン休職制度の割増金が上積みされるという具合に引き継がれていく[34]。これと同時期の1995年10月18日に、内容的には1994年のものとほぼ同じ「定年扱い退職」と「キャリアプラン休職制度」から成る「セカンド・キャリア支援について」が発表されている[35]。今回は、「異動に対応せず退職する場合の特別措置等の実施は考えておりません」とされていたが、同制度の実施と並行して全社員に周知することなく「四五歳以下の『退職優遇（割増金）制度』が進められている」[36]。この措置について、会社側は、「制度としては無いが例外として認め支払っている」が、「あくまで特別措置であり、例外だ。制度ではない」「あくまでも例外で、今後もあり得る」と説明している[37]。このような、会社発表と実施体制の食い違いが、対象者の不安・疑念に繋がっていると考えられよう。

4　A社における雇用調整（2）──「M」計画からBottom10へ

　一連のセカンドキャリア支援プログラムと並行して、A社では、いわゆる成績不振社員を対象とした退職勧奨を含むいくつかの改善指導プログラムも実

第6章　外資系企業A社における1990年代以降の雇用調整に関する一考察

図表6-2　M計画の対象者及び選別方法

「M」リストのイメージ

組織コード	社員番号	氏名	ライン/スタッフ/一般職	人事考課		A＆C	
				評価	評価日	評定結果	評定日
ＸＸＸＸＸ	ＸＸＸＸＸＸ	ＸＸ	一般職	D	9211	C	9012
ＸＸＹＹＹ	ＹＹＹＹＹＹ	ＹＹ	一般職	C	9111	D	9212

「M」社員への対応

目　　　的：	・WORK FORCE QUALITY ・職場規律の維持向上 　――他社員からみた不公平感の除去

対　　　象： （就業規則の違反）	・勤務状況不良 ・勤務態度不良（トラブル　メーカー） ・不適正 ・業績不良（LOW PERFORMER） ・品行不良 ・その他の就業規則違反

留意点：	・ライン専門職のオーナーシップ（改善指導・人事処分） ・事実の確認／うやむやにしない ・文書（話し合いの経過・注意書・誓約書・始末書）で残す ・判断に迷う場合は随時相談・エスカレーション ・重い処分は法律上の要件を満たす／組合の介入を避ける

出所）A社組合機関紙1993年7月5日号（第1442号）。

施されている[38]。これらのプログラムは、1993年3月～1993年12月に極秘で実施された「M計画」に端を発する[39]。図表6-2によれば、この制度は、「WORK FORCE QUALITY」の向上と「職場規律の維持向上（すなわち「他社員からみた不公平感の除去」）」を目的としている。対象者は、A社の評価制度で一度でも「D」「E」を取った者のうち図表6-2に記載されているような就業規則の違反者である[40]。A社の評価制度は、「『A』から『D・E』五段階の強制分布」であるため、毎年必ず一定割合の「D・E」を取った者がリストアップされることになる[41]。具体的には、リストアップされた者のうち、改善指導にもかかわ

125

第Ⅱ部　労使関係・労働条件篇

図表6-3　「M」社員への対応

	「M」社員への対応
所属長	―改善指導（文書を残す） ―改善の見通しがない場合： 　・人材管理/(健康管理室)と相談・対策 　　―病気休職（該当の場合） 　　―依願退職 　　―懲戒（警告書）/譴責（始末書）まで
人材管理	―正しい状況判断（本人の釈明も聞く）と所属長のサポート ―改善の見通しがない場合： 　・所属長/(健康管理室)と対策協議 　　―病気休職（該当の場合） 　　―依願退職 　　―訓戒（警告書）/譴責（始末書）までの処分実施
MOS人事	―状況の把握（人材管理からの報告書/コミュニケーション） ―改善の見通しがない場合（人材管理からのエスカレーション）： 　・人材管理/(健康管理室)と対策協議 　・法務・本社労務・法律事務所と相談 　　―減給/出勤停止/懲戒解雇/普通解雇処分の実施
本社労務	―全社的バランスからの助言とサポート

出所）A社組合機関紙1993年7月12日号（第1443号）。

図表6-4　「M」計画のエスカレーション・プロセス

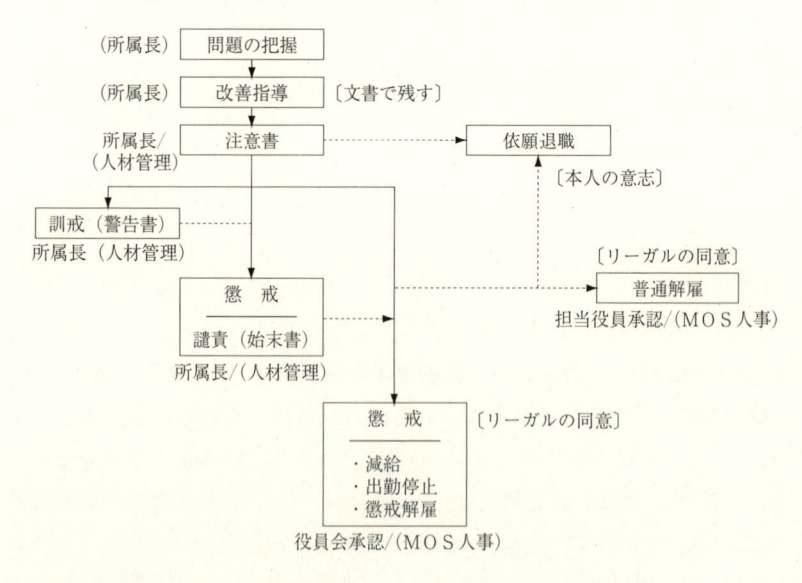

```
(所属長)        問題の把握
                   ↓
(所属長)        改善指導　〔文書で残す〕
                   ↓
所属長/        注意書 ─────────→ 依願退職
(人材管理)         ↓                ↑
                                〔本人の意志〕
訓戒（警告書）  ┄┄┄┄┄
所属長（人材管理）  ↓              〔リーガルの同意〕
               懲　戒 ┄┄┄┄┄┄→ 普通解雇
               譴責（始末書）       担当役員承認/(MOS人事)
所属長/(人材管理)   ↓
                                〔リーガルの同意〕
               懲　戒
               ・減給
               ・出勤停止
               ・懲戒解雇
               役員会承認/(MOS人事)
```

出所）A社組合機関紙1993年7月12日号（第1443号）。

らず改善の見通しがないと判断された場合、就業規則の違反として記録され、違反の内容によって訓戒あるいは始末書や減給や出勤停止等の懲戒、普通解雇が実施される（図表6-3、6-4参照）。

一方、団体交渉の場での本社労務担当者の説明によれば、「M計画というのはない。本社人事は少なくとも知らない」し「全社的にこういう運営もしていない」が、「業績の上がらない社員に対してどういう対処をするというのは、人事管理マニュアルに書いてある」ことで「今までたまたま忙しくてやっていなかったから」「個々の教育よりもそういう（D・E評価・筆者加筆）社員をまとめて改善するほうが良い」ということであった[42]。すなわち、組合要求で明らかになったように部署によっては言葉遣い等に注意を促す必要があるものの、同制度の「趣旨は問題無い」し「本社人事は、この件は問題ないと考えて」いるというスタンスである[43]。なお、同プログラムは、その後「ボトム10（テン）」と称され、「評価の下から10％の社員を日常的に退職」させる形へ引き継がれている[44]。

5　A社における雇用調整（3）──リソース・プログラム

上述の通り、A社では、1990年代前半に、基本的に高年齢従業員に対するキャリア支援プログラムと、年齢を問わず会社への貢献が低いと評価した者への退職勧奨を含むプログラムの2種類が実施されてきた。それが1990年代後半以降、双方の性質を兼ね備えたプログラムへと変化すると同時に、必ずしもプログラム内容を公表せずに対象者と個別に話し合いを持つ形式が採用されるようになった。

1998年には「企業体質強化に向けての人事施策」として「ハイパフォーマンス・カルチュアー[ママ]を有する会社となること」を目指して、（1）年齢を問わず、300人を間接部門からサービス事業等、成長分野へ配転（退職時には勤続1年当たり月額給与の3ヵ月分、最高24ヵ月分の加算金を支給。但し50歳以上の社員には1～18ヵ月分の加算金を支給）、（2）50歳以上の社員が子会社・関連会社へ転籍する場合には2～15ヵ月の加算金を支給、45～49歳の社員が「キャリアプラン休職制度」（50歳定年退職）を認められれば休職開始時に6ヵ月、50歳到達時に12ヶ月を支給、（3）原則的に100％子会社での定年年齢を62歳に延長

可能、（4）55歳以上でバンド8以上の専門職については取締役が承認すれば、定年退職し、同時に週4日のプログラム・アドバイザーとして62歳まで再雇用（60歳時点で部門取締役の承認が必要。給与は退職時の55％の年俸基準額に減給）、（5）各部門における一層の抜擢人事の推進、（6）その他の部門においても年齢を問わずスキル強化が必要な社員には集中研修を行い、研修に対応できない社員は「退職に追い込まれ」（1）と同様の金額を支給、等が発表された[45]。A社組合機関紙によれば、会社が「L／P（ローパフォーマー＝生産性の低い社員）なる言葉を使い、ＰＢＣ評価が一回でも「Ｃ」以下の社員をL／Pとして「ノミネーションリスト」に記載」「さらに、ＰＢＣ評価が過去三回連続「Ｂ」以上でも今年の評価で「Ｃ」以下を付けることにより「ノミネーションリスト」に記載できる」というやり方で対象者を選定しているということであった[46]。A社組合は、同制度を「ハードルの高い研修と試験によって社員みずからが退職を申し出る状況に追い込もうとするための『研修』」と解釈しており、研修期間・研修内容等を工夫することで対象者の納得性を得る努力を行わなければ、例えスキルアップを目的とする場合であったとしても所期の狙いを実現できない可能性が高まることを示唆している[47]。

2002年にも、業績が十分上がらない人を対象とした「リソース・プログラム」が実施されている。対象者は「十分な業績が上がっていない」「会社に十分な貢献ができていない」者で、年齢による限定は行っていない[48]。「会社として絶対辞めてほしくない人もいる」ため「全員を対象にしているわけではない」ことからプログラムを公にしていないということであった[49]。このプログラムは「個人の状況に応じて、1対1で話す」もので、「一度はっきり退職する意思がないことを上司に告げた場合、それで終わり」ではなく、「会社が話し合いを納得できるような形で、二度でも三度でもやる、そこまで数の規制をするつもりはない」「いろいろ話し足りないこともあるでしょうし、回数自体が問題だとは理解していない」という形式で実施されている[50]。しかし、A社社長名で管理職に向けて出されたメモに「退職させる人数に目標値があると読める」記述があることから、会社が説明してきたキャリアアップを目的とする施策ではなく「数量的目標をもった退職強要プログラム」ではないかと団交の席上で追及されている[51]。

その後、2005年にもリソース・プログラムが水面下で進められている[52]。こ

れは「継続して貢献度の低い社員」[53]で、「入社3年の20歳代から60歳近くまで、全ての年代」[54]を対象としている。プログラムの内容は、「所属長が社外での就業機会を社員に理解いただくために外部コンサルタントの支援を勧める」制度であるが、「この機会を通じて独立・再就職を希望する場合、会社が経済的な支援を行うかどうかは個別に検討される」というものである[55]。

さらに、2008年11月には、これまで実施してきた「キャリア選択援助計画」を終了し、それに代わって「2008リソースアクションプログラム」を発表している[56]。このプログラムでは、年齢に応じて金額が異なる退職割増金が支払われる一方で、面談時に「退職しなければ降格させる」「このまま会社に残っても年収が目減りする」「将来あなたにやってもらう仕事が無くなる」といった内容を告げられるケースもあるということであった[57]。

このように、1990年代からのA社における一連の雇用調整のあり方は、多少なりとも対象者本人が自らのキャリアを決定する側面を有していた初期のキャリア支援プログラムから、プログラム実施・内容等の情報をコントロールしながら会社主導で対象者を選定して個別にA社からの去就に係る交渉を行う形へと変容しつつあると捉えられよう。

おわりに

前述の通り、A社は、1990年代初めにそれまで堅持してきた「完全雇用政策の見直し」によって、正規労働者の絞込みという選択肢を手にした。過去およそ20年にわたって、A社はこの選択肢を活用し、事業再編や分社化・子会社化といった組織再編に伴う従業員の出向・転籍や、各種雇用調整プログラムを実施してきたのである。同社の一連の事業再編・雇用調整のあり方は、これまでのA社の雇用戦略と一線を画するものであるのみならず、いわゆる日本的雇用システムの限界を乗り越えようとする大企業を中心とする日本企業にとって、正規労働者の絞込みの先行事例として位置づけられ得るものでもあった。

とはいえ、企業の雇用戦略の転換は、もう一方の当事者たる労働者の働き方・キャリア形成・意識といった様々な側面にも変化を迫るものである。企業が従来の基幹的正規労働者に対する長期安定雇用戦略を変容させようとするときに、いかにして労働者の納得性・受容を得るかは避けて通れない過程である。

管見の限り、A社の事例には、いわゆる雇う側の論理と雇われる側の論理をいかにすりあわせていくかという点に不充分さがみられる。

まず、一連のセカンドキャリア支援プログラムでは、会社側が主張する「中高年齢社員の第二の人生設計を支援する」という制度の目的が、対象者に十分に認知されていないことが問題であると考えられる。具体的に、一部の部門で対象者に対して強引な退職勧奨が実施されたこと、徐々に制度の公表を止めて対象者のみに個別に声をかける形式に転換することで対象者間に不安・不満が広がったこと、人によって割増金等の適用がバラバラであることが口コミで明らかになっていったこと、新聞等のメディアや社内資料等で一連のプログラムの目的がいわゆるリストラである旨がアナウンスされたこと等、多くの改善の余地があるといえる。

次に、M計画・Bottom10については、第一に、事前も実施中も公式に制度の枠組みや対象者の選定方法といった情報が明示されなかったことが問題として挙げられる。そのため、不正確な情報や真偽が明確でない情報も飛び交い、働く人びとの不安や疑念を喚起してしまった可能性がある。第二に、評価結果が低い者のみがリストアップされた点を指摘できよう[58]。会社からみて評価結果の低い者を就業規則違反適用者として強引に結び付け、就業規則に違反しているが故に降格・解雇の対象となるとすれば、上位の評価の者は就業規則違反に対する注意が弱まりかねない一方で、下位の評価の者は就業規則の遵守に気を取られてモラール・モチベーションの低下を招きかねない。

さらに、リソース・プログラムでは、ノミネーションリストの作成すなわち対象者の選定方法も明確ではない。加えて、制度実施のスケジュール等が公表されないため、対象者は上司から声をかけられるまで、自身が対象者かどうかさえ定かではないということになる。そのため、会社への貢献度が低いと判断された労働者へのスキルアップ研修や退職勧奨が、本人からみるといきなり実施されている。本来、労働者の生産性向上のために企業が適切な指導・研修等をおこなうとすれば、それ自体は問題ではない。問題は、指導・研修の外形を取りながら、実質は強引な退職勧奨と対象者に受け止められるような制度の設計・運用にある。実際に、A社では、退職強要を受けた、団交等の場で説明された内容と実態が異なるといった、制度の目的と実態との乖離がうかがえる。

A社の経緯を見る限り、雇用戦略の変更のような重要な労働条件の変更に

第6章　外資系企業A社における1990年代以降の雇用調整に関する一考察

繋がる事項について、トップダウンで決定した結果のみを従業員に伝える方法が、必ずしも彼等・彼女等の納得性を醸成するとはいえないようだ。むしろ、従来の雇用戦略を変更する際には、絞込みの対象となる基幹的正規労働者層の受容・納得性を引き出す努力・工夫を周到におこなわなければ、対象者からの不安・不満・反発等を生じる可能性があるといえよう。法に則った各種制度を実施する場合といえども、制度設計・説明責任や不信・疑念を招かないようなオープン且つ誠実な運用が求められることはいうまでもない。また、いわゆる「企業の論理」と「働く者の論理」との対立点があることを前提とした上で、一方の論理を押し付けるのではなく、粘り強く落としどころを探っていく必要もあるだろう。その際、問題解決を司法の場に託さざるを得ないような状況になる以前に、団体交渉等の労使交渉等を活用することも一つの有力な突破口となり得るであろう。A社は外資系企業の日本法人であるという特質を前提とした企業戦略の変更に際しての「企業の論理」と「働く者の論理」との着地点の見出し方を模索してきたし、今後も模索していくのであろう。一方、日本企業は、A社のような例を睨みながら、経営戦略や雇用戦略の変化に応じてどのように「企業の論理」と「働く者の論理」との着地点をみいだすかを考えねばならないだろう。協調的労使関係の下で「ヒト」に関する事柄を取り扱ってきた多くの日本企業にとって、これまで積み重ねてきた基盤を活かしつつ、今後の雇用システムのあり方について労使で十分に議論し、変化の方向性や労使間の見解のすり合わせをおこなっていく必要があるのではないだろうか。

注

1）いわゆる年功賃金は特定の賃金制度を指すものではない。広義には、単身者が何とか生活できるような低い初任給水準からスタートし、査定を伴う定期昇給制度によって、基幹的業務を担う正規労働者本人とその家族の生活を維持できる水準へと勤続に応じてある程度上昇するよう設計・運用される賃金システムの総称と捉えられよう。

2）一方で、長期安定雇用を享受できない労働者層も存在する。基幹的業務に従事する正規労働者に対して、補助的業務に従事し、景気変動や業務の繁閑に応じて雇用量をコントロールできるいわゆる周辺的労働者が不可欠であるためだ。一般に、彼等・彼女等は、基幹的正規労働者のような生計費保障の考え方を適用されず、賃金は家計補助に資する程度の低水準に抑えられてきた。

3）労働経済学では、ある特定の賃金プロファイルがどのように決定されるかについて、いくつかの仮説が提示されている。詳細は、例えば大橋勇雄・中村二朗『労働市場の経

済学―働き方の未来を考えるために』（有斐閣、2004年）を参照されたい。
4) 日本企業では、大まかにみれば、正規労働者内部における学歴や性別や勤続年数を職務遂行能力の実際的な代理指標とする層別管理を行ないながら、それぞれの層内部で査定による労働者間競争を実現すると同時に、正規・非正規間の大きな雇用形態間処遇格差を活用することで正規労働者の長期安定雇用を維持してきたと解されよう。
5) 仁田道夫・久本憲夫編『日本的雇用システム』ナカニシヤ出版、2008年。
6) 現実には、転籍や希望退職が事実上の指名解雇となっているケースも少なくない。
　　転籍や希望退職をめぐっては現在に至るまで多くの争議・訴訟等が生じているが、特に1970年代に一連の判例によって整理解雇の四要件という形で判例法理が確立したことは、企業の解雇回避に向けた雇用戦略の展開にも解雇回避措置への社会的合意形成にも影響を及ぼしている。その詳細を論ずることは本稿の課題を越える。
7) 日本の雇用慣行にかんする文献を中心とした包括的なアプローチを試みているものとして野村正實『終身雇用』（岩波書店、1994年）及び野村正實『日本的雇用慣行』（ミネルヴァ書房、2006年）を、終身雇用慣行と年功賃金慣行の動揺にかんする理論と事例の両面からの包括的な議論については、小越洋之助『終身雇用と年功賃金の転換』（ミネルヴァ書房、2006年）、仁田道夫・久本憲夫編『日本的雇用システム』（ナカニシヤ出版、2008年）を、さしあたり参照されたい。
8) 実際に、企業における正規労働者数の推移をみると、1990年代後半以降の落ち込みが顕著にみられる。とりわけ2000年代に入る頃から、資本金10億円以上の大企業の従業員数がその数を減らし始めた。財務省「法人企業統計調査」によれば、ここ2、3年微増傾向にあったものの、1993年度に740万人近くいた従業員数は、2007年度には697.1万人に減少している。なかでも、1993年1月8日に新聞各紙で報じられたパイオニアの指名解雇は「パイオニア・ショック」と呼ばれ、その後本格化したホワイトカラーへのリストラの象徴的な例として挙げられるようになった。
9) 例えば、厚生労働省統計情報部「雇用管理調査」で、1993年と2002年で比較して「終身雇用慣行を重視する」と回答した企業が31.8％から8.5％に減少していることからも、企業の雇用戦略にかんする意識変化の一端を垣間見ることが出来る。
10) 非正規労働者の質・量両面からの活用のあり方は、日本的雇用システムの変容を読み解く上で非常に重要な論点の一つである。とはいえ、この点にかんする分析は本稿の課題を超える。他日を期したい。
11) 例えば、八代尚宏『「健全な市場社会」への戦略――カナダ型を目指して』（東洋経済新報社、2006年）は、市場原理を採用して極力各種リソースの有効活用をおこなうことで、解雇規制に留まらず様々な社会的な課題を個別企業レベルで解決していこうというスタンスを取る。その主張に通底するのは、「これまでの日本的雇用システムの下では年功的な昇格・昇進管理であったために、有能な人材を抜擢し適材適所に柔軟に配置することが困難であるのみならず、必ずしも個人の生産性や企業への貢献に反映されない賃金システムとなっているうえに、人件費が高い水準で固定されてしまうため、国際競争で生き残れない」し、「低成長・少子高齢化の現下における日本の労働市場にとって、日本的雇用システムは最早適合的でない」ことを問題ととらえる視点である。そこで、状況を改善するために、現状に合わない各種規制の緩和による労働市場の流動化が目指されることになる。この考え方は、例えば、前出の新・日本的経営システム等研究プロジェクト編『新時代の「日本的経営」――挑戦すべき方向とその具体策――』（日本経

第6章　外資系企業A社における1990年代以降の雇用調整に関する一考察

営者団体連盟、1995年）が提示した雇用のポートフォリオの実現にみられるような、企業の近年の雇用戦略と親和性を持つ。

12）この点にかんしては、近年、若年層を中心として、転職への忌避は弱まる傾向にある等、ある特定の企業への定着意識が希薄になる傾向が指摘されている。とはいえ、定着意識の希薄化は、構造的・不可逆的なものであるのか、景況に左右される一時的な変化であるのかを、慎重に見定める必要があろう。少なくとも、いくつかの新入社員意識調査をみる限り、新入社員の意識は、必ずしも終身雇用慣行に否定的とは限らないようだ。例えば、社会経済生産性本部「新入社員半年間の意識変化調査」（2008年）によれば、「今の会社に一生勤めようと思っている」とする回答は、2000年の20.5％から年々上昇し、2008年には47.1％にのぼっている。同調査によれば、「条件の良い会社があれば、さっさと移る方が得だ」とする回答は、2008年で23.4％と減少傾向にある。また、産業能率大学「2009年度新入社員の会社生活調査」で2009年入社の新入社員を対象に働き方について調査した結果をみると、「終身雇用を望む」と回答した社員は全体の73.5％と、95年の調査開始以来最高となっている。

一方、年功的な処遇より、成果主義的な昇格・昇給・昇進を受容する傾向があることも、様々な意識調査によって示されている。日本的雇用システムにたいする労働者の意識をみるには、雇用の側面と昇格・昇給・昇進のあり方とを峻別して分析する必要があると考えられる。踏み込んだ分析については他日を期したい。

13）この点にかんしては、大橋勇雄・中村二朗「転職のメカニズムとその効果」玄田有史・中田喜文編『リストラと転職のメカニズム――労働移動の経済学』（東洋経済新報社、2002年）、大竹文雄・山川隆一・大内伸哉編『解雇法制を考える――法学と経済学の視点』（勁草書房、2002年）、福井秀夫・大竹文雄編『脱格差社会と雇用法制――法と経済学で考える』（日本評論社、2006年）、神林龍編『解雇規制の法と経済――労使の合意形成メカニズムとしての解雇ルール』（日本評論社、2008年）等を参照されたい。また、多国間の労働市場における規制緩和（解雇規制）の比較という視点から、例えば白井邦彦「雇用保護法制改革と雇用――ＯＥＣＤ調査を題材として――」（社会政策学会編『社会政策学会誌　社会政策』第1巻第3号、ミネルヴァ書房、2009年、15-25頁）がおこなったような、日本における雇用保護法制がどの程度の影響力を行使し得るについての研究も蓄積されてきている。

14）A社は、1937年に親会社の100％持ち株会社として設立された外資系企業である。なお、本章の執筆にあたって、A社労働組合より多くのデータをご提供いただいた。また、組合の皆様にも、快くお話をお聞かせいただいた。皆様に心より感謝申し上げます。もちろん、本稿であり得る誤謬はすべて筆者の責である。

15）この時期のアメリカ大企業における雇用管理の特質の詳細については、日本労働研究機構編『調査研究報告書No.94　管理職層の雇用管理システムに関する総合的研究（上）――問題整理・製造業編――』（日本労働研究機構、1997年）を参照されたい。

16）A社グローバル本社及び日本以外の現地法人における雇用削減の様子については、A社組合機関紙で数度にわたって紹介されている（詳細は、例えば、A社組合機関紙1991年1月21日号（第1324号）、1991年6月17日号（第1344号）、1991年6月24日号（第1345号）、1991年7月8日号（第1347号）、1991年7月22日号（第1349号）、1991年8月5日号（第1351号）を参照されたい。）

17）この点については、A社経営陣も自覚していたことが伺われる。例えば、『日経ビジ

ネス』誌（2001年4月23日号）の「人事制度改革で日本の毒見役になる」という記事で、当時のA社社長の見解として「日本的な部分からあまりかけ離れない程度で少しずつ改善していく。つまり我々が毒見してみて、大丈夫そうだとなれば、日本の会社の皆さんもやりやすいじゃないですか。5歩、10歩先行くと嫌われますから、半歩か1歩ぐらい先を歩く感じでね。そういう役割がA社にはある」と述べている。ちなみに、ここで挙げられた変えるべきものとは、給与制度、終身雇用制度や年金制度、労働力の流動性等である。

18）A社の会社概要は、A社ホームページを参照した。

19）A社組合機関紙1991年12月24日号（第1369号）によれば、A社グローバル本社は、1991年の「二万人削減に引き続き」、1992年も「全世界で二万人削減を発表」している。その際、「早期退職勧告だけで達成できなければ、完全雇用政策の見直しもありうる」ことを示しているということであった。

20）A社では、本稿で分析を試みた制度以外と並行して、事業再編を目的とした分社化・会社分割・合弁化等の手続による（退職勧奨を含む）人員再配置も実施している。本来であれば、これら双方について同時に論ずるべきであるが、紙幅の都合で今回は分析しない。今後の課題としたい。

21）A社組合は、賃金改善を目的に1959年5月12日に結成された。結成直後のA社組合の組織率は高く、一時は社員の90％以上が組合に加入していた時期もあった。しかし、A社組合機関紙によれば、1960年代の一連の組合つぶしによって、組合員数は1960年の1373名から1967年末には250名へと激減した。（以上、A社組合機関紙1985年6月3日号（第1059号）及びA社組合機関紙1985年6月10日号（第1060号）より）。A社組合の組合員数は、現在も150名程度で推移しており、いわゆる少数派組合である。とはいえ、A社には他に組合は存在しておらず、現時点においてA社組合はA社と団体交渉を行い得る唯一の主体である。なお、A社組合設立の経緯は、A社組合機関紙の1970年10月5日号（第341号）及び1970年10月12日号（第342号）、1970年10月19日号（第343号）、1970年10月26日号（第344号）、1970年11月2日号（第345号）に、「組合つぶし」の経緯は、A社組合機関紙の1971年1月25日号（第356号）～1971年12月6日号（第400号）に連載された「組合十年の歴史から」に、それぞれ詳述されている。A社における労使関係のあり様の検討は重要な課題であるが、本章の課題を越える。

22）A社組合機関紙1992年12月14日号（第1415号）。

23）事例については、例えばA社組合機関紙1993年2月15日号（第1423号）に、強引な退職強要を受けたとする組合員の話が詳細に記載されている。同様の訴えは、A社組合機関紙の職場からの投書にもしばしば登場している。例えば、A社組合機関紙5月10日号（第1434号）にも「個人の尊重を信条とするA社がこれほどまでに人間の尊厳を無視したやりかたで人員整理をするとは」、「マスコミに報道されているような"希望する人のみ"といのは真っ赤な嘘です。追い詰めておいて半強制的にやめさせるのです」といった投書が寄せられている。一方、A社組合に対して説明されたA社の見解は、「仕事を外部に移管するかどうかの時点で組合と交渉していない」ことについては「今は、経営の体質改善が（組合との交渉より）優先する」、また「与えられた選択肢の中で、どれを選ぶかは依然として社員が選択できます。例えば、今までやってきた仕事を捨ててA社に残るか、仕事を取って出向するかという場面では、そのどっちをとるかは社員に選択肢が与えられている」というものであった（A社組合機関紙1993年5月17日号（第

第6章 外資系企業A社における1990年代以降の雇用調整に関する一考察

1435号))。
24) 1993年2月28日付日本経済新聞。また、A社組合機関紙1993年5月24日号（第1436号）によれば、セカンドキャリア制度が雇用調整の一環であることが示す社内資料も存在しているということであった。
25) この計画の「中心は『二五〇〇名の人員再配置と、それに伴う退職援助』」であり、生産部門や本社間接部門のスリム化の過程で配置転換を行うものである（A社組合機関紙1993年10月18日号（第1453号））。
26) A社組合機関紙1993年11月15日号（第1457号）。なお、同号に掲載されている加算金の試算は、25歳で400万円、30歳で1,361万円、35歳で1,951万円、40歳で2,587万円、45歳で3,648万円である。
27) A社組合機関紙1993年12月13日号（第1461号）。
28) A社組合機関紙1994年5月23日号（第1480号）。
29) A社組合機関紙1994年10月17日号（第1496号）及びA社組合機関紙1994年10月31日号（第1498号）。
30) A社組合機関紙1994年10月31日号（第1498号）。
31) A社組合機関紙1994年10月31日号（第1498号）。A社組合機関紙1994年11月28日号（第1502号）。
32) A社組合機関紙1994年10月31日号（第1498号）。
33) 同プランの加算金は、休職時12ヶ月、退職時12ヶ月。
34) A社組合機関紙1995年11月13日号（第1544号）。
35) A社組合機関紙1995年10月30日号（第1542号）。なお、A社組合機関紙1996年3月18日号（第1559号）によれば、この制度の実施結果は、「退職（定年扱い）約二五〇名　キャリヤプラン休職ママ　約一五〇名　合計　約四〇〇名」（45歳未満で例外的に割増金を受け取った者を除く）であった。
36) A社組合機関紙1996年1月16日号（第1550号）。A社組合機関紙1996年1月22日号（第1551号）によれば、「若者向けのＳＡＰが間接部門等で実施されている」、「会社が退職させたい社員名をリストアップする。このことを裏ＳＡＰにノミネートすると言う。ノミネートされた社員にだけ、退職優遇措置のあることを知らせて、他の社員には教えない。対象者が退職に合意すると、前回のＳＡＰのときと同じ規模の退職割り増し金額を、口頭で示し、決して文書ではわたさない」、「ノミネートの対象となる基準」は「（1）間接部門の人、（2）秘書、（3）ＭＫＴＧ部門では、（イ）評価Ｃが二～三年続いている人、（ロ）スペシャリスト試験に落ちた人」で、「退職勧奨金を受けるには成績が悪くないと駄目」ということであった。また、「評価Bだった人でも、マネージャーに『裏ＳＡＰのことを知っている。これに乗せないと組合に訴える。』と談判して、ノミネートされたという例もある」ことも指摘されている。
37) A社組合機関紙1996年1月29日号（第1552号）。
38) これらのプログラムは、極秘に実施されることも少なくなかった。そのため、一連のプログラムの全容を掴むことは困難である。本稿では、A社組合が入手し得た限りの資料に基づいて、現時点で判明している制度についてのみ検討を試みた。
39) A社組合機関紙1993年7月5日号（第1442号）によれば、「M」は「問題」社員の意味であるということであった。また、同号で、人員削減の対象者選別方法は、ヨーロッパ各国の現地法人で実施された人員削減対象者選抜方法と酷似していることが指摘され

135

ている
40) A社の評価制度は、「A」を最高とし「E」を最低とする5段階評価である。
41) A社組合機関紙1993年7月5日号（第1442号）。なお、強制分布で「D・E」になる割合は一般職10％、専門職で5％である（A社組合機関紙1993年7月12日号（第1443号））。なお、A社の場合、「一般職」は「非管理職層」を、「専門職」は「管理職層」を意味していることに留意されたい。A社の賃金制度の変遷に関する詳細については、鬼丸朋子「外資系企業の日本法人における人事・賃金制度の変遷（1）——外資系企業A社の1960～1980年代後半の賃金制度分析を手がかりに——」（桜美林大学経済学部編『桜美林エコノミックス』第54号、2007年、39-55頁）、鬼丸朋子「外資系企業の日本法人における人事・賃金制度の変遷（2）——外資系企業A社の1990年代の賃金制度の分析を手がかりに——」（桜美林大学経済学部編『桜美林エコノミックス』第55号、2008年、79-91頁）、鬼丸朋子「外資系企業の日本法人における人事・賃金制度の変遷（3）——外資系企業A社の2000年代の賃金制度の分析を手がかりに——」（桜美林大学経済学部編『桜美林エコノミックス』第56号、2009年、23-45頁）を参照されたい。
42) A社組合機関紙1993年7月26日号（第1445号）。
43) A社組合機関紙1993年7月26日号（第1445号）。なお、同制度については、複数のメディアで取り上げられている（A社組合機関紙1993年9月13日号（第1449号））。
44) A社組合機関紙2007年4月9日号（第2067号）。
45) A社組合機関紙1998年11月2日号（第1679号）。
46) A社組合機関紙1998年11月2日号（第1679号）。なお、A社組合機関紙1998年11月9日号（第1680号）には、「ノミネーションリスト」は本人が知らないところでラインが決定すること、評価が「C」でなくてもスキルが足りないなら足りないといってから研修が実施されること、研修で成果が上がらず本人が諦めた場合は退職もあり得ること、「必要な社員には」説明しているが正式に発表はしていない事等が明らかになっている。
47) A社組合機関紙1998年12月14日号（第1685号）。
48) A社組合機関紙2002年5月13日号（第1843号）。
49) A社組合機関紙2002年5月13日号（第1843号）。
50) A社組合機関紙2002年6月3日号（第1846号）。
51) A社組合機関紙2002年9月9日号（第1856号）。また、当初は2002年3～6月の期限付きプログラムとされていたが、A社組合機関紙2002年10月15日号（第1861号）によれば、「（1）成績『不良』社員、50歳以上の社員などを狙い撃ちにしたものである、（2）退職させる目標数をもったものである、（3）6月で終わったわけではなく、後半も退職強要を継続する、（4）前半の未達成目標は上積みされる。割り増し金はない、（5）本業の営業活動と同程度の重要さを持ったものである」ことが示されている。さらに、同プログラムは、2003年に入っても継続している（A社組合機関紙2003年5月6日号（第1887号））。
52) A社組合機関紙2005年6月13日号（第1983号）。
53) A社組合機関紙2005年6月13日号（第1983号）。具体的には、「評価が「C」（一昨年度まで）、「3」（昨年度）に、「B」、「2」の部下も加えて対象者」にしていること、「断っても、上司・上長は面談を繰り返し」ていることが記されている（A社組合機関紙2005年6月20日号（第1984号））。今回のプログラムでは、「健康を損なうような働かせ方をして追いて、病気になったら退職強要をする」ケースも存在したことが指摘され

ている（Ａ社組合機関紙2005年６月27日号（第1985号））。
54) Ａ社組合機関紙2005年６月20日号（第1984号）。
55) Ａ社組合機関紙2005年６月13日号（第1983号）。
56) Ａ社組合機関紙2008年11月４日号（第2129号）。同号によれば、今回の退職者数の目標は、1000人を超えるということであった。対象者の具体的な声は、Ａ社組合機関紙2008年12月１日号（第2131号）、2008年12月15日号（第2132号）に掲載されている。なかでも、Ａ社組合機関紙2008年12月15日号（第2132号）には、「対象者に48時間以内に退職に応じることを求める解雇予告通知を出して、応じなければ解雇するという異常な処置で、すでに退職を選択させられる人が出てきていること」や、「退職を断った人にPBC3、4の予告通知メールを出している」ことが指摘されている。
57) Ａ社組合機関紙2008年11月４日号（第2129号）。
58) そもそもＡ社が実施している評価制度は制度の設計・運用に非公開の部分が多いとして、一部の労働者から評価結果への疑念・不満・不安の声が上がっている。しかし、本稿でこの点にまで踏み込んだ考察をすることは困難であるため、今後の課題としたい。

参考文献

大竹文雄・山川隆一・大内伸哉編『解雇法制を考える──法学と経済学の視点』勁草書房、2002年。
大橋勇雄・中村二朗「転職のメカニズムとその効果」玄田有史・中田喜文編『リストラと転職のメカニズム──労働移動の経済学』東洋経済新報社、2002年。
大橋勇雄・中村二朗『労働市場の経済学──働き方の未来を考えるために』有斐閣、2004年。
小越洋之助『終身雇用と年功賃金の転換』ミネルヴァ書房、2006年。
鬼丸朋子「外資系企業の日本法人における人事・賃金制度の変遷（１）──外資系企業Ａ社の1960～1980年代後半の賃金制度分析を手がかりに──」桜美林大学経済学部編『桜美林エコノミックス』第54号、2007年、39-55頁。
鬼丸朋子「外資系企業の日本法人における人事・賃金制度の変遷（２）──外資系企業Ａ社の1990年代の賃金制度の分析を手がかりに──」桜美林大学経済学部編『桜美林エコノミックス』第55号、2008年、79-91頁。
鬼丸朋子「外資系企業の日本法人における人事・賃金制度の変遷（３）──外資系企業Ａ社の2000年代の賃金制度の分析を手がかりに──」桜美林大学経済学部編『桜美林エコノミックス』第56号、2009年、23-45頁。
神林龍編『解雇規制の法と経済──労使の合意形成メカニズムとしての解雇ルール』日本評論社、2008年。
厚生労働省「雇用管理調査」各年版。
産業能率大学「2009年度新入社員の会社生活調査」http://www.sanno.ac.jp/research/fresh2009.html（閲覧日　2009年８月19日）
財団法人 社会経済生産性本部「第19回　2008年度新入社員意識調査」http://activity.jpc-net.jp/detail/mdd/activity000859/attached.pdf（閲覧日　2009年５月23日）
白井邦彦「雇用保護法制改革と雇用──OECD調査を題材として──」社会政策学会編『社会政策学会誌　社会政策』第１巻第３号、ミネルヴァ書房、2009年、15-25頁。

第Ⅲ部　理論篇

新・日本的経営システム等研究プロジェクト編『新時代の「日本的経営」──挑戦すべき方向とその具体策──』日本経営者団体連盟、1995年。
仁田道夫・久本憲夫編『日本的雇用システム』ナカニシヤ出版、2008年。
日本労働研究機構編（1997）『調査研究報告書　No.94　管理職層の雇用管理システムに関する総合的研究　（上）──問題整理・製造業編──』日本労働研究機構。
野村正實『終身雇用』岩波書店、1994年。
野村正實『日本的雇用慣行』ミネルヴァ書房、2006年。
福井秀夫・大竹文雄編『脱格差社会と雇用法制──法と経済学で考える』日本評論社、2006年。
八代尚宏『「健全な市場社会」への戦略──カナダ型を目指して』東洋経済新報社、2006年。

第7章　生協における賃金・査定と労働組合
　　　　——CK生協の事例に基づいて——

山縣　宏寿

はじめに[1]

　本稿の課題は、CK生活協同組合（以下、CK生協）の場合を事例に用い、主にCK生協の正規労働者間における、男女間賃金格差の特徴を明らかにすると共に、CK生協労働組合のそれら格差に対する取り組みにおける意義と、そのことが孕む研究史上へのインプリケーションについて論考を試みることにある。

1　CK生協の概要

(1) CK生協の概要
　本稿の冒頭に際し、まずはCK生協の概要について極簡単に確認しておくことから稿を進めることとしよう。CK生協は関東圏に位置し、終戦直後の1946年に設立されたKS生協に端を発する生協である。KS生協は1975年における、KS生協を含む周辺地域5生協との組織合同、及びその後の1979年から1980年にかけての3生協との組織合同を経て、現在のCK生協に至っている[2]。CK生協は現在2000年代において、総事業高は1,000億円を超え、100万人以上の組合員を組織するなど、全国の生協の中にあって、総事業高、組合員数、出資金は相当上位にある。それらの諸点において、CKはかなり大規模な生協であると言える。

(2) ＣＫ生協を事例に用いる意義

本稿は、このようなＣＫ生協の場合を事例に用い、同生協における男女間賃金格差、及び雇用形態間賃金格差の特徴を明らかにしようとするものであるが、このような課題設定を行うとすれば、必然的にＣＫ生協を事例に用いることの意義は、どのような点に認められ得るのかについて関説しておくことが必要となろう。ＣＫ生協の場合を事例に用いる筆者の意図を敷衍する上で、日本における査定制度に関する先行研究の知見について、その概要をまず以って示していくこととしたい。

筆者が指摘するまでもなく、これまで日本における著しい男女間賃金格差を生じさせる重要な要因の１つとして、日本の査定制度の問題が指摘され[3]、そのような査定制度運用の実態を明らかにする実証研究[4]も研究史上に蓄積されてきた。またそれらの研究と共に国際比較の視点から、日本における査定制度の特徴について検討を行い、その特殊性を明らかにする研究も行われてきた[5]。それらの研究によって明らかにされたことは、日本の査定制度の特殊性として、日本においては労働組合による規制がないまま査定が行われ、査定結果が公開されることは稀有であり、そしてまた考課結果に対する異議申し立ては認められず、制度上、その救済制度を欠いているなどの諸点であった[6]。

今、日本における男女間賃金格差の是正を試みる主張について目を移せば、一つには同一価値労働同一賃金原則を適用することにより、格差の是正を図るべきであるとする見解[7]が示され、その一方でそれとは異なり、先に確認した日本における査定制度の特徴を踏まえ、査定制度に対する規制、査定結果の公開、及び不当な査定結果に対する救済制度を整えることによって、格差を是正すべきであるとする見解[8]が示されてきたとも言えよう。

本稿においてＣＫ生協を取り上げ、その男女間賃金格差の程度を検討しようとする筆者の意図は、それらの見解のうち、特に後者の見解との関係において説明することができる。すなわち、後者の見解は、先述の日本における査定制度の特徴に関する認識のもと、査定制度に対する規制、査定結果の公開、及び査定結果に対する救済制度の整備により、男女間賃金格差の是正に迫ろうとするものであるが、ＣＫ生協は、いわば例外的にそれらの要件を制度上、備えているものと解し得る点から、その理由が説明され得る。

以下では、そうしたＣＫ生協の特徴を明らかにする上での必要な作業の一つ

として、CK生協における賃金制度の概要、及び当該制度運用におけるCK生協労働組合の対応について概説していくこととする。本稿においてCK生協を取り上げる理由として重要となる、査定結果に対するCK生協労働組合による規制の試み、という特徴に加え、CK生協における賃金制度についても概説を行うのは、無論のことながら、一般的に労働者に対する賃金は、賃金制度に従い支給されるものであり、その意味である特定の組織における格差の程度について検討を行うのであれば、当該事業体における賃金制度の概要について、一定程度言及しておくこともまた必要となるためである。このような理由から、以下では必要な範囲において、やや制度が複雑であるCK生協における正規労働者の賃金制度について、その概要を示していくこととしたい。

2　CK生協における賃金制度・査定・労働組合

(1) 賃金制度の変遷

　CK生協における賃金制度の概要について検討する際、CK生協における賃金制度の変遷について確認し、そしてまた本稿の分析対象期間について言及しておくことが、便宜上よいであろう。CK生協では1982年の賃金制度改訂により、正規労働者を対象に職能給が導入され、それに続く1991年の制度改訂では、職能等級の改編等が行われた。その後、2002年には非労組員を対象に役割給が導入され、2006年には正規労働者全体にその対象が拡大された。一方、パート労働者の賃金制度では、1985年の賃金制度改訂により、チーフパート制度が導入され、1994年にはパート労働者を対象とした等級の設定など比較的大規模な制度改訂が行われ、今日に至っている。繰り返し述べているように、本稿はCK生協の場合をケースに用い、雇用形態賃金格差を含む男女間賃金格差の程度について検討しようとするものである。このような課題設定のもとCK生協における当該格差について、通時的に検討を行うとすれば、一つには双方の賃金制度において大きな変化がなく一定の期間内において比較可能な時期が、その分析対象期間となり得る。上述のCK生協における賃金制度において、大きな変化が生じなかったのは、1990年代以降において、1994年から2001年までの間となる。そのため本稿は、先述の課題を検討する上で、分析対象期間を差し当たり1994年から2001年までとし、検討を加えていくこととしたい。

表7-1　各年度の平均賃金総額に占める各賃金項目の構成比

単位:(%)

	94年	95年	96年	97年	98年	99年	00年	01年
年齢給	54.5	53.7	53.7	53.0	52.5	52.1	51.8	51.1
努力給	32.3	32.9	33.2	33.9	34.3	34.8	35.3	35.7
職位給	6.6	6.8	6.9	6.9	6.9	6.9	6.9	7.1
調整給	0.5	0.6	0.4	0.4	0.4	0.4	0.3	0.5
基準内合計	94.0	94.0	94.2	94.2	94.1	94.3	94.3	94.4
家族手当	5.6	5.5	5.4	5.5	5.5	5.5	5.5	5.4
総支給額	100.0	100.0	100.0	100.0	100.0	100.0	100.0	100.0

注)　各年度の数値は12月度の値。ただし2000年度の資料については、12月度の資料を比較可能な形で収集することができなかったため、5月度の資料を以って補っている。
出所)　ＣＫ生協、「ＣＫ生協賃金資料」(各年度)、及びＣＫ生協労働組合 (1990:3) より作成。

(2) 賃金制度

本稿が分析対象とする期間において、ＣＫ生協における正規労働者の賃金制度は、基準内賃金は年齢給、努力給、職位給、調整給から、基準外賃金は家族手当、特別手当、通勤手当、時間外労働手当、深夜労働手当、休日労働手当からなっていた。それら各賃金項目の構成比は表7-1の通りである。これら各賃金項目のうち、以下では最低限言及しておくべき賃金項目として、賃金総支給額のおよそ93％を占める年齢給、努力給、職位給の概要について明らかにしていくこととしよう。

①年齢給

ＣＫ生協における年齢給は、1982年度の賃金制度改訂により導入され、その額はモデル世帯構成人員の設定、及びそれを算出の基礎とする標準生計費により設定された。後にＣＫ生協の男女間賃金格差を検討する上での前提として確認しておきたいことは、年齢給はその性格として、性別にかかわらず、また性別に対して一定の相関が認められる、世帯主であるか否かとの条件とは無関係に、唯一労働者の実年齢にのみ基づいて、一律に支給される給与であるという点である。従って、その算定基準が年齢という極めて明確な属性によって決まるという点で、「マギレ」のない賃金項目であり、制度上性差に基づく賃金格差が生じ得ない賃金項目となっていたと言える。

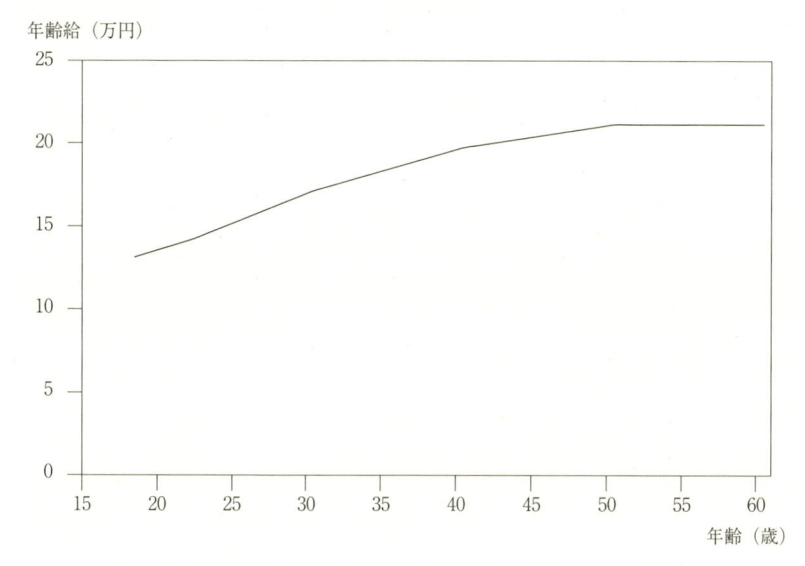

第7章　生協における賃金・査定と労働組合

図7-1　年齢給カーブ

年齢給（万円）

年齢（歳）

出所）ＣＫ生協労働組合『第7回定期大会議案書』、1992年、101頁より作成。

②努力給

　一方、努力給は年齢給と同様に、1982年度の賃金制度改訂により導入された賃金項目であり、努力給は、職能資格制度をその算定の基礎とするいわゆる職能給の一種である（以下職能給）。同賃金はその導入後、1991年の改訂により、資格と等級の改編が行われ、本稿が分析の対象とする期間における職能等級、及びそれに対応する職位は表7-2、表7-3の通りであった。職能給の運用にあたっては、出勤率8割以上、かつ年2回の査定を受けた労働者に対して習熟昇給（定期昇給）が与えられ、査定は成績考課、能力考課、情意考課を含む考課票が用いられた。査定はその結果から、絶対評価に基づき5段階（S、A、B、C、D）に分けられ、各等級内で定められた各査定結果に対応する職能給が支給された。

　今、便宜的に等級1の1号俸にランク付けされている労働者（高卒、新規入協者）を例にとり、その具体的な運用について簡単に確認すれば、次の通りである（表7-4）。等級1の1号俸にランク付けされている労働者は、当該年度の

表7-2 職能等級

等級		管　理	専　門	専　任	統　括	対応職位
M	10				統括管理職	7
M	9	高度管理職	高度開発職		統括管理補佐	6
M	8	高度管理職補佐	高度開発職補佐			5
M	7	上級管理職	上級専門職	上級専任職		4
S	6	中級管理職	中級専門職	中級専任職		3
S	5	初級管理職	初級専門職	初級専任職		2
S	4	指導定型職				1
J	3	判断定型職				
J	2	熟練定型職				
J	1	単純定型職				

注）同様に職能等級の概要を示したものとして、ＣＫ生協人事部、ＣＳ生協管理部『新人事考課制度関連文書』1991年があるが、表の見易さという点から、上記出典の表を転記した。
出所）ＣＫ生協労働組合「正規職員新賃金体系提案に対する労働組合の方針（案）」1990年、27頁より転記。

表7-3 職能等級と職位

(単位：円)

等級	管理職、統括職	専　門　職	専任職	職位給
10	部長Ａ、室長Ａ	統括企画担当Ａ		職位7 80,000
9	部長Ｂ、室長Ｂ、指導統括、店長、センター長、工場長	統括企画担当Ｂ、上級専門職Ａ、システムアナリストＡ		職位6 70,000
8	指導統括、店長、次長、課長Ａ、センター長、工場長	上級専門職Ｂ、システムアナリストＢ、商品開発Ａ		職位5 60,000
7	店長、センター長、課長Ｂ、管理長Ａ、指導統括アシスタント、	中級専門職Ａ、システムエンジニアＡ、商品開発Ｂ、商務Ａ、理事会事務局地区担当		職位4 55,000
6	店長、地区副店長、店舗マネージャーＡ、センター長、管理長Ｂ、指導統括アシスタント、係長Ｃ、係長Ｂ	中級専門職Ｂ、システムエンジニアＢ、商務Ｂ、数量コントローラーＡ	熟練Ａ	職位3 45,000
5	係長Ｂ、店舗マネージャーＢ、副センター長、副管理長、ラインマネージャー、主任Ａ	初級専門職Ａ、プログラマーＡ、数量コントローラーＢ、主任Ａ	熟練Ｂ	職位2 15,000
4	店舗マネージャーＣ、主任Ｂ、担当Ａ	初級専門職Ｂ、プログラマーＢ、主任Ｂ	主任	職位1 5,000

出所）ＣＫ生協労働組合「正規職員新賃金体系提案に対する労働組合の方針（案）」1990年、27-28頁より一部修正の上、転記。

査定の結果、S評価であれば、3万3,900円、A評価であれば、3万3,400円の職能給を受給し、以下同様に、B評価であれば3万2,900円、C評価の場合には、3万2,400円、D評価であれば3万1,900円の職能給が支給された。そして当該年度において出勤率が8割を超え、年2回の査定を受けた労働者は、自動的に習熟昇給を受け、次年度においては2号俸にランク付けされることとなる。この場合、1号俸と2号俸における各評価の職能給の差額分、2,000円の昇給が得られると共に、前年度の査定結果とは無関係に、2号俸内での新たな査定結果に基づいて職能給の受給額が決定される。このことから示されるように、本稿の分析対象期間におけるCK生協の職能給は、当該号俸内での受給額は前年度における査定結果の影響を受けないという点で、積み上げ方式の職能給ではなく、洗い替え方式の職能給であり、また、上記条件を満たせば勤続年数1年につき、1号俸分だけ自動的に習熟昇給という形で昇給が与えられるという意味で、一定程度、勤続年数と共に自動的に昇給する給与としての性格が認められると言える。

表7-4 努力給表（1等級）

(単位：円)

号	S	A	B	C	D
1	33,900	33,400	32,900	32,400	31,900
2	35,900	35,400	34,900	34,400	33,900
3	37,900	37,400	36,900	36,400	35,900
4	39,900	39,400	38,900	38,400	37,900
5	41,900	41,400	40,900	40,400	39,900
6	43,900	43,400	42,900	42,400	41,900
7	45,900	45,400	44,900	44,400	43,900
8	47,900	47,400	46,900	46,400	45,900
9	49,900	49,400	48,900	48,400	47,900
10	50,400	50,400	49,900	49,700	49,400
11	51,400	51,100	50,900	50,700	50,400
12	52,400	52,100	51,900	51,700	51,400
13	53,400	53,100	52,900	52,700	52,400

出所）CK生協、CK生協労働組合「新給与制度に関する協定」1991年より、一部簡略化の上、転記。

③職位給

最後に、職位給の概要について確認しておくこととしよう。職位給は各正規労働者が就いている職位に基づき、一律に支給される賃金であり、各等級に対応する職位ごとに、表7-3の最右列に示される職位給が支払われた。職位給は労働者が就いている職位によって賃金が決まるという点で、明確な基準に基づく賃金項目ではある。しかしながら、留意すべきことは、男女間で就いている職位に偏りがあり、職位給の設定額が低い職位に女性正規労働者が長く就いて

いる、あるいはそうした職位に女性が追いやられている場合には、男女間の賃金格差を生み出す賃金項目となり得ることである。

(3) 労働組合の対応

以上のCK生協における賃金制度の概要を把握した上で、同制度運用に対するCK生協労働組合の特徴について確認し、本稿においてCK生協の場合をケースとして取り上げる筆者の意図をより詳しく敷衍していくこととしよう。前述のようにCK生協においては1982年の賃金制度改訂により、職能給が導入され、ある種の能力主義管理が導入されたものとして理解され得るが、その制度改訂をめぐる労使交渉の中において、CK生協労働組合によって、査定結果の公開、及び「苦情申告制度」が理事会側に要求された。「苦情申告制度」とは、被査定者が査定結果に不満を感じ、労働組合に申告した際、CK生協労働組合と理事会が当該査定結果について協議を行い、個別の救済手段を確保することを目的とした制度である。そして、CK生協労働組合は、理事会による職能給導入の提案に対し、これらの制度を導入することを前提に、職能給の導入を受諾したという経緯を有する。

CK生協における査定結果の公開、及び「苦情申告制度」の運用について、若干の確認をしておけば、当時CK生協に在籍する正規労働者の賃金、及び査定結果を個票レベルで示す資料がCK生協労働組合に存在しており、また他の労働者に比べ、明らかに低い評価を受けた労働者の査定結果にマーカーが引かれるなどの足跡が認められる。それに加え「苦情申告制度」においても、同制度を利用した賃金に関する苦情申告などを資料として確認することができ、且つ、それらの内容から被査定者が査定結果を把握していたことを妥当なものと判断し得る記述が認められる[9]。これらの点から、CK生協における査定結果の公開、及び「苦情申告制度」は制度にのみ謳われたものではなく、その運用の実態を伴っていたものであり、また一定の規制力を確保しようとする試みをなしていたと解釈しても許されるであろう。本稿はこのような特徴を備え、またそれらの特徴は研究史上において、男女間賃金格差の是正を試みる上で示されている要件とも符合する性格を有するものとして、CK生協の事例を位置づけ、そのような位置づけのもと、CK生協における男女間賃金格差を検討し、それらの知見を研究史上に加えることを試みようとするものである。本稿がC

K生協の場合を事例に用いるのは、以上の理由に因るものである。

3　ＣＫ生協における賃金格差とその検討

(1) 日本における男女間賃金格差の現状

本節からは、ＣＫ生協における男女間賃金格差について検討を行っていくこととする。その際、必要な作業上の手続きとして、議論の前提となる日本における男女間賃金格差の特徴、及び新自由主義体制下における、不安定雇用の拡大と男女間賃金格差との関係について、確認しておくこととしよう。

周知の通り、日本における男女間賃金格差は著しく大きいことが知られている（図7-2）。

図7-2に示されるように、日本における男女間賃金格差は、男性正規労働者を100とすると、女性正規労働者のそれは1982年時点において、約55.3％の水準にあったことが把握できる。その後、女性正規労働者の賃金は、男性正規労働者の賃金増加分を若干上回る形で上昇し、一応、双方の格差に若干の改善が認められるところではある。しかしながら2004年時点においても依然、女性正規労働者の賃金は、男性正規労働者の賃金に比べ、65.7％の水準にあり、男女間賃金格差はこれまで充分な改善を見てきたとは言い難い状況にある[10]。また2005年、及び2006年時において、当該比率は各々64.2％、64.0％へと推移し、その比率を落としている点にも注目してよいであろう。

次に、近年における不安定雇用の拡大と男女間賃金格差との関係について確認しておこう。不安定雇用の広がりという点について、総務省統計局の「労働力調査特別調査」、及び「労働力調査詳細集計」を用いて確認すれば、1990年において役員を除く雇用者数（以下、雇用者数）に占める非正規労働者の割合は20.1％の水準であったが、その後、ほぼ一貫してその比率を上げ、2008年には34.1％に至っており、この間、非正規雇用が著しく増加していることが確認できる。この点について、本稿との関連において特に強調しておきたいことは、男性労働者と女性労働者との間では、不安定雇用拡大が与える影響の大きさという点で、その様相を異にしているという点である。図7-3から、その様子を概観しておけば、1995年以降において、男性労働者の正規比率は91.1％（1995年）から81.5％（2006年）に、その比率を下げており、男性正規労働者において

第Ⅱ部　労使関係・労働条件篇

図7-2　日本における男女間賃金格差の推移

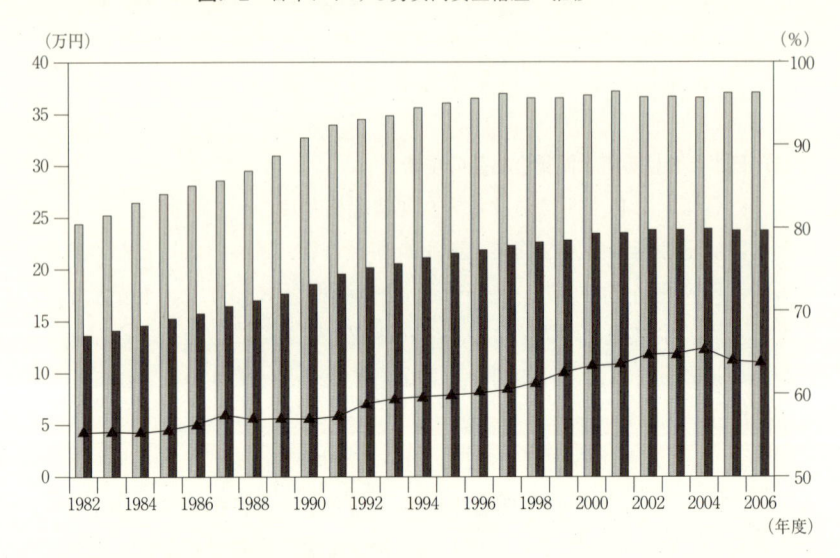

注）表中の薄色の棒グラフは男性の、濃色の棒グラフは女性の「決まって支給される現金給与額」の推移を示している。表中折れ線グラフの比率は、各年度における、「決まって支給される現金給与額」（女性）／（男性）により算出。図表の見易さという点から、便宜上、縦軸のスケール（右）が50％から始まっていることには、留意されたい。
出所）労働省政策調査部編『賃金構造基本統計調査』、労働法令協会、各年度により作成。

図7-3　1990年代以降における不安定雇用の増加

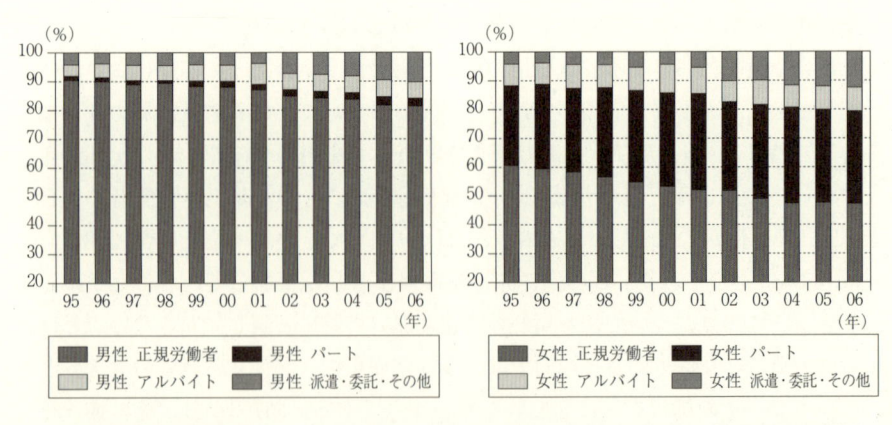

凡例（左）：男性 正規労働者　男性 パート　男性 アルバイト　男性 派遣・委託・その他
凡例（右）：女性 正規労働者　女性 パート　女性 アルバイト　女性 派遣・委託・その他

注）表中「正規労働者」、「パート」、「アルバイト」、及び「派遣・委託・その他」の各比率は、「役員を除く雇用者」の数値で除して算出。
　　図表を見やすくするため、「比率（％）」の軸は20％からスケールをとっていることには留意を要する。
出所）総務省統計局「労働力調査特別調査」、「労働力調査詳細集計」より作成。

第7章　生協における賃金・査定と労働組合

表7-5　CK生協における正規労働者の男女構成比

(単位：人、%)

年度	1997年		1998年		1999年		2000年		2001年	
性別	女性	男性	女性	男性	女性	男性	女性	男性	女性	男性
人数	178	1,277	164	1,267	165	1,264	177	1,273	167	1,236
比率	12.2%	87.8%	11.5%	88.5%	11.5%	88.5%	12.2%	87.8%	11.9%	88.1%

注）各年度の数値は12月度の値。但し2000年度の資料については、5月度の資料を以って補っている。
出所）CK生協、「CK生協賃金資料」（各年度）。

表7-6　CK生協におけるパート労働者の男女構成比

(単位：人、%)

年度	1997年		1998年		1999年		2000		2001	
性別	女性	男性	女性	男性	女性	男性	女性	男性	女性	男性
人数	5,062	766	5,050	750	5,120	700	4,692	710	5,019	946
比率	86.9%	13.1%	87.1%	12.9%	88.0%	12.0%	86.9%	13.1%	84.1%	15.9%

注）各数値は当該年度の3月20日現在の数値。
出所）CK生協『通常総代会議案書』No.2、CK生協の各年度より作成。

ても不安定雇用が確かに一定程度広がっていることがわかる。だがその一方で、女性労働者では雇用者数に占める正規労働者の比率は、60.9％（1995年）から47.1％（2006年）にその水準をさらに落とし、1995年から2006年までの間、雇用者に占める正規労働者の比率の減少幅は、男性正規労働者の下落幅を上回っていることが確認できる。このことから、不安定雇用の拡大は、男性正規労働者の間でも見られるが、男性正規労働者よりも、もともと正規労働者の比率が低かった女性正規労働者の間で、更なる広がりを見せていると言える。従って、その意味で正規労働者・非正規労働者間における雇用形態間賃金格差の問題は、近年の不安定雇用が拡大する中にあって、男女間賃金格差の問題としての性格をより一層、強めており、その問題の一形態として、雇用形態間賃金格差の問題を把握することができると言ってよいであろう[11]。

このような理解を踏まえ、CK生協における雇用形態賃金格差の問題は、その性格として男女間賃金格差としての問題を内包しているのかについて確認しておくこととしよう。表7-5、表7-6は、本稿の分析対象期間における、CK生協における正規労働者、及びパート労働者各々の男女比率を示したものである。

表7-5から示されるように、CK生協において、約1,400人の正規労働者が在籍していたが、それら正規労働者のうち、女性正規労働者が占める割合はおよそ12％であり、残りの9割弱を男性正規労働者が占めていたことが確認できる。一方、パート労働者について目を移せば（表7-6）、正規労働者の場合とは正反対に、CK生協におけるパート労働者5,000人強のうち、男性パート労働者が占める割合は約15％であり、全体のおよそ85％は、女性パート労働者によって構成されていたことがわかる。従って、これらの男女構成比から、CK生協の場合においても、正規労働者とパート労働者間における雇用形態間賃金格差は、その特徴として男女間賃金格差の様相から免れ得ていないと述べて大過ないであろう[12]。そのため、本節においてCK生協における男女間賃金格差を検討する際、それに加え、正規労働者・パート労働者間の雇用形態間賃金格差についても、若干ながら、その検討の対象とすることとしたい。

(2) CK生協における賃金格差とその検討

上述のように、年齢給は「マギレ」のない賃金項目であり、男女間で賃金格差のつかない賃金項目となっていたのに対し、職能給は、査定制度のもとで運用されることから、そしてまた職位給においては、男女間で就いている職位に隔たりが生じている場合には、制度上、男女間賃金格差を生じさせ得る賃金項目であった。これらのCK生協における各賃金項目の特徴から、以下では、CK生協における基準内給与のうち、原理的に男女間賃金格差を生む可能性のある職能給、及び職位給に焦点を当て検討を行っていくこととしよう。

そのような作業を実際に行っていくに際し、確認を行っておくべき必要な手続きの最後として、CK生協における男女間の平均年齢、及び平均勤続年数の相違（表7-7）、並びに職能等級における男女間の人数分布（表7-8）について把握し、分析上、明らかにしておくべき留保を示しておくこととしたい。

表7-7はCK生協における男女間の平均年齢、及び平均勤続年数の相違をまとめたものである。男女間の構成比上、いずれの年度においても少なからず偏りがある点については、先に確認したところであるが、男女間における平均年齢、及び平均勤続年数の点でも、若干の相違が見られ、平均年齢で見れば1歳から2歳程度、男性の方が高く、同様に平均勤続年数では3年から5年ほど男性の方が長かったことが把握できる（表7-7）。

第7章 生協における賃金・査定と労働組合

表7-7 CK生協の男女構成比、平均年齢、及び平均勤続年数

(単位:人、歳、年)

	1994年			1995年			1996年			1997年		
	人数	年齢	勤続	人数	年齢	勤続	人数	年齢	勤続	人数	年齢	勤続
男性	1,265	34.7	9.9	1,252	35.6	9.7	1,274	35.9	11.4	1,277	36.5	12.0
女性	166	33.0	7.0	163	34.3	6.7	175	34.9	7.5	178	34.8	7.8
	1998年			1999年			2000年			2001年		
	人数	年齢	勤続	人数	年齢	勤続	人数	年齢	勤続	人数	年齢	勤続
男性	1,267	37.2	12.7	1,264	38.0	13.4	1,273	38.7	14.2	1,236	39.5	15.2
女性	164	35.2	8.4	165	35.8	8.8	177	36.0	9.0	167	36.9	9.7

注)各年度の数値は12月度の値。ただし2000年度の資料については、12月度の資料を比較可能な形で収集することができなかったため、5月度の資料を以って補っている。
表中、「年齢」は当該年度における男女の平均年齢、「勤続」は平均勤続年数を各々示している。
出所)CK生協「CK生協賃金資料」(各年度)より作成。

表7-8 各年度における職能等級上の男女構成人数

(単位:人)

等級	1994年		1995年		1996年		1997年		1998年		1999年		2000年		2001年	
	男性	女性	男性	女性	男性	女性	男性	女性	男性	女性	男性	女性	男性	女性	男性	女性
1	30	3	21	1	12	0	8	0	9	1	13	5	12	6	8	3
2	185	34	115	26	128	31	110	31	60	17	42	9	49	15	48	17
3	183	46	220	46	213	34	176	30	189	32	180	34	144	32	109	23
4	215	26	171	22	185	31	216	38	215	34	188	28	190	27	179	26
5	236	27	296	36	285	45	258	36	260	34	279	38	301	42	283	40
6	227	20	232	23	243	23	283	30	304	34	332	39	337	43	365	47
7	137	10	137	8	150	10	162	12	170	11	174	10	184	10	187	9
8	29	0	38	1	40	1	44	1	43	1	41	2	40	2	39	2
9	14	0	14	0	11	0	13	0	0	0	44	0	12	0	13	0
10	5	0	4	0	5	0	5	0	4	0	4	0	4	0	5	0

注)各年度の数値は12月度の値。ただし2000年度の資料については、12月度の資料を比較可能な形で収集することができなかったため、5月度の資料を以って補っている。
出所)CK生協「CK生協賃金資料」(各年度)より作成。

同様に各年度における、職能等級上の男女構成人数について把握しておけば(表7-8)、男性正規労働者は1等級から10等級まで該当者がいる一方で、女性正規労働者の場合には、94年度には8等級から10等級まで該当者がいない点が確認できる。また翌95年に目を移せば、8等級に1人が括られているものの、

表7-9 職能給における男女間賃金格差の分析対象者とその比率

(単位:人、%)

	1994年	1995年	1996年	1997年	1998年	1999年	2000年	2001年
分析対象人数	1,232	1,209	1,230	1,216	1,189	1,187	1,198	1,148
全体に占める割合	86.3%	85.7%	85.0%	83.7%	83.1%	81.2%	82.6%	81.8%

注) 各年度の数値は12月度の値。ただし2000年度の資料については、12月度の資料を比較可能な形で収集することができなかったため、5月度の資料を以って補っている。
出所) CK生協「CK生協賃金資料」(各年度)より作成。

その後2001年まで9等級から10等級に女性正規労働者は存在しておらず、職能等級上の人数分布において男女間で隔たりがあることが確認できる。

以下では、職能給における男女間賃金格差を実際に検討していくが、その際、資料の制約上、職能給の平均受給額を男女間で比較せざるを得ず、分析の信頼性を一定程度確保するために、7等級から10等級を分析の対象から外すこととしたい[13]。その意味で、以下の職能給における男女間賃金格差の検討は、全等級を対象とした分析となっていない点を、分析の前提上の留保として、あらかじめお断りしておきたい。しかしながら、表7-9に示されるように、各年度において分析の対象となる人数は、1,000人を超え、1～10等級に占める分析対象者(1～6等級)の割合は、いずれも8割をカバーしている。このことから分析の結果、示され得る点について、分析上の留保を念頭におく必要があるものの、そのカバー率の高さから、一定程度信頼のおける検討が行えるとしても許されるであろう。

①職能給における男女間賃金格差

以上の点について確認をした上で、実際にCK生協における男女間賃金格差について検討を行っていくこととしよう。表7-10は、各等級内における平均職能給(受給額)の男女間の差(=〈男性職能給の平均受給額〉-〈女性職能給の平均受給額〉)の推移をまとめたものである。表中の職能給の値が全体的に正の値になっていることから、各等級内で女性よりも、男性の方が高い職能給を受給していることが確認できる。各等級内における職能給受給額のうち、男女間で最も差が開いている額に注目すれば、1等級、2等級、3等級では、各々1,208円(2000年)、3,099円(2000年)、5,284円(2000年)となっており、以下同様に、4等級では7,694円(1996年)、5等級においては9,654円(1999年)、そして6等

第7章 生協における賃金・査定と労働組合

表7-10 CK生協における各等級内の男女間賃金格差の推移

(単位:円、年)

	〈男性－女性〉	1994年	1995年	1996年	1997年	1998年	1999年	2000年	習熟昇給
1等級	職能給	383	-786	―	―	―	―	1,208	2,000
	勤続年数	0.2	-0.2	―	―	―	―	0.4	
2等級	職能給	993	876	-75	2	783	742	3,099	2,600
	勤続年数	0.6	0.4	0.3	0.2	0.4	0.3	1.4	
3等級	職能給	3,725	1,745	2,584	3,036	2,972	3,645	5,284	3,200
	勤続年数	1.7	0.6	0.8	1.2	1.1	1.9	2.7	
4等級	職能給	4,420	4,666	7,694	6,225	5,652	6,263	6,395	3,900
	勤続年数	1.6	1.4	3.4	3.2	2.8	3.3	3	
5等級	職能給	5,810	5,000	7,442	8,609	9,408	9,654	8,149	4,600
	勤続年数	1.9	2.7	4.9	6.8	6.3	5.6	5.6	
6等級	職能給	4,953	6,551	5,164	5,271	6,211	7,509	8,396	5,400
	勤続年数	-1.8	0.1	0.7	0.8	1.4	2.1	2.6	

注) 各年度の数値は12月度の値。ただし2000年度の資料については、12月度の資料を比較可能な形で収集することができなかったため、5月度の資料を以って補っている。
職能給の数値は、各資格内の〈男性の職能給平均受給額〉－〈女性の職能給平均受給額〉から算出。
勤続年数の数値は、各資格内の〈男性平均勤続年数〉－〈女性平均勤続年数〉。
表中「―」は、女性正規労働者が皆無により数値を示せなかった年度(1996年、1997年)、及び資料中から明らかにすることができなかった(1998年、1999年)ことを意味している。
表中において背景色が濃い箇所は、各等級内で男女間の平均職能給受給額で最も乖離幅が大きかった年度。
出所) CK生協「CK生協賃金資料」(各年度)より作成。

表7-11 勤続年数の相違に基づく習熟昇給額と実際の職能給受給額の男女間格差

(単位:円、年)

各等級	1等級	2等級	3等級	4等級	5等級	6等級
①男女間職能給賃金格差、最大年度	2000年	2000年	2000年	1996年	1999年	2000年
②当該年度における平均勤続年数の差	0.4	1.4	2.7	3.4	5.6	2.6
③各等級内における習熟昇給額	2,000	2,600	3,200	3,900	4,600	5,400
④平均勤続年数の差による賃金格差(②×③)	800	3,640	8,640	13,260	25,760	14,040
⑤実際の各等級内の男女間の職能給の差	12,08	3,099	5,284	7,694	9,654	8,936

注) 各年度の数値は12月度の値。ただし2000年度の資料については、12月度の資料を比較可能な形で収集することができなかったため、5月度の資料を以って補っている。
出所) CK生協「CK生協賃金資料」(各年度)より作成。

級では8,396円(2000年)となっている。

他方、各等級内における男女間の勤続年数の差に注目すれば、先ほどと同様に各値が概ねプラスの値になっていることから、男性正規労働者は女性に比べ

勤続年数が長いことが把握できる。各等級内で男女間の職能給受給額のうち、最も隔たりがあった年度の勤続年数を確認すれば、その値は１等級で、0.4年（2000年）、２等級で1.4年（2000年）、３等級で2.7年（2000年）であり、以下４等級では3.4年（1996年）、５等級では5.6年（1999年）、６等級では2.6年（2000年）となっている。

先述の通り、ＣＫ生協の職能給には、その性格の一つとして各等級内で勤続年数１年ごとに習熟昇給が設定され、勤続年数が１年増えるに伴い、習熟昇給の額だけ職能給は上昇する賃金項目であった。そのため、先ほど確認した男女間での職能給受給額の差は、これら各等級内での勤続年数の差、及び習熟昇給を要因とする格差である可能性もある[14]。この点を明らかにするために、勤続年数の差をもとに習熟昇給の額により、どの程度職能給が高くなるかを計算し、実際の各等級内の男女間賃金格差と比較することとしたい（表7-11）。

表7-11中、①の項目は、先に述べた職能給における男女間の職能給受給差が最も大きかった年度をまとめたものであり、②の項目は、①の項目に示された当該年度における男女間の勤続年数の差を示したものである。それに続く同図表中③の項目は、各職能等級のランクに即して設定されている習熟昇給の額を一覧にしたものであり、以下同様に、④の項目においては、男女間の平均勤続年数の差（②）、及び各等級ランクの習熟昇給設定額（③）に基づき、男女間で差がつく職能給受給額（④＝②×③）をまとめたものであり、⑤の項目では、それ（④の項目）に対して、男女間における実際上の職能給受給額の差を示したものとなっている。従って、各等級における勤続年数の差、及び習熟昇給を要因とする格差（表中④）と、実際の各等級内における男女間の職能給格差（表中⑤）を比較することによって、仮に④の項目の値よりも⑤の項目の値が大きい（男女間の平均勤続年数の差に基づく格差よりも、実際の男女間の職能給受給額の差が大きい）場合には、全体として均してみれば、男女間の平均勤続年数の差では説明することのできない、それを上回る格差が存在し、男性正規労働者の方が、優位に処遇されていたものとして解釈することができる。一方、それとは逆に、④の項目が⑤の項目の値を上回っている（男女間の平均勤続年数の差に因る格差が、実際の男女間における職能給受給額の差を上回っている）場合には、男女間の平均勤続年数の差による格差を勘案し、また全体を平均して見れば、相対的に女性正規労働者の方が高い職能給を受給していたと考えるこ

第7章　生協における賃金・査定と労働組合

とができよう。

　以上の点を踏まえ、表7-11から、男女間における平均勤続年数の差に因る格差（表中④）と実際の男女間における職能給受給額（表中⑤）との関係を確認すれば、1等級では平均勤続年数の差に基づく格差が約400円大きくなっているが、それ以外の等級においてはおよそ600円（2等級）～1万6,000円（5等級）下回っていることが把握できる。換言すれば、実際に支給された職能給の額で見れば、各等級において、男性の職能給受給額が概ね高くなっているものの、各等級内における男女間の勤続年数の相違、及び各等級内の習熟昇給を考慮に入れれば、女性正規労働者の方が相対的に高い職能給を受給していたとも言うことができよう。これらのことから、ＣＫ生協における職能給においても、男女間賃金格差は一定程度存在するが、男性と女性の勤続年数の差を要因とする格差としての性格が認められ、且つ、男女間の平均勤続年数の差、及び各等級の習熟昇給の設定額に照らせば、女性正規労働の方が相対的に高い職能給を受給していたことを示唆するものとして、評価して差し支えないであろう。

②職位給における男女間賃金格差

　職能給に関する検討に引き続き、職位給について検討を加えていくこととしよう（表7-12）。職位給について今再び、その特徴を確認しておけば、職位給は正規労働者が就いている職位に基づき、一律に支給される給与であり、その意味では「マギレ」のない賃金であるが、男女間で就いている職位に隔たりがある場合には、それに基づき男女間賃金格差を生じさせることとなる賃金項目であった。以下では、各職位ランクにおいて、男女間における勤続年数の相違について検討を加えていくこととしたい。勤続年数に注目するのは、仮に女性が、相対的に低い職位に追いやられ、男性がより上位の職位に就いている場合には、下位の職位における女性勤続年数が男性に比べ、高くなっているはずだからである。

　表7-12は、各職位ランクにおける男女間の平均勤続年数の差（＝〈女性平均勤続年数〉−〈男性平均勤続年数〉）を年度毎にまとめたものである。表中の数値が概ねマイナスの値になっていることから、全体的に男性の平均勤続年数より、女性の平均勤続年数の方が短い、やや表現を違えれば、男性正規労働者に比べ、早く上位の職位に就いていることがわかる。各年度において、数値が全て正

第Ⅱ部　労使関係・労働条件篇

表7-12　各職位における男女間の平均勤続年数の差

	1994年	1995年	1996年	1997年	1998年	1999年	2000年
職位0	0.1	-0.5	-1.3	-0.8	-1.1	-2.3	-1.3
職位1	-1.3	-2.4	-2.4	-3.0	-2.6	-2.1	-3.5
職位2	-2.6	-2.8	-4.5	-4.7	-3.8	-4.2	-4.8
職位3	2.3	2.7	1.8	1.0	0.4	0.8	0.2
職位4	0.4	-3.5	-2.4	-1.7	-1.3	-1.9	-0.6
職位5	——	-1.5	-2.0	-0.4	-0.3	-0.3	——
職位6	-2.7	-1.7	-1.4	-1.9	-0.4	0.0	——

注）各年度の数値は12月度の値。ただし2000年度の資料については、12月度の資料を比較可能な形で収集することができなかったため、5月度の資料を以って補っている。
表中各数値は、各職位内における男女間の平均勤続年数の差（＝〈女性平均勤続年数〉－〈男性平均勤続年数〉）。
表中「——」は明らかにすることができなかった数値。
表中背景色が濃くなっている箇所は、各職位において、女性の平均勤続年数に比べ相対的に、男性の平均勤続年数が最も短かった年度を示している。
出所）ＣＫ生協「ＣＫ生協賃金資料」（各年度）より作成。

の値となっている（男性の方が早く当該職位に到達している）職位は、職位3のみであるが、1994年に2.3年であった平均勤続年数の差は2000年にかけてその値が概ね小さくなり、2000年には0.2年とほとんど差がなくなっていることが把握できる。以上のことから職位給においては、むしろ女性の方が男性に比べ、より上位の職位に早く就く傾向にあり、やや例外的であった職位3においても、男女間の勤続年数の差は縮まり、2000年時点においてほとんど差が見られなくなったと言ってよいであろう。

③基準内賃金全体における男女間賃金格差

　以上の検討を踏まえ、年齢給、職能給、職位給を含む、基準内賃金全体におけるＣＫ生協の男女間賃金格差は、どのような水準にあったのかについて確認しておくこととしたい。図7-4は、ＣＫ生協における正規労働者の男女間賃金格差（基準内給与）の推移と、同時期の日本における正規労働者の男女間賃金格差[15]の推移を示したものである。本稿の冒頭において確認したように、日本における男女間賃金格差は、この間、若干の改善を見てはいるが、男性正規労働者を100とすると、女性正規労働者の賃金は、65前後を推移していたこと

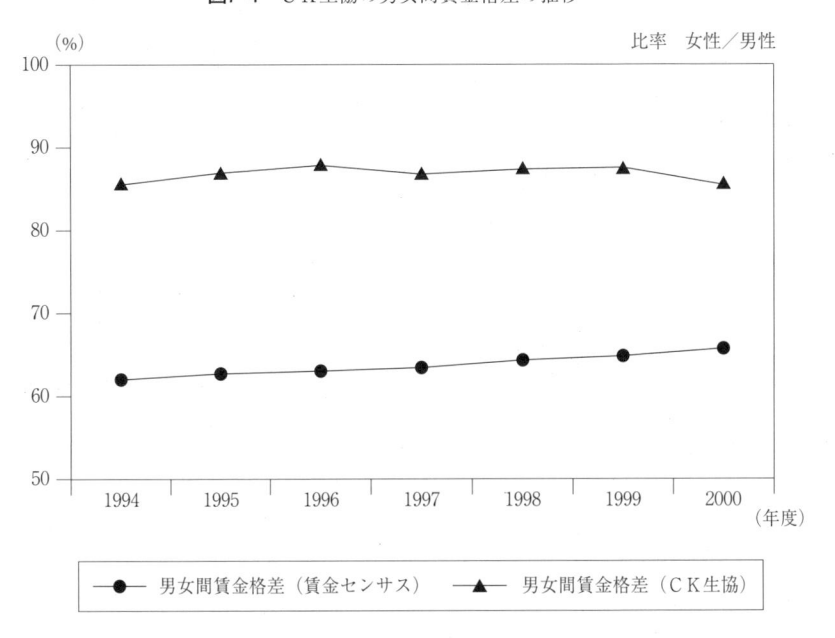

第7章 生協における賃金・査定と労働組合

図7-4 CK生協の男女間賃金格差の推移

比率 女性／男性

―●― 男女間賃金格差（賃金センサス）　―▲― 男女間賃金格差（CK生協）

注）「男女間賃金格差（賃金センサス）」＝各年度における、所定内給与額（女性）/（男性）により算出。
「男女間賃金格差（CK生協）」は、各年度における、女性基準内給与平均/男性基準内給与平均により算出。母集団は当時CK生協に在籍していた全ての正規労働者。
出所）労働省政策調査部編『賃金構造基本統計調査』、労働法令協会、各年度、及びCK生協「CK生協賃金資料」各年度により作成。

が把握できる。それに対して、CK生協の男性正規労働者の賃金に占める、女性正規労働者の賃金の比率は、同図表に示されるように、およそ90％弱を推移していたことが確認できる。このことから、双方の間には格差の水準上、一定の相違を認めることができ、CK生協における男女間賃金格差は同時期における当該格差に比べ、相当程度限定的な水準にあったと述べることができよう。

④CK生協における雇用形態間賃金格差

次に、本稿における男女間賃金格差に関する最後の検討として、CK生協における雇用形態間賃金格差の程度について、同時期の日本における当該格差との比較を通じて、確認しておくこととしよう。図7-5はCK生協における雇用形態間賃金格差の推移と、賃金構造基本統計調査をもとに算出した雇用形態間

第Ⅱ部　労使関係・労働条件篇

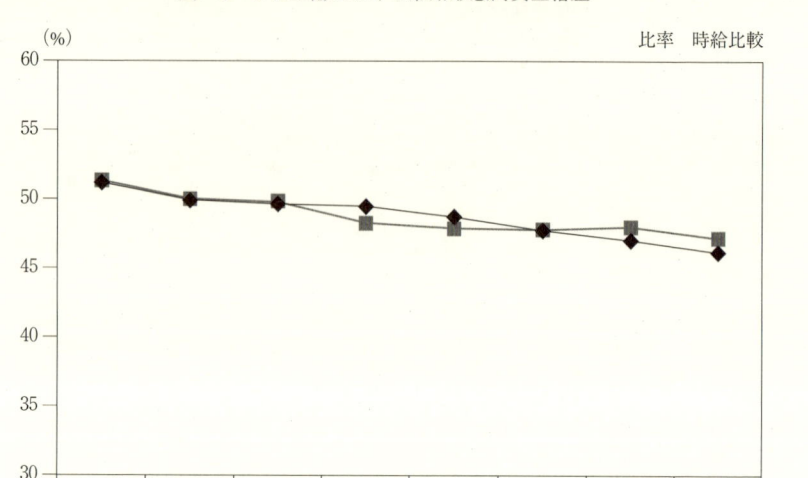

図7-5　ＣＫ生協における雇用形態間賃金格差

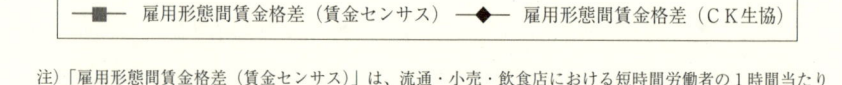

比率　時給比較

―■―　雇用形態間賃金格差（賃金センサス）　―◆―　雇用形態間賃金格差（ＣＫ生協）

注）「雇用形態間賃金格差（賃金センサス）」は、流通・小売・飲食店における短時間労働者の１時間当たり所定内給与額／一般労働者の所定内給与額を所定内実労働時間で除して算出した時給にて計算した。
出所）ＣＫ生協労働組合『第21回定期大会パート部会総会』、ＣＫ生協労働組合、2006年、195頁、及び労働省政策調査部編『賃金構造基本統計調査』、労働法令協会各年度により作成。

賃金格差[16]の推移とを比較したものである。

　同図表から把握できるように、産業分類上、「流通・小売・飲食店」における雇用形態間の賃金比率は、51.2％（1994年）から47.3％（2001年）の水準を推移している中、ＣＫ生協における雇用形態間賃金格差は、それらの格差とほぼ同水準のもとで推移していたことが確認できる。換言すれば、先ほど確認した正規労働者間の男女間賃金格差においては、ＣＫ生協における格差の程度が、相当程度限定的であった一方で、それとは異なり、雇用形態間賃金格差の点では、同時期の当該産業分類における雇用形態間賃金格差とほぼ同程度の格差を、ＣＫ生協はその処遇上の特徴の一面として、有していたと見ることもできよう[17]。

第7章　生協における賃金・査定と労働組合

おわりに

　これまでＣＫ生協の場合を事例に用い、ＣＫ生協における男女間賃金格差、及び雇用形態間賃金格差の程度について検討を行ってきた。以下では本稿を終えるにあたり、本稿での検討が先行研究の知見に照らし、どのようなインプリケーションを有するものとして解しうるのかについて、若干、その説明を試みることとしたい。

　本稿は、研究史上において、男女間賃金格差是正を試みる上での方策として示されていた、査定結果の公開、及び査定結果に対する救済制度の整備、そしてそのことを通じた査定に対する規制という要件を、制度上備えていたと解し得る事例として、ＣＫ生協を捉え、同生協における男女間賃金格差の程度について確認を行ってきた。このような本稿における課題設定の意図に照らせば、ＣＫ生協における男女間賃金格差の程度が、研究史上においてどのように把握され得るものであるのか、まず確認しておくことが必要となろう。

　先に確認したように、本稿が分析の対象とした期間において、ＣＫ生協における正規労働者の男女間賃金格差は10％強（100％－「90％弱」）であり、当時の日本における男女間賃金格差（約40％）に比べ、相当程度限定的であったという結果が得られた。この点は、本稿の課題設定上、強調されてもよい点であろう。このようにＣＫ生協において男女間賃金格差が限定的であった要因としては、次のものをその可能性として挙げることができよう。

　第一に、主たる生計者、あるいは世帯主という性別と一定の相関関係を有する指標についても排除された、性別の如何にかかわらず、労働者の年齢という極めて明確な基準に基づいてのみ、（男女同額で）支給される年齢給の比率が一定程度高かったこと、第二に、ＣＫ生協の職能給は、前年度以前の査定結果が当該年度の結果に影響を与えないという意味で、職能給受給額の格差が蓄積されず、洗い替え方式に拠る職能給であり、また、出勤率が８割以上で、且つ年２回の査定を受けた労働者に、性別とは無関係に同額の習熟昇給が与えられ、制度上勤続給的な要素を内包していたことである。そして第三に、ＣＫ生協において査定結果が公開され、また「苦情申告制度」を介して、査定に対する規制を可能とする制度など、処遇の公平性確保を試みる制度が導入されていたこ

とを挙げても大過ないであろう。繰り返し確認しておくこととしたいが、本稿はＣＫ生協における処遇の公平性を確保する上で、査定結果の公開、及び苦情申告制度がどれほどの直接的な寄与を示していたかについては、資料の制約上、明らかにすることができなかった。しかしながら、資料として同点を精査することは叶わなかったものの、実際に労働者の苦情として提出された苦情申告書が存在するなど、「苦情申告制度」が有名無実化したものではなく、制度として実態を伴う運用がなされていたと評価し得る形跡が認められること、また査定結果を含む個票レベルでの賃金資料が労働組合に存在し、際立って賃金が少ない労働者がいないかチェックを行った足跡を資料中に認められることから、仮に直接的な寄与が限定的であったとしても、制度そのものが存在し、また実際に運用されたことによって、少なくとも処遇の公平性確保の試みがなされていた、としても許されるであろう[18]。

　この点を強く意識すれば、本事例の一般的な性格の程度、汎用性という点には留意を要するが、先行研究において指摘されていた男女間賃金格差是正を試みる上での、査定結果の公開、及びそれへの規制強化という方策は、そのような特徴を有するＣＫ生協において当該格差が限定的であったことから、研究史上において、その有効性を示しうる一例として本事例を把握することができると述べても差し支えないであろう。あるいは、そのようなＣＫ生協における査定結果の公開、及び査定への規制強化という点について、評価を弱めたとしても、少なくとも日本における一般的な特徴と指摘される属人給のもとにおいても、相当程度の男女間賃金格差を是正することも、可能足りうる、あくまでもその可能性が研究史上に、一例ではあるが示され得た、と述べることも許されるように思われる。その意味で、ＣＫ生協における正規労働者の男女間賃金格差は、一定程度限定的であったことは、止目されてよいであろう。

　だが、しかしながら男女間賃金格差の一形態としての雇用形態間賃金格差の問題を、その射程に捉えれば、ＣＫ生協における男女間賃金格差に関する評価を、一定範囲に留めることもまた、不可避的に必要となってくる。先述の通り、ＣＫ生協における正規労働者・パート労働者間の雇用形態間賃金格差は、50％程度を推移しており、それらの格差は、同時期における産業分類上「流通・小売・飲食店」における、雇用形態間賃金格差の水準とほぼ同水準であり、それらの格差はその水準上、双方に特筆すべき差異を認めることができなかっ

た。その意味において、CK生協労働組合の取り組みが、当該賃金格差是正に有効に働いていたという点には留保を強く求めるものとなっている。このような雇用形態間賃金格差の問題を念頭におけば、査定結果の公開、及びそれへの規制強化という方策とは異なる格差是正の試み、すなわち同一価値労働同一賃金原則を適用することにより格差を是正する方策についても、その是正に向け、今後の取り組みが注目されると述べることもできよう[19]。本稿での検討内容は、属人給のもとでの、正規労働者の男女間賃金格差是正が少なからず有効に展望され得る可能性を一方で示しながら、雇用形態間賃金格差の問題については、その試みが有効に機能した形跡が十分には認めることができないことから、同一価値労働同一賃金原則の適用による格差是正を含めた処遇改善を要請しており、研究史上に同原則を適用することによる格差是正の有効性、適用に対する問題点[20]とその課題克服の可能性を精査し、知見として加えることの必要性をあらためて投げかける結果となっているものとして、解釈することができよう。

　CK生協においては、これまで研究者グループによる職務分析が行われ[21]、その分析レポートが、次年度におけるCK生協の賃金交渉の中で用いられると聞かせて頂いている。その意味で雇用形態間賃金格差の問題に対して、今後の交渉の中で一定の成果を見ることができるのか、検討を加える余地を更に生じさせ、場合によっては、同一価値労働同一賃金原則を適用することにより、当該格差の是正を試みる上での問題、課題が実際の賃金交渉を経て、明瞭となることも考えられる。今後のCK生協における動向についても、引き続き注目していきたい。

注
1）本稿は、大原社会問題研究所「現代労使関係・労働組合研究会」における報告（2008年4月12日）をもとに、大幅に加筆・修正したものである。筆者の報告において先生方から様々なご指摘・コメントを賜り、また本稿の執筆においても大変貴重なご助言を頂いた。この場をお借りして、先生方に深甚なる謝意をお伝えすると共に、同研究会への参加、及び報告、そしてこの度の原稿執筆の機会を賜った大原社会問題研究所に心より御礼申し上げます。尚、言うまでもなく拙稿に残る不備、ありうべき誤りについては、全て筆者に帰するものである。
2）CK生協は、1989年の名称変更に伴い現在の名称となっている。

3）例えば森ます美氏は「日本の人事考課制度の特殊性とそこに内包された差別性こそ、今日の女性労働者差別の基盤をなしている」との指摘を行っている（森ます美『日本の性差別賃金』有斐閣、2005年、81～82頁）。
4）そうした研究としては、森氏の前掲書の他、遠藤公嗣氏の研究が挙げられる。氏は、食品卸売業を事業の中心とする大企業ＨＵＡＧＡを対象として分析を行い、「従業員が『男性であること』と『非組合員であること』は、『査定分』の累積額を確かに増加」させていることを確認している（遠藤公嗣『日本の人事査定』ミネルヴァ書房、1999年、296～297頁）。また宮地光子氏の論稿は、査定制度の運用として、結婚、出産を機に女性労働者の査定結果が「Ｃ」評価に落とされていることなど、大変興味深い査定制度運用の実態を明らかにしている（宮地光子「職能資格制度と性差別賃金」『賃金と社会保障』第1141号、労働旬報社、1994年）。
5）このような研究としては、例えば日英の査定制度の比較から日本の査定制度の特徴を検討した木元氏の研究（木元進一郎「人事考課＝査定の日・英比較」『経営論集』第41巻、明治大学経営学研究所、1994年）、及び日米比較を行うことにより、それを分析した遠藤氏の研究（遠藤公嗣、前掲書）が挙げられよう。
6）木元氏はその論考において、日本においては「態度と意欲、性格など人物にたいする『全人格的評価』ともいわれるべき考課項目が重視され、使用者の裁量性が貫かれていること」、「日本では、人事考課＝査定の過程や結果について積極的に『公開』されている企業は、ほとんど皆無であり、…（中略）…考課結果にたいする異議申し立てはまったく認められて」なく、「日本の人事考課＝査定は、きわめて『密室的』・使用者専制的であると断ぜざるを得ない」と、その特殊性について指摘している（木元進一郎、前掲書、71頁）。また遠藤氏は、日本の査定制度の特徴として、①「労働組合員への適用」、②「査定の手法」、③「査定制度の目的」、④「職務分析」、⑤「査定の評価要素」、⑥「査定結果の分布制限」、⑦「査定結果の通知」、⑧「政府機関の使用」、そして⑨「雇用差別禁止法制の適用」の諸点から、日本の査定制度の特殊性を析出している（遠藤公嗣、前掲書、67～111頁）。尚、日本における査定制度の特徴に関する指摘として、横山氏の研究も大変参考となる（横山政敏「今日の賃金決定と賃金の個別化」『今日の賃金問題』啓文社、1997年）。
7）同一価値労働同一賃金原則を適用することにより、格差の是正を図ることを見解として示している論考としては、森ます美氏の研究（前掲書）の他、浅倉むつ子氏の論考（浅倉むつ子「男女『同一価値労働同一賃金原則』と職務評価制度」『賃金と社会保障』第1140号、1994年）、川東英子氏の論考（川東英子「同一価値労働同一賃金と年功序列賃金」『今日の賃金問題』啓文社、1997年）などが挙げられよう。
8）黒田兼一氏は、「コンパラブル・ワースの思想を日本に応用することを考えてみると何よりも」「人事考課への規制や介入を考えるべきである」とし、「男女間で公正・公平なものになるように、人事考課の過程と結果に労働者や労働組合が積極的に介入し、是正させる」ことが必要との立場を示している（黒田兼一「男女間賃金格差と人事考課」基礎経済科学研究所編『日本型企業社会と女性』青木書店、1995年、153頁）。同様に小越洋之助氏も、格差是正を試みる上で、査定結果の公開、不当な査定結果に対する救済機関の設置を重視している（小越洋之助『終身雇用と年功賃金の転換』ミネルヴァ書房、2006年、73頁）。
9）「苦情申告制度」を利用した苦情申告については、それらを時系列に並べ、精査する

ことは叶わなかった。被査定者が査定結果を把握していたと解釈できる苦情申告の内容としては、例えば制度導入直後の82年度においてから、「4Fの人達の多くはB-20級しかついていないのに、〇〇さん（固有名詞の〇〇への置き換え：筆者）には、B-26級がついていることも納得できない。当然われわれもB-26級以上がつて（ママ）いいのではないのか」という苦情などが挙げられる。尚、本稿の分析対象期間からは外れるが、苦情申告書に関する資料を比較的、検討に耐えうる形で収集できた90年度を例に示せば、同年度において苦情申告書を提出した正規労働者は23名で、うち労組との面談後、苦情の取り下げは3件であり、また残りの20件中、査定・職能給に関する苦情は19件含まれていた。理事会との協議を経て、ＣＫ生協労働組合は、協議の結果が満足のいくものであったかを把握するために、当該苦情申告書提出者に対して、アンケートを実施しているが、同苦情19件のうち、アンケート回答者は10名であり、そのうち9名が何らかの形で、プラスαの査定結果に変更されていることが確認できる。

10) 本来であれば、日本における男女間賃金格差は、国際的に見ても看過し難いほど大きい旨を、併せて述べておくべきだが、紙幅の関係上、割愛することとしたい。国際的に見ても日本における男女間賃金格差が著しく大きい点については、例えば森ます美氏の研究（前掲書）などを参照されたい。

11) このような立場は、森ます美（前掲書）、伍賀一道「規制緩和と雇用・失業問題」戸木田嘉久・三好正己編『規制緩和と労働・生活』法律文化社、1997年などにおいて示されている。

12) 上野千鶴子氏の研究（上野千鶴子「生協のジェンダー分析」、現代生協論編集委員会編『現代生協論の探求〈理論編〉』コープ出版、2006年）では、生協組織を分析の対象として、ジェンダー代表性の指標、及び「不払い労働」の概念を用いた分析が行われ、生協組織そのものが性差別であるとの指摘が行われている。ＣＫ生協においても、正規労働者・パート労働者間の男女構成比比、また後に示す表7-8において職能等級上の男女間の人数分布において偏りを認めることができ、その意味で上野氏の主張を支持するものとなっている。同様に、禿あや美氏は「性別によって雇用形態が異なることは日本社会の特徴であるが、生協も例外ではない」ことを確認している（禿あや美「ジェンダーからみた生協の職場と仕事」『「生協における働き方研究会」報告書』（生協総研レポートNo.58）生協総合研究所、2008年、37頁）。

13) 筆者が述べるまでもなく、平均値はその性質上、母集団に異常値があった場合にはその影響を受け、その母集団が小さければ小さいほど、その影響が著しくなるという性格を持つ。そのため母集団があまりにも小さいものについては、分析の対象から外すことに、筆者の意図がある。

14) 無論のこと、そのこと自体が格差であることに対する評価は、何ら変わるところではない。

15) より正確には、当該図表内の注に示したように、賃金センサスにおける各年度の所定内給与額（女性）/（男性）により算出したものである。

16) 流通・小売・飲食店における一般労働者の所定内給与額を所定内実労働時間で除し、その額を以って、同じく流通・小売・飲食店における短時間労働者の1時間当り所定内給与額を割ることで、雇用形態間賃金格差の比率を計算した。

17) 正規・パート間の賃金格差については、拙稿「生協における正規、パート労働者の賃金格差」社会政策学会編『子育てをめぐる社会政策』（社会政策学会誌第19号）、法律文

第Ⅱ部　労使関係・労働条件篇

　　化社において、検討を試みた。正規・パート間の賃金格差については、そちらを参照されたい。
18）仮にそのような評価に対して異論があったとしても、少なくとも先行研究において指摘された、男女間賃金格差を是正する上での方策としての、査定結果の公開、査定結果に対する救済制度を、実際の制度として備えていたＣＫ生協においては、（その有効性の判断はおくとしても）当時の日本における水準に比べて、格差が限定的であった、という記述については、事実問題として否定されるところではないであろう。
19）ＣＫ生協における、正規・非正規間の雇用形態間賃金格差について検討を加える際、パート労働が「組合員活動と生協業務の境界線上に有償の非正規労働が形成された」（小野塚知二「雇用形態の多様化と労働組合」ＣＲＩ『21世紀の生協労働運動』（協同組合総合研究所2001年8月研究報告書、ＣＲＩ、29頁）との指摘も大変重要であるように思われる。尚、上野千鶴子氏（前掲書）は、「『ペイド/アンペイド』」という分析カテゴリーを用いて、生協組織のジェンダー分析を行い、二重構造（ペイド/アンペイド・ワーク）から三重構造（ペイド/半ペイド/アンペイド・ワーク）として、生協組織の歴史を描出している。
20）遠藤公嗣氏は、同一価値労働同一賃金原則を適用する上での、方法、及び費用負担について、コンサルタント会社への発注、日本政府もしくは労働組合の費用負担を挙げているが、そこには少なからず困難さを伴うものと解釈することができよう（遠藤公嗣「職務給と『同一価値労働同一賃金』原則──均等処遇のために──（下）」『労働法律旬報』1686号）。
21）同分析については、社会政策学会第118回大会において既に報告が行われ、その研究成果の公刊が待たれるところである。

第Ⅲ部
理論篇

第8章 イギリス労使関係論における
プューラリズムとマルクス主義
―― 論争の系譜と現段階 ――

浅見　和彦

はじめに

　ここでの目的は、戦後イギリスにおける労使関係論の歴史的な系譜の整理をおこなうことである[1]。いうまでもなく、理論と実証のすべての研究を対象にすることはできない。そこで、労使関係論（Industrial Relations）とは何か、という問いにどのように答えたか――すなわち、何をどこからどこまでを対象にしているか、それはどのような構造をもっているのか、労使関係[2]はどのような性格をもっているのか、という問いにどのように応答したか――に限定する。また、これらにプューラリズムとマルクス主義を中心にした諸潮流がどのような議論、批判、論争をおこない、どのような成果をあげたか、さらに、その相互の関係はどのようなものであるか、を考察していくことにしたい。

　その主要な内容は、第二次大戦後、とくに1950年代以降のイギリスの労使関係論をその理論を中心に時期区分をおこないながら跡づけることである[3]。最初は、1950年代から1960年代にかけての福祉国家の成立と展開を背景として、労働規制論の形成による制度派としてのプューラリズムの労使関係論が確立する時期である。そして、この主流派の労使関係論への批判が1970年代における労働運動の高揚のなかで、プューラリズムの内部からとマルクス主義の立場からおこなわれる。ついで、1970年代末からの保守党政権下での新自由主義的政策の展開のもとで、1980年代以降に台頭した人的資源管理理論の興隆、労使関係論から雇用関係論へむかう動向があらわれる。この時期における混迷を経て、その後1990年代半ば以降、マルクス主義およびプューラリズムの双方から新たな理論的な提唱と、マルクス主義的な潮流の内部における分岐とが見られるよ

167

うになる。こうした論争の経過と現段階を確認する。

最後に、この論争のなかで議論された労使関係論の対象、その多次元的な構造、またイギリス労使関係論におけるプルーラリズムの特質と、マルクス主義的潮流が分岐していることの理論的背景、さらに両者が労使関係の動態分析において理論的に接合ないし統合しうる可能性などについて議論をおこないたい。

1　プルーラリズムと労働規制論の形成
――社会民主主義的合意と労使関係論の確立・1950年代-60年代――

1950年代から1960年代にかけては、この時期の福祉国家の成立と展開を背景に、学問としての労使関係論は労働規制（job regulation）論として確立することになる[4]。中心的な担い手となったのは、アラン・フランダース、ヒュー・クレッグ、アラン・フォックスであった。これらの学者は「オックスフォード学派」[5] と呼ばれたが、3人のあいだには一致とともに相違もあった。

(1) 出発点としての「制度の研究」

戦後イギリスにおける社会民主主義的な「合意の絶頂期」（Brown, 1997）を代表する労使関係論のテキストブックと指摘される、フランダースやクレッグら6人の共著（Flanders and Clegg, 1954）は、その後に続くクレッグのテキストブックの先駆けとなった[6]。

この著作の大きな特徴は、その焦点を「制度の研究」としたことである。「労働組合と使用者団体が労使関係の主要な制度である。その主な関係は団体交渉を通じたものである」とし、さらに「国家は団体交渉をたくさんの方法で支え、補完する。そのため、労使関係法は別個に考察することが必要である」とした。同時に、「制度は歴史と切り離すことはできない」「制度とは、その歴史のことである」とした。こうした立場にしたがって、この著作は、「社会的背景」を取りあげた後、まず「法的枠組み」を議論し、労使関係の当事者である「労働組合」と「使用者（団体）」を対象とし、労使双方のあいだでの「団体交渉」と「労使協議」について論及している[7]。

この「制度の研究」を焦点としたことについては、「労使関係の公式の制度への集中は批判をよぶかも知れないということを認識している」とし、同時

に「制度の研究は、いっそう大胆な方法を用いるための独自の準備」（Flanders and Clegg, 1954: v-vi）であると位置づけた。しかしながら、労使関係論における「いっそう大胆な方法」、すなわち理論を用いることは、その後10年ほどの期間、生じなかった。

(2)「労働規制の制度の研究」——A. フランダース

1960年代半ばに、その空白を埋めたのは、「イギリスにおける労使関係論の傑出した理論家」（Flanders, 1975: 7）と評価されたアラン・フランダース（Allan Flanders）[8]であった。フランダースは、労使関係論において理論が軽視されていることを批判しつつ、労使関係を「ルールの体系」と見た。そして、フランダースは、アメリカのジョン・ダンロップの見解（Dunlop, 1958: 1-27）を肯定しながら、「最近まで、労使関係というシステムはルールの体系であると明確にのべられることがなかった」と指摘した。そして、「労使関係というのは、一般的ないい方をすれば、仕事をあらわす雇用契約（ないし雇傭契約）に表現されるか、あるいは、それから生じるものである」（Flanders, 1965: 10）とした[9]。そして、労使関係論を「労働規制の制度の研究（a study of the institutions of job regulation）」である、と定義したのであった。

そして、「これらのルールは、さまざまな形であらわれる。すなわち、法律、法令、労働組合による規制、労働協約、仲裁裁定、社会的慣習、経営側の決定、公認された労働慣行などにあらわれる。いまあげたものはルールのすべてをいい尽くしてはいないが、『ルール』というのが、これらさまざまな規制手段に与えられる唯一の総称的な規定である」とのべた。フランダースによって例示されたルールには、①法律、法令という国家のルールだけでなく、②団体交渉による労使共同のルールとしての労働協約や、③第三者による仲裁裁定などが含まれ、また、④労働組合側による規制や、経営側の決定というように、一方の当事者だけによるものも「ルール」と見ている。さらには、⑤社会的慣習や労働慣行などの社会的規制も「ルール」に数えている。

また、ルールを、手続き的なルールと実質的なルールの二つに分け、前者には、労働組合、使用者団体、経営者、職場集団などの「集団関係」が、また後者には、労働市場における労使の経済的関係としての「市場関係」、企業の労働過程における権力関係で政治的関係としての「管理関係」と、企業内におけ

るインフォーマルな「人間関係」の三つが含まれるとした[10]。

そして、事業所内の懲戒規定、賃金構造、労使協議や苦情処理の事業所内手続きなどを「内部労働規制」とし、労働法上の規定や、労働組合と使用者団体の規約、双方が締結した労働協約などを「外部労働規制」として区分した。「この区分の本質は、そのルールが一つの企業に特有のものであるか、より広い範囲をもつものであるか、ということにあるのではない。決定的な問題は、そのルールが外部の権限をもった者の同意なしに変更しうるかどうか、その企業とその従業員によって自治的に定められるかどうか、である」(Flanders, 1965: 11-15) と指摘した[11]。

(3) 「労働規制のあらゆる側面の研究」——H. A. クレッグ

この時期に、フランダースとともに、労使関係論の確立に貢献したのはヒュー・クレッグ (Hugh Armstrong Clegg)[12] であった。クレッグは、労使関係論を、「労働規制の研究 (the study of job-regulation)」(Clegg, 1970: 1) と定義した。この簡明な定義はフランダースの定義への批判を含意した。フランダースが「労働規制の制度の研究」であるとしたので、クレッグは——ベインとともに——この定義を「労働規制のプロセスを軽視して、労働規制の制度とルールのほうを強調するもの」と批判した。そのうえで、「労働規制のあらゆる側面に関する研究 (the study of all aspects of job regulation)——つまり、雇用関係を規制するルールの作成と適用であり、それが公式のものか非公式のものかは関係がないし、まとまりのあるものか否かも関係がない」とする定義を対置した (Bain and Clegg, 1974: 95)。この点では、後に見るマルクス主義の立場からのハイマンによるフランダースへの批判よりも先に、フランダースの定式への批判を提起していたことになる[13]。

また、クレッグは、「労働組合は産業における野党である——けっして政府となることのできない野党である」、したがって、「議会における野党とは異なった方法によってその目的を追求しなければならない」(Clegg, 1951: 22, 24) と強調したのである。ピーター・アッカーズ (Ackers, 2007: 93-94) によれば、クレッグのプルーラリズムの「思想の正確な源泉をたどるのは困難」だが、ジョセフ・シュムペーターやロバート・ダールの「最新の現実主義的な政治学の理解」と「現存する経済的制度についてのクレッグ自身の詳細な分析」にもとづ

くものである。さらに、労使関係における国有化の限界についても非常に早い時期から気がついていて、労働組合と団体交渉を中核とした「社会民主主義的なモラル・プロジェクト」を示したのである。とはいえ、クレッグは、1970年代前半におけるフォックスとの論争でその擁護に立つまでは、プルーラリズムという用語自体を積極的に用いていたわけではなかった。

(4) 労使関係観としてのプルーラリズム──A. フォックス

アラン・フォックス（Alan Fox）[14]もまた、ウェッブ以降の研究者のなかでは労使関係論における理論を重視した人物であり、ドノヴァン委員会のリサーチペーパー『産業社会学と労使関係』のなかで、労使関係観をめぐる諸潮流を、労使を一種の「チーム」と見る一元論（unitary frame of reference）と、対立的な諸集団によって構成されると見る多元論＝プルーラリズム（pluralistic frame of reference）とに区分した（Fox, 1966: 6-15）。これによって、イギリス労使関係論において「プルーラリズム（pluralism）」という用語が普及することになったのである。フォックスは、のちさらに、ラディカルな労使関係観を加え、三つに整理した（Fox, 1974: 283）。フォックスは、プルーラリズムをイギリス労使関係の実態における変化の反映と見なした。つまり、団体交渉や労働組合の役割の現実を反映するものであると見たのであり、労使関係におけるイデオロギーの意義に注目し、それを強調したわけである。

当初、フォックス自身は労使関係論におけるプルーラリズムの立場にたっていた。フォックスは、労使の対立を「利害の構造的な対立としてよりも、機能的な分化の結果」と見なしていた。同時に、「フォックスが労使関係論におけるプルーラリズムにもたらした顕著な貢献は、その社会学志向であったことである」。というのは、「当時、この分野におけるイギリスの中心的な研究者のあいだでは、社会学は懐疑的に見られていた」（Hyman, 1989: 67）からであった。そのフォックスが後述するように、ラディカル・プルーラリズムともいわれる立場へと変化していくことになる。

2 プルーラリズム内部の論争とマルクス主義による批判
――労働運動の前進と労使関係論のラディカル化・1970年代――

こうして労使関係論における主流の立場を確立した制度派としてのプルーラリズムも、1960年代後半から1970年代における労働運動の左派の前進を背景に、1970年代の半ば前後になると、その内部で論争が発生し、他方で、アカデミズム内におけるマルクス主義による批判も先鋭化する。

(1)「プルーラリズムのプルーラリズム」[15] ――内部における論争

フランダースとフォックスには、研究において協力しあう関係が築かれていた[16]。また、二人は共同論文「団体交渉の改革――ドノヴァンからデュルケムへ」(Fox and Flanders, 1969) を執筆し、その副題にデュルケムを用いたように、その理論的立場は機能主義の社会学であり、そのプルーラリズムには共通点が少なくない。一方、クレッグのプルーラリズムは、政治学の主権論批判として発想され、「政治における行動と労使関係における行動には相違があるものの、政治におけるプルーラリズムは労使関係へ容易に移し換えることができる」(Clegg, 1975: 311) とするものであり、フランダース、フォックスとは「基本的な点で対照的であった」(Hyman, 1989: 72)。

しかしながらフォックスは、1973年と1974年に、労使関係論におけるプルーラリズムにたいする批判を展開した。フォックスは、プルーラリズムを労使関係にたいする「賢明な経営者の立場にすぎず、それ以上でも以下でもない」(Fox, 1973: 213) と批判した。そのためクレッグは反論を展開する。フォックスの議論にたいして、クレッグは「プルーラリズムは、完全ではないモラル哲学である」とし、労使関係の「メカニズムは、譲歩と妥協の継続的なプロセスである」(Clegg, 1975: 309) とのべて、批判をしている。

とはいえ、ポール・エドワズによると、「フォックスのラディカリズムは、マルクス主義的なものではなかった」し、「労使紛争を持ち上げたり、特定の政治綱領を支持したりしたわけではなかった」。日本やドイツのように、「取引と雇用における長期的な関係が制度化」された社会における「信頼関係」や「同意」を重視し、「高い信頼関係」と「低い信頼関係」などの概念 (Fox,

1974) によって、単純な労使関係観を排して、その比較分析を深めようとしたのであった (Edwards, 1998)。

(2) 「労働関係のプロセスをめぐるコントロールの研究」――R. ハイマン

プルーラリズムへの批判は、その内部からの批判にとどまらず、マルクス主義からの批判を引き起こした。リチャード・ハイマン (Richard Hyman)[17] は、マルクス主義の立場から、フランダースの労使関係論の定義――「労働規制の制度の研究」――を批判し、労使関係論を、その範囲のなかに労働規制を含んでいるが、それよりももっと幅の広い「労働関係のプロセスをめぐるコントロールの研究 (the study of control over the processes of work relations)」(Hyman, 1975: 12, 36, 64, 203) と定義して、「労使関係の政治経済学」(Hyman, 1975: 31; Hyman, 1989) を主唱したのである。

つまり、ハイマンは三つの点でフランダースを批判したわけである。一つは、フランダースが労使関係を「仕事をあらわす雇用契約（ないし雇傭契約）に表現されるか、あるいはそれから生じるもの」としたのに対し、それよりも広範囲の「労働関係」を視野に収めるべきだとした。二つには、フランダースのいう「労働規制」に関して、「規制は、オックスフォード辞典によれば、ルールによるコントロールであり、産業における多くの形態のコントロールのうちの一つにすぎない」とし、「規制」以外の広い範囲の「コントロール」を対象にすることを主張した。三つめは、フランダースが「労働規制の制度の研究」と定義したことにかかわって、「制度」だけではなく「プロセス」を重視すべきことを強調したのである。のちのハイマンの論文によれば、「資本主義的な生産の矛盾に満ちたダイナミクス、労働市場と労働過程の内部における物質的利害の敵対的な構造、そして労使関係の秩序と安定を企図した制度や手続きの内部で継続して発生する紛争や不安定」(Hyman, 1989: 86) を重視すべきことを主張したのであった[18]。

このハイマンの批判にたいして、クレッグは――すでに亡くなっていたフランダースに代わって――次のように反論した (Clegg, 1979: 450-456)。一つめの批判にたいしては、「労働関係」が「仕事」よりも幅広いことを認めるが、そのような言い換えはかえって定義をあいまいにすると批判した。二つめには、「コントロール」が「規制」よりも広い意味をもつことはたしかであるが、ハ

イマン自身が「ルール」や「制度」を「労使関係研究の中心的な意義」をもつものと認めているわけであるから、フランダースの定義が不適切であるとはいえない、とのべた。三つめの論点にたいしては、「制度」よりも「プロセス」がいっそうよく変化や発展をあらわすが、「プロセス」は「制度」よりも狭いとした。そして、「労働規制の研究者は、制度もプロセスも研究しなければならない。したがって、フランダースの定義を『労働規制』という言葉に縮めても、なにも失うことにはならない」と反論したのである。

3　マルクス主義的潮流の分岐とネオ・プルーラリズムの提唱
──新自由主義下の労使関係論の新展開・1980年代以降──

　1980年代の労使関係論は、1979年以降の保守党政権の新自由主義的政策の下での労働運動の大きな後退と、またアカデミズムにおける人的資源管理論の興隆のなかで、プルーラリズムもマルクス主義もともに混迷期を経た。また、1990年代以降、労使関係論は雇用関係論と称されるようになる動向が生じ、加速した（表8-1を参照）。

　そのため、1980年代は、双方にとって「ラディカル・プルーラリズムがある種の防衛的な意味で共通の基盤になった」（Ackers and Wilkinson, 2005: 451）のである。しかし、こうした時期を経て、1990年代半ば頃から、マルクス主義の立場と、プルーラリズムを刷新しようとする立場の双方から、労使関係論を新たに発展させようとする動向が登場している。前者では、ジョン・ケリーとデイヴ・リドンが代表格であり、後者では、ピーター・アッカーズがその代表格である。また、1970年代にマルクス主義の立場から労使関係論をリードしたリチャード・ハイマンは、1990年代以降は国際比較研究のプロジェクトをすすめるなかで、その立場を「社会−歴史主義的な制度派」へと接近させている。

(1) 資源動員論の導入──J.ケリー

　マルクス主義の立場から労使関係論の新展開をめざしているジョン・ケリー（John Kelly）[19]は、資源動員論（Mobilization Theory）──と長期波動論の組み合わせ──の導入を提起した（Kelly, 1998）。

　ケリーは、次の諸点でプルーラリズムを批判し、そのうえで資源動員論の導

第 8 章　イギリス労使関係論におけるプルーラリズムとマルクス主義

表8-1　労使関係論から雇用関係論へ──主要なテキストブックのタイトルにみる変化

INDUSTRIAL RELATIONS	EMPLOYMENT RELATIONS/EMPLOYEE RELATIONS
Bain, G. S., *Industrial Relations in Britain*, 1983. Clegg, H. A., *The Changing System of Industrial Relations in Great Britain*, 1979. Edwards, P. (ed.), *Industrial Relations*, 1995, 2003. Farnham, D. and Pimlott, J., *Understanding Industrial Relations*, 1979, 1983, 1986, 1990, 1995. Gospel H. F. and Palmer, G., *British Industrial Relations*, 1983, 1993. Hyman, R., *Industrial Relations: A Marxist Introduction*, 1975. Jackson, M., *An Introduction to Industrial Relations*, 1991. Kesseler, S. and Bayliss, F., *Contemporary British Industrial Relations*, 1992, 1995, 1998.	Blyton, P. and Turnbull, P., *The Dynamics of Employee Relations*, 1994, 1998, 2004. Farnham, D., *Employment Relations in Context*, 2000. Gennard, J and Judge, G., *Employee Relations*, 1997, 1999, 2002, 2005. Hollinshead, G., Nicholls, P. and Tailby, S., *Employee Relations*, 1999, 2003. Rose, E., *Employment Relations*, 2001, 2004, 2008. Williams, S and Adam-Smith, D., *Contemporary Employment Relations*, 2006.

注）筆者が作成。数字は、初版と改訂版の発行年。

入を図ろうとする（Kelly, 1998: 6-15, 39-65）。第一は、プルーラリズムの労使関係論には、労働者の利益とは何かという分析がないことである。第二は、労働者、使用者、国家の権力（power）については、プルーラリズムの学者がその概念を議論し、経験的研究に用いていないことを批判する。第三には、現代の資本主義国家の役割も軽視されていると批判する。法律、マクロ経済政策、使用者としての国家は議論されているが、重要なのは、国家と階級的利益との関係であり、資本蓄積との関係であるとのべる。第四には、労使関係の本質的な性格は何かについての議論が弱まり、「社会的パートナーシップ」論や、人的資源管理論が席巻している状況を批判的に指摘する。

そして、マルクス主義的な潮流は、ハイマンのとくに1970年代の研究に代表されるもので、その主要な目標は、①労使関係論におけるプルーラリズムのイデオロギーを批判すること、②労使関係を資本と労働とのあいだの敵対的な関係として把握すること、③労働者の闘争の正当性を擁護することの三つであったと回顧している（Kelly, 1998: 20）[20]。そのうえでケリーは、資源動員論と長期波動論を労使関係論の再生のための基軸理論として提起するのである。

まず、資源動員論と呼ばれる理論にはいくつかのヴァリアントがある（片桐、1995: 13-42）が、ケリーの導入した理論は、主にアメリカのチャールズ・ティリー（Charles Tilly）の政治過程論である。ティリーは、集合行為の構成要素として、①主として一つの集団が他の集団とおこなう相互行為から生じる利益

と損失をさす「利害」、②集団がその利害に沿って行動する能力を左右する集団構造である「組織」、③行動に必要な資源にたいする集合的なコントロールを集団が獲得するプロセスを意味する「動員」、④集団とその周囲の世界との関係をさす「機会」、⑤共通する利害を追求する人びとの団結した行為をさす「集合行為」の諸形態の五つを挙げている（Tilly, 1978: 7）。

ティリーがなぜこの五つの要素に分けて論じるのかといえば、マルクス主義への積極的な評価と同時に、次のような批判をもっているからである。すなわち、「マルクス主義者は、集合行為の決定要因の中で、主に利害と組織に注意を向け、動員を論じる場合もあるが、機会を無視してしまうのが普通である」こと、そのため「ウェーバー主義者ほど、支配的な信念の体系が意味するものや運動の台頭と没落の過程に注意を払わない」ことである。他方、個人・集団の「意思決定過程の精緻なモデルという点では［ジョン・スチュアート・］ミル主義者にはおよばない」と評価している。要するに、ティリー自身の分析の基本的な態度は、「あくまでも反デュルケム主義であり、断固として親マルクス主義であるが、ときにウェーバーも引き合いに出し、ミルにも依拠する」（Tilly, 1978: 48）というものであると総括している[21]。

ケリーは、こうしたティリーの資源動員論を「ミクロ・レヴェルの労使関係」（Kelly, 1998: 2）へと応用しようとするわけである。その観点から、一つは、とくに「利害」を規定する要素として、①不正義、②主体、③アイデンティティ、④原因論の四つを指摘し、わけても「不正義の感覚・意識」（a sense of injustice）は、「マルクス主義が分析している、資本主義経済における搾取と支配」にたいする労働者の意識の反映であるととらえ、「資源動員論の観点からいえば、労使関係論の中核的な学問的課題となるのが不正義の受けとめられ方とこれへの反応である」（Kelly, 1998: 64, 126）と主張している。第二に、このことは定義のはっきりしない概念にもとづく"個人主義か、集団主義か"という議論をこえて、「いかにして個人が集団的なアクター——集団的組織を形成し維持し、またその使用者にたいする集団的行動に携わる意志と能力をもったアクター——になるのか」（Kelly, 1998: 38）を説明しうるとしているのである。

(2) ネオ・プルーラリズムの提唱——P. アッカーズ

一方、ピーター・アッカーズ（Peter Ackers）は、イギリス労使関係論における

プルーラリズムの再生のために、ネオ・プルーラリズム（Neo-Pluralism）を提唱する（Ackers, 2002）。

　まず、上に見たケリーの資源動員論と長期波動論の導入について、「旧式のマルクス主義的な立論」として退け、「階級意識の発展をめぐるレーニン主義的なモデルとマルクス主義的な危機論とを学術的に精緻化した解釈」にすぎないし、「マルクス主義的な集団主義の中核にあるのは、社会的個人主義である」と批判する。

　そして、アッカーズは、第一に、プルーラリズムのデュルケム主義——とくにフランダースの議論——を評価し、マルクス主義への批判を念頭に、「利害にたいしては社会的な価値を、また紛争にたいしては協力を、権力関係にたいしては信頼を強調するのがネオ・プルーラリズムの精神である」として、社会科学への「倫理観（ethics）」の再導入を強調している。第二に、従来の労使関係論の対象が、職場を中心としたものであったことを、その「反社会的性格」と批判し、"労働と社会"の関係へと拡大すべきことを主張している。また第三に、プルーラリズムにたいするマルクス主義の批判として存在していた、プルーラリズムにおける制度論の重視を擁護している。第四には、デュルケムのいう有機的連帯の担い手としての労働組合の役割を重視し、「労働組合員の減少は職場における"代表制のギャップ"を生みだすし、地域のコミュニティから社会統合の資源を奪うだけでなく、民主主義社会の構造を弱体化させるものである」と指摘している。

　そして第五に、アッカーズは、プルーラリズムとマルクス主義の接近＝合体の事実を認める。すなわち、当初、イギリスにおける「労使関係論のプルーラリズムは、社会統合の機能主義的な理論を提起した」のだが、「その後のプルーラリズムが、職場の労使紛争の『リアリスティックな』記述へと変質し、唯物論的な、マルクス主義的な紛争理論と事実上、合体してしまうところまで達することによって、この特質は失われてしまったのである」。しかし、そのことへの評価は先に見たクレッグとは正反対のものになる。したがって、アッカーズはプルーラリズムの再興＝ネオ・プルーラリズムを提唱するのである。

　結論的にいえば、アッカーズによる今日における労使関係論（雇用関係論）の定義は、「雇用関係および企業が社会における他の当事者との間でおこなう相互行為の規範的な規制にかかわる社会的制度の研究」（Ackers, 2002: 18）という

ものである。

(3) 「労使関係の政治経済学」から「社会-歴史主義的な制度派」への接近——R. ハイマン

マルクス主義の立場から「労使関係の政治経済学」の探究に貢献したリチャード・ハイマンも、1970年代におけるプルーラリズムとの論争を振り返り、1980年代になると、「『労使関係論』とは何かということを根本的に定義し直そうとすれば、どのように追究してみても、それは自己破壊的なものにならざるをえないだろう」とした。そのうえで、先述した定義の「労働関係のプロセスをめぐるコントロールの研究」を「行き過ぎた単純化」であったと反省している。そして、ハイマンは、一つの再定義としては、「敵対的な社会の生産関係から生じる集団的な労使紛争を制度によって解決するプロセス（processes of institutional mediation）」というものを提起している（Hyman, 1989: 140）。

ハイマンは、1990年代になると労使関係の国際比較のプロジェクトを進め、イギリス・イタリア・ドイツの労働組合運動に関する比較研究（Hyman, 2001）をおこなったが、この著書にたいしては、マルクス主義的なアプローチをとるポール・スミス（Paul Smith）が「ドグマにとらわれないマルクス主義」（Smith, 2002: 155）の立場として積極的に評価する一方、ネオ・プルーラリズムを主唱するアッカーズは、「私の読み方によれば、かれの以前の著作よりも、社会-歴史主義的な制度派の立場へかなり接近している」（Ackers, 2005: 541）との位置づけをおこない、マルクス主義からシフトしてきていることを指摘している[22]。

その後、ハイマン（Hyman, 2004）は、①労使関係の"原理論"の不可能性、②創造的なイマジネーションによる理論構築、③「マルクスは必要ではあるが、それだけでは不十分である」こと、④資本主義の多様性の下での労使関係論の各国別の多様性、などを指摘した。また、1970年代におけるプルーラリズムとマルクス主義との対立点であった制度をめぐっても、「明らかに、労使関係における制度は、こうした［使用者が労働者を査定し、動機付け、必要なら強制する］機構の要素として理解することができる」と確認した。

(4) 労働規制論・労働史研究とマルクス主義の結合——D. リドン

マルクス主義の立場からイギリス労使関係論の展開を図ろうとするもう一人の研究者として、デイヴ・リドン（Dave Lyddon）がいる。リドンは、ウェッブ

夫妻やG. D. H. コール以降、戦後のフランダースらにいたる系譜の理論的業績の歴史的発展を確認し、その理論的な蓄積を正当に評価すべきだとする立場にたつ。そして、こうしたイギリス労使関係論の系譜と、労使関係の歴史的研究やマルクス主義との結合を、次のように提唱するのである。

ウェッブ夫妻の「『産業民主制』は、イギリス労働組合についてこれまでに書かれた著書のなかで最良で唯一のものである」とし、同時に「民主主義、国家、社会主義への移行の全理論を含んでいる。この著書の内容は、レーニンを刺激するのに十分なほど興味深いものである」というマルクス主義歴史家のホブズボウムの指摘（Hobsbawm, 1964: 255）を引きつつ、「理論的な枠組みについては、マルクス主義者も非マルクス主義者も、ウェッブ夫妻を参照する以外に選択肢はない」（Lyddon, 1994: 125）と主張する[23]。

また、リドンは、「ウェッブ夫妻以降で、イギリスの労使関係論における理論化が生じたのは1960年代と1970年代である」（Lyddon, 2003: 104）とし、フランダースの労働規制論に高い評価を与えつつ、「ウェッブ夫妻とフランダースの理論的著作をもとに内部労働規制と外部労働規制とのかなり包括的な分類をつくり出すことができる」（Lyddon, 1994: 136）と指摘した。さらに、労働規制という概念は、「非常に異なった労使関係の伝統をもった国々」に適用できるだけでなく、「国際比較の枠組み」として有用であると強調している（Ibid.）。そして、労働規制という概念は、「マルクス主義の『下からの歴史研究』という視座と両立するのみならず、このような枠組みの中でこそ成功するであろう」とし、「労使関係論と労働史研究との連携を再生することは、マルクス主義的な視座をもった労使関係理論の洞察力と結びつくことによって実現できる」と主張している（Lyddon, 1994: 137）。

リドンは、フランダースの労働規制論のほかにも、H. A. ターナー（Turner, 1962）のオープンユニオン、クローズドユニオンの概念や組合民主主義の三類型論なども高く評価している。そのため、ケリーが1990年代にいたってもなお「概念と理論における発展のおくれ」（Kelly, 1998: 23）があるとのべていることを批判し、むしろ、ウェッブや1960年代、70年代に蓄積されてきた理論や概念が実証研究や歴史研究で用いられなくなっていることに警鐘をならしているのである。

4 議論と結論

これまで、戦後イギリスにおける労使関係論の理論的な系譜を跡づけ、その現段階の議論を明らかにしてきた。そこには、「マルクス主義とプルーラリズムとの長期にわたる創造的な緊張関係」(Ackers, 2005: 538) が示されていたと思われる。本節では、こうしたなかで議論された主要なテーマを取りあげ、整理することにしたい。あらかじめ論点を示せば、一つは労使関係論の研究対象・領域であり、これに関連してその構造的な多次元性である。二つめは、イギリス労使関係論における制度派としてのプルーラリズムの理論的な特質であり、第三に現段階のマルクス主義的な潮流が分岐していることと、その理論的な背景についてである。最後に、制度化された労使関係における動態の分析とその理論化をめぐるプルーラリズムとマルクス主義との理論的な接合ないし統合の可能性についてである。

(1) 労使関係論の研究対象とその分析における多次元性について

まず、労使関係論は独自の学問的ディシプリンではなく、対象としての労使関係へのアプローチについての総称である、という点では、プルーラリズムとマルクス主義において見解の相違はほぼないといえる。「ほぼ」というのは、Ackers and Wilkinson (2005: 454n) は「ディシプリン」と「研究対象」の中間という考え方を示しているからである。

第二には、イギリスの労使関係論のプルーラリズムとマルクス主義では、その研究対象とする労使関係の動態の範囲には相違が存在し、労使関係研究における多次元性が議論されている。見たように、フランダースは「労使関係というのは、一般的ないい方をすれば、仕事をあらわす雇用契約（ないし雇傭契約）に表現されるか、あるいは、それから生じるものである」とする定義をおこない、ハイマンの再定義は、①敵対的な社会の生産関係、②集団的な労使の対立・紛争、③制度によって解決するプロセス、という多次元的な構造論になっていた。プルーラリズムには、マルクス主義とは異なって、経済的な土台（資本主義的生産と生産関係）や国家（階級・資本蓄積と国家権力）を労使関係論の対象から分離し、労使関係を独自の自律的なサブシステムとして取り扱

第8章　イギリス労使関係論におけるプルーラリズムとマルクス主義

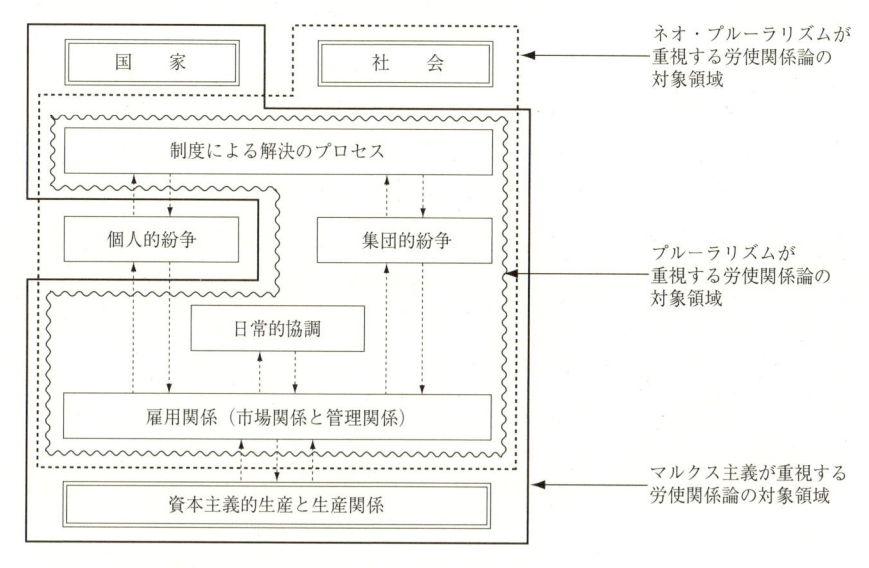

図8-1　イギリス労使関係論の対象と構造

```
┌─────────────────────────────────────┐
│  ┌─────────┐   ┌─────────┐          │ ← ネオ・プルーラリズムが
│  │ 国  家  │   │ 社  会  │            重視する労使関係論の
│  └─────────┘   └─────────┘            対象領域
│  ┌───────────────────────┐          │
│  │  制度による解決のプロセス │          │
│  └───────────────────────┘          │
│  ┌─────────┐   ┌─────────┐          │
│  │個人的紛争│   │集団的紛争│          │ ← プルーラリズムが
│  └─────────┘   └─────────┘            重視する労使関係論の
│         ┌───────────┐                 対象領域
│         │ 日常的協調 │                │
│         └───────────┘                │
│  ┌─────────────────────────────┐    │
│  │ 雇用関係（市場関係と管理関係）│    │
│  └─────────────────────────────┘    │
└─────────────────────────────────────┘
   ┌─────────────────────────────┐     ← マルクス主義が重視する
   │   資本主義的生産と生産関係   │        労使関係論の対象領域
   └─────────────────────────────┘
```

注）本文中の議論にもとづいて筆者が作成。

う傾向がある（Kelly, 1998）。また他方で、ネオ・プルーラリズムを提唱するアッカーズによって、"労働と社会"の関係へ研究領域を拡大すべきだとする提起がおこなわれている（図8-1を参照）。

　第三は、労使関係論の定義をめぐって両者のあいだで——とくに「プロセス」との関係をめぐって——論争の焦点となった「制度」については、1970年代における論争の際の相違が縮小したのは事実であろう。ハイマン自身が制度の意義について承認するようになっていることは上に見たとおりである。「『制度』という用語よりも『プロセス』という用語のほうが、いっそうよく変化や発展という観念を呼び起こすということは認めなければならない。しかし他方、『プロセス』は『制度』よりも狭い。団体交渉は、制度としてもプロセスとしても表現できるが、労働組合や使用者団体——あるいはショップスチュワード委員会——をプロセスと呼ぶのは言葉の拡大解釈になる」（Clegg, 1979: 450-451）というクレッグの指摘がこの問題での"総括"になっている。

　第四は、イギリスのばあい、プルーラリズムもマルクス主義も、ともに人事

労務管理論を軽視し、そのため、その後の人的資源管理論に台頭の余地を与えたとの指摘は妥当であろう。プルーラリズムの側についていえば、「クレッグやフランダースのようなパイオニアたちが人事労務管理論にほとんど関心を示さず、労使関係論の枠組みのなかに十分なかたちでは組み込まれなかった」（Ackers and Wilkinson, 2003: 14）ことがアカデミズムにおける大きな理由であった[24]。たとえば、クレッグの一連のテキストブックで人事労務管理が独立の章で取り扱われるのは、1979年版（Clegg, 1979）が初めてであった。しかし、同時に、それまでに業績をあげてきた「主要な労使関係論の研究者が人的資源管理論のポストや影響力のある重要な立場に就いた」にもかかわらず、「労使関係論の研究者にたいする人的資源管理論の脅威が誇張されていた」（Ackers and Wilkinson, 2003: 16）のも事実であった。一方、マルクス主義の側では、ケリーが、人的資源管理論は「使用者と国家の経済的・政治的優先課題」を反映したものであり、そうした「学問研究は特定の階級の利益への従属」であると非難している（Kelly, 1998: 131）。しかし、こうした議論は、実態としての人的資源管理とその批判的研究として成立しうる人的資源管理論とを混同するものであり、マルクス主義の側での学問的空白を放置することでしかないだろう。

(2) イギリス労使関係論におけるプルーラリズムの特質

労使関係論におけるプルーラリズムとマルクス主義のあいだでの論争は、1970年代を通じて、精力的におこなわれた。とりわけ、プルーラリズムの側はクレッグによって、またマルクス主義の立場にたつハイマンによって、内在的な批判が展開されたといってよい。論点は多岐にわたるが、主要なものを取りあげれば、以下のようになるだろう（Hyman, 1989: 64-87）。

第一に、ハイマンはイギリス労使関係論におけるプルーラリズムは、「ゆるやかで完全とはいえない、一連の思想、信念、価値観」であるとした。また第二に、いわゆるオックスフォード学派内においても「明らかな相違が存在した」と指摘している。すなわち、フランダースはアメリカの研究動向に精通し、またフォックスは社会学的な貢献をおこなった。これにたいしてクレッグは政治学におけるプルーラリズムの発想を導入する形で労使関係論を展開した。第三に、ハイマンによると、労使関係論のプルーラリズムには「手続き論的なバイアス」があるという。とくにクレッグが、「規制という概念を使うことで、

ウェッブ夫妻の労働組合の古典的な定義を——実質的な焦点を手続き的なバイアスによって置き換えることで——改定したことは重大である」とし、「規制への単なる参加」に矮小化したと指摘している。しかし第四に、他方で、マルクス主義、とりわけハイマンによる内在的なプルーラリズム批判とこれへのクレッグらの応答は、プルーラリズムの側にマルクス主義や唯物論的紛争理論への「親和性」をもたらしたといえるかも知れない。

　他方、クレッグは、マルクス主義の立場をとったハイマンによるプルーラリズム批判に関して、次のように整理し反論をおこないつつ、同時に両者の共通点についても強調している（Clegg, 1979: 449-456)。労使関係論の定義をめぐっては、「両者が同じものであるということではない」としつつも、「マルクス主義者とプルーラリストとのあいだに大差はない」とのべた。また、「労使関係の分析における両者の相違を過大視してはならない」と指摘し、その理由として、「ふたつの思想が提供した労使関係の分析におけるもう一つの共通の特徴は、どちらも総合的であるという点である」し、そのため、「各論的な問題にたいする総論的な回答のかぎりでは、両者の差違があらわれない」と指摘した。さらに、「ふたつの思想は、現状分析から将来展望に移した場合でも、必ずしも異なってはいない」と強調した。そして結局、「マルクス主義者とプルーラリストの相違は、主としてかれらの態度に求められるべきである」と結論づけたのである[25]。

　それにたいして、アッカーズも両者の合体の経緯を認め、1980年代においては、両者にとって「ラディカル・プルーラリズムがある種の防衛的な意味で共通の基盤になった」とのべていたのである。しかし、その評価はクレッグとは正反対であり、プルーラリズムの再興＝ネオ・プルーラリズムを提唱したわけである[26]。

(3) マルクス主義的潮流の理論的分岐とその背景

　一方、マルクス主義的潮流の研究者の議論が、見たように、理論的に分岐してきている。この動向には、どのような理論上の背景があると見るべきであろうか。

　まず、ケリーは、ティリーの資源動員論が労使関係における団体交渉や制度から労使関係の社会的なプロセスへと注目し直すことに貢献することを強調し

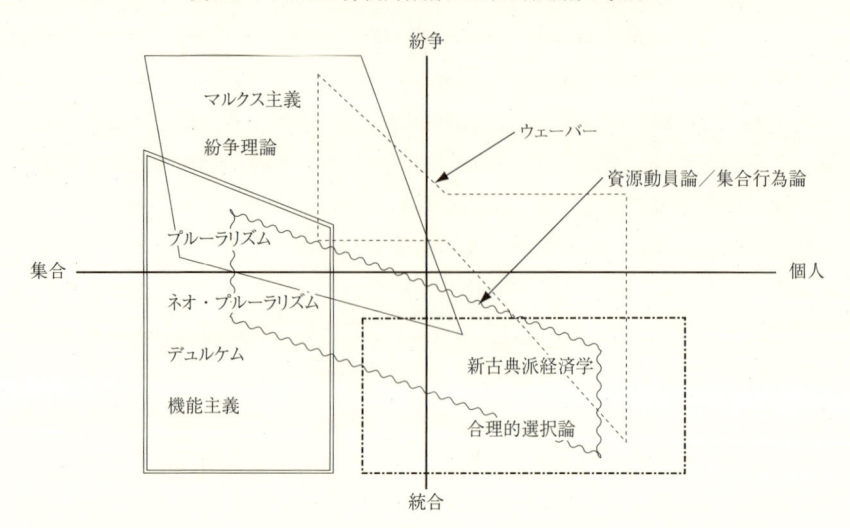

図8-2 イギリス労使関係論における諸理論の象限

（図：縦軸「紛争／統合」、横軸「集合／個人」の四象限。左上象限に「マルクス主義」「紛争理論」、中央付近に「プルーラリズム」「ネオ・プルーラリズム」、左下に「デュルケム」「機能主義」、右上に「ウェーバー」「資源動員論／集合行為論」、右下に「新古典派経済学」「合理的選択論」が配置されている。）

注）本文中の議論などにもとづいて筆者が作成。

ている（Kelly, 1998: 38）。しかしながら、第一に、資源動員論はその内部や、これと集合行動論との論争・批判において、マクロ理論とどのように接合するのかが問題とされてきた経緯があるなかで（片桐、1995: 33-37）、ケリーがミクロ・レヴェルの労使関係における「不正義の感覚・意識」の問題を「労使関係論における中核的な学問的課題」にまで高めようとするのは、いささかバランスを欠いているといわざるをえない。

また、第二に、ケリーは資源動員論の基礎理論と指摘されるマンカー・オルソン（Mancur Olson）の『集合行為論』（Olson, 1965）にたいしては、「個人主義的な前提」による「方法論的個人主義」であり、「自己利益をもった主体」が「効用にもとづく選好」を重視するものとして批判している。また、コリン・クラウチ（Colin Crouch）の『労働組合論――集合行為の論理』（Crouch, 1982）についても、その「集合行為論」は、オルソンよりも精緻ではあるものの、「合理的選択論」の労働組合論への適用であると批判している（Kelly, 1998: 2, 67, 80-81）。しかしながら、先に見たように、ティリーの資源動員論は、ミクロにおける「意志決定過程の精緻なモデル」としてミルを評価しているのであり、ケ

第8章　イギリス労使関係論におけるプルーラリズムとマルクス主義

リーが批判する集合行為論の方法論的個人主義や合理的選択論との相違を過大に評価することはできないように思われる（図8-2を参照）。

　第三に、ケリーは資源動員論を導入することによって古典的な労働運動の衰滅を指摘するポストモダン理論への反論を企図したのであるが、資源動員論はむしろ労働運動論以外の社会運動にたいする説明力をもたせようとしてきたのであり（片桐、1995：37-38）、労働運動論、さらには労使関係論としての議論がどのように可能なのかが問題とされるだろう。事実、政治学におけるプルーラリズムの立場をとるロデリック・マーチンからは、資源動員論によっては「使用者」や「使用者の具体的な戦略」との関係を捉えることができない、と指摘されている（Martin, 1999）。

　第四に、同じくマルクス主義の立場から実証的な研究を蓄積してきているグレガー・ゴール（Gregor Gall）は、ケリーの努力を評価する一方、ケリー自身の以前の著作（Kelly, 1988）の内容を発展させるという方法をとっていないこと、また新しい証拠や議論をともなっていないことなどを批判し、不満の残るものとなっていると論評している（Gall, 1999）。Kelly（1988）は、その前半でマルクス主義者の労働組合論の古典的著作を検討し、後半では当時のイギリス労働運動における実践的な論争を理論的に論じていた。こうした議論とは切断された形で、資源動員論を労使関係論に援用していることを批判しているのである。

　また、リドンによって、ウェッブやコールの理論、フランダースの労働規制論の再評価と、イギリス労使関係論における理論的蓄積の軽視への批判が展開され、労働規制論とマルクス主義との接合が提唱され、同時に、制度論への批判——とくに団体交渉に偏重した制度論への批判——が強調されている。たしかに、理論的な蓄積の軽視への批判や団体交渉に偏重した制度論への批判は妥当であるが、リドンが評価するウェッブやコール、さらにフランダースの労使関係論の理論的な基礎が機能主義、とりわけデュルケム主義であることを確認すれば、それが制度論であることは明らかであり、労働規制論と制度論とは分離しえないであろう[27]。

　他方で、ハイマンはマルクス主義の立場から、1970年代から1980年代にかけてプルーラリズムを内在的に批判し、それがプルーラリズムの側にマルクス主義ないし紛争理論への「親和性」をもたらしたと思われると指摘したが、これは他面でハイマンにプルーラリズムないし制度派への「接近」をもたらしたか

も知れない。事実、ハイマンは「マルクスは必要ではあるが、それだけでは不十分である」という立場へと変化し、さらに、「以前の著作よりも、社会－歴史主義的な制度派の立場へかなり接近している」という評価を受けていることは前述のとおりである[28]。

　要するに、ケリー、リドン、ハイマンの議論はいずれも、マルクス主義は労使関係論における理論としては包括性を有していないことはもちろん、その制度論ないしミクロ・レヴェルやメゾ・レヴェルで有効な理論的な用具を提供しえていないことが示唆されていると解釈できるのである。つまり、ケリーはマルクス主義の"原理論"にもとづいてマルクス主義内在的に発展させるのではなく、「非マルクス主義」の資源動員論を接合しようとし、ハイマンはマルクス主義から制度派ないし唯物論的紛争理論へといくぶんのシフトをおこない、リドンはマルクス主義と労働規制論とのいわば「二元論」の立場をとっている。こうした状況は、マルクス主義の側に、制度化された労使関係の動態分析における理論的な展開・深化を課題として提起しているといえるだろう[29]。

(4) 制度化された労使関係の動態分析とその理論化をめぐって

　プルーラリズムとマルクス主義の労使関係観は、見てきたように、労使関係の性格が本質的に敵対的なものであるのか否か、そしてそこから生じる紛争は制度を通じたプロセスによって解決可能であるのか否かをめぐって回答が異なるものであった。コリン・ウィットン（Colin Whitston）が指摘するように、両者の「相違は、雇用関係の理解、そして雇用関係と階級との結びつきの理解に根をもっている」（Whitston, 2003: 554）し、またケリーが指摘していたように、国家論は大きな相違として残っている。

　とはいえ、「政治的民主主義は、不可避的に、産業民主主義をもたらすであろう」（Webb and Webb, 1897: 842）というウェッブの予言どおり、政治的民主主義においては、「民主主義的な階級闘争」（Lipset, 1960: 230, 300）としての議会制民主主義が形成・確立し、また労使関係の領域においても、「団体交渉を通じた労使紛争の制度化」（Dubin, 1954: 45）が進展し、産業民主主義ないし経済民主主義が形成・確立されてきた。したがって、今日においては、「制度と解決のプロセスの具体性」（Hyman, 1989: 135）の分析・研究の重要性が高まり、労使関係における"紛争"の性格とその土台、"紛争と協調"の相互関係の理論や、"紛

争"の諸形態をめぐる理論や概念がイギリス内外の労使関係論の理論家によって議論され蓄積されてきた。

1950年代から1980年代までの議論を整理して再構成すれば、次のようになるだろう（図8-1を参照）。まず、マルクス主義ないし唯物論の立場から、「資本主義的生産の矛盾に満ちたダイナミクス」と「敵対的な社会の生産関係」（Hyman, 1989: 86, 140）、ないし「構造化された労使（労資）の敵対性」（Edwards, 1986: 14, 36, 55, 134, 324; Hyman, 1989: 125）を土台として把握しようとするものである。そして、ハイマンのいう「労働市場と労働過程の内部における物質的利害の敵対的な構造」（Hyman, 1989: 86）、すなわち、フランダースやフォックスが展開した「市場関係」と「管理関係」とを包含する「雇用関係」を捉える。そのなかで生じる、一方での「日常的なレヴェルでの協調」（Edwards, 2003: 17）をおさえながら、同時に、他方で労使紛争を大別して二つの形態として把握しようとしてきた。すなわち、一つは団体交渉や苦情処理といった「駆け引き的な紛争」（Kerr, 1964: 171）と、ストライキ、ロックアウト、ボイコット、生産制限、政治行動といった「攻撃的な紛争」（Ibid.）とをあわせた集団的な現象である「組織された紛争」（Scott et al., 1963: 39-40, 43, 112, 186-188）、「集団的な労使紛争」（Hyman, 1989: 140）である。いま一つの労使紛争の形態は、転職、無断欠勤、遅刻、規律のゆるみ、消極的な勤務態度などの個人的な現象である「非組織的な紛争」（Scott et al., 1963: 39-40, 112, 181, 186-187, 189）ないし「個人的行動」（Edwards, 1986: 123-133, 248-262）[30]　である。これらの労使紛争──そのうち主として集団的紛争──を対象として、「労使関係の秩序と安定を企図した制度と手続き」（Hyman, 1986: 86）、すなわち、団体交渉、第三者機関や国家を通じた「階級対立の制度化」（ガイガー, 1957: 184-187）、「階級紛争の制度化」（Dahrendorf, 1959: 64-67）ないし「労使紛争の制度化」（Dubin, 1954: 44-46; Fox, 1971: 146-152）が図られている。このようにして、「制度によって解決するプロセス」（Hyman, 1989: 140）として把握することができるだろう。さらに、説得的な理論を構築するには、「制度化、再制度化、制度化への反抗の織りなす弁証法」（Hyman, 1989: 116）を理解しなければならない。

こうした議論は、1950年代から80年代までに展開されたが、1990年代以降はこれらの理論や概念との関連が十分には発展させられていないように思われる。今後さらに、こうしたメゾ・レヴェルの理論ないし「中範囲」の理論を彫琢す

るためには、これまでの理論的蓄積を再検討し、発展させなければならないが、そのことは、イギリス労使関係論におけるプルーラリズム、ネオ・プルーラリズムとマルクス主義や唯物論的な紛争理論が、制度化された労使関係の動態や、その"紛争と協調"の分析と理論化において、理論的に接合ないし統合しうるのか、それともそれぞれの理論の発展という道をたどるのかについての検討をいっそう迫ることになるのではないだろうか。

注

1）19世紀末以降のイギリスにおけるアカデミズム内外の労使関係研究の歴史については、Lyddon（2003: 90-101）を参照。
2）ハイマンによると、労使関係（industrial relations）という言葉が用いられたのは、アメリカでは議会の委員会名称において1912年であり、イギリスでは公的な文書のタイトルとして1926年である（Hyman, 1989: 138）。なお、シドニー・ウェッブがこの語を用いた初期の例の一つと思われるものとしては、グリーンウッドの著書の序文（Greenwood, 1911: 7）がある。
3）戦後のイギリス労使関係論の時期区分については、Ackers and Wilkinson（2003）が、①1954-1968年、②1968-1979年、③1979-1997年、④1997年-現在という区分を示している。本稿の区分も、これと大きくは相違しない。
4）このjob regulationというタームは、後述するように、フランダース（Flanders, 1965）のものである。訳語としては、これまで「職務規制」「職業規制」「仕事の規制」などがあったが、本稿では「労働規制」と訳しておく。なお、それ以前で、これに類似した表現としては、たとえばウェッブ夫妻がその1896年の論文（Webb and Webb, 1896 b）や『産業民主制論』（Webb and Webb, 1897）で産業規制（industrial regulation）という表現を用いている。
5）「オックスフォード学派」に誰が属するかということについては、広狭さまざまな考え方が成立するだろう。本稿では、フランダース、クレッグ、フォックスに代表させている。
6）Flanders and Clegg（1954）に関するレヴューエッセイとして、Brown（1997）を参照。なお、アメリカのジョン・ダンロップによる労使関係論の最初のテキストブックのなかにも、このフランダースとクレッグの編著書への言及が数個所で見られる（Dunlop, 1958: 2, 17, 26, 70, 102, 103, 124, 367）。
7）「団体交渉」（Collective Bargaining）という用語は、ビアトリス・ポッター（のちのビアトリス・ウェッブ）が1891年に初めて用いた（Potter, 1891: 217; Webb and Webb, 1897: 173n）。また、労働組合の主要な三つの規制方法としての「相互保険（Mutual Insurance）」「団体交渉（Collective Bargaining）」「法律制定（Legal Enactment）」は、ウェッブ夫妻の1897年の『産業民主制論』（Webb and Webb, 1897）において全面的に展開されたが、その前年の論文（Webb and Webb, 1896 a）において、この「三つの方法」の定式の初出が見られる（ただし、「法律制定」に相当するものはLegal Regulationsと表現されている）。Lyddon（2003:

第 8 章　イギリス労使関係論におけるプルーラリズムとマルクス主義

97-98）を参照。
8）アラン・フランダース（1910‐1973年）の学問的・政治的な経歴については、Rowley（1998）およびKelly（1999）を参照。第二次大戦前は1930年にドイツの国際社会主義闘争団（ISK）に加入し、1949年までそのイギリス支部に所属し、戦中から戦後にかけてSocialist Commentaryの発行に関与した政治的な経歴が含まれている。
9）フランダースが原文で contracts of employment（or service）といっているものを「雇用契約（ないし雇傭契約）」とした。小宮文人（小宮、2006: 5n, 67）がこのように訳し分けていること、またその根拠を参照した。
10）フランダースは、労使関係とはどのような関係を指すのかについて、Farley, Flanders and Roper（1961）のなかで、「雇用契約」にもとづく「雇用関係」をあげ、また、のちにFlanders（1965）において展開される「市場関係」、「管理関係」、「人間関係」と「集団関係」の四つの用語をすでに使って説明していた。なお、企業が、経済的、政治的、社会的制度という三つの性格を有していること（したがって、それらに対応して市場関係、管理関係、人間関係が形成されること）は、ピーター・ドラッカー（Drucker, 1951: 20-34）が指摘しており、フランダースもこれを参照している（Flanders, 1965: 13）。
11）マイクル・プール（Poole, 1981: 62-70）は、フランダースの労使関係論の理論的な特徴について、①ルールづくりの倫理的な基礎、②ウェッブ夫妻への批判、③労使関係制度をめぐる議論におけるデュルケムの影響、④ダンロップの労使関係システム論の影響、⑤制度への注目、⑥イギリスのプルーラリズムの基礎にあるヴォランタリズムに関する議論の六つの点をあげている。
12）ヒュー・クレッグ（1920‐1995年）の経歴については、Brown（1998）やAckers（2007）を参照。かれの政治的経歴の一部は、1947年までのイギリス共産党員としてのものが含まれる。
13）ただし、クレッグは、のちのハイマンによる批判への応答のなかで、「［亡くなる前の］フランダースにこの問題が提起されれば、『労働規制の制度とプロセス』［という定義］で妥協することを厭わなかったであろう」とのべている（Clegg, 1979: 451）。
14）アラン・フォックス（1920‐2002年）の経歴については、自伝であるFox（1990）およびEdwards（1998）を参照。
15）「プルーラリズムのプルーラリズム」という表現は、ハイマン（Hyman, 1989: 55）が労使関係論内外のプルーラリズム論を検討したときのヘッディングを借用した。
16）フォックス（Fox, 1971: vi）は「本書で扱っている若干のテーマや問題にたいするアプローチは、アラン・フランダースとの長い間にわたるディスカッションに助けられているし、かれは草稿全体に目を通し、たくさんの建設的なコメントをしてくれた」とのべている。
17）リチャード・ハイマン（1942年‐）は、トニー・クリフ（Tony Cliff）をリーダーとし、いわゆる「ソ連＝国家資本主義」論を唱えるトロツキストの国際社会主義者（International Socialists）に所属していた経験をもっている。Hyman（1989: 161）の記述から判断すると、同組織が1977年に社会主義労働者党（Socialist Workers Party）に転換する前後に離れたようである。なお、国際社会主義者や社会主義労働者党のかつてのメンバーや継続したメンバーで、アカデミックな労使関係研究者となった人物は多く、ハイマンのほか、アラン・キャンベル（Alan Campbell）、リチャード・クラウチャー（Richard Croucher）、ラルフ・ダーリントン（Ralph Darlington）、グレガー・ゴール（Gregor Gall）、ジェイムズ・ヒ

ントン (James Hinton)、スティーヴ・ジェフェリーズ (Steve Jefferys)、後述のデイヴ・リドン (Dave Lyddon) などが含まれる。
18) この当時におけるマルクス主義の立場からのプルーラリズムへの批判は、Hyman (1975) のほか、Hyman and Brough (1975: 157-183) に見られる。
19) ジョン・ケリーの政治的な経歴については、Kelly (1988: 3-4) を参照。これによれば、1983年頃、イギリス共産党 (Communist Party of Great Britain) のいわゆる「ユーロコミュニズム」の潮流に属していたが、のち同党内でこれを批判する立場に転じた。現在は、同党の解散 (1991年) 以前の1988年に結成されたイギリス共産党 (Communist Party of Britain) の月刊誌 Communist Review における労働運動論の主要な寄稿者のひとりである。
20) 1980年代と1990年におけるマルクス主義的な研究のなかには、「労働過程論」(Labour Process Theory) もあったが、ケリーは、この理論的潮流も人的資源管理理論と同様に経営側の政策や実践に関心をもつが、労働者の組織や運動を度外視するという点では類似する傾向をもっている、と指摘している (Kelly, 1998: 20)。
21) ロデリック・マーティン (Roderick Martin) は、Kelly (1998) への書評 (Martin, 1999) において、労使関係における理論では、「シェーマティックになりすぎる危険はあるものの、理論的な志向は異なった分析のレヴェル、すなわち、個人、サブシステム、システムを代表している」ものとして、ミクロ・個人レヴェルは新古典派経済学の理論や合理的選択論、またサブ・システム (メゾ・レヴェル) は機能主義、そしてシステム (マクロ・レヴェルないし資本主義のシステム全体) はマルクス主義をあげて、資源動員論はこの三つのアプローチすべてに依拠することによって、統合しうる可能性を示唆しているとしている。なお、ティリー自身は、マーチンのいうように、資源動員論をミクロ、メゾ、マクロを貫く理論として捉えており、そのように展開しているにもかかわらず、ケリーは資源動員論を「ミクロ・レヴェルの労使関係」に応用しようとしているわけである (Kelly, 1998: 2, 38, 127)。
22) ハイマンは、その研究者としての初期から、アメリカとイギリスの社会学――その多くは当然ながら非マルクス主義の社会学――に精通し、実証研究においても、これを用いていた。とりわけ、第一次大戦後の一時期、イギリス最大の労働組合となり、その後、運輸・一般労組 (TGWU) と組織合同した労働者組合 (The Workers' Union) に関する歴史研究の結章 (Hyman, 1971: 173-226) においても、それらの社会学の諸理論を用いた議論を展開している。リドンはこの議論を労使関係の理論研究における「学問的傑作」(Lyddon, 1994: 123; Lyddon, 2003: 110) として高く評価している。
23) レーニンは、ウェッブ夫妻の『産業民主制論』(Webb and Webb, 1897) をロシア語に翻訳し、『イギリス労働組合運動の理論と実践』というタイトルで1900-1901年に出版している。Hammond (1957: 80,149) を参照。
24) イギリスにおける労使関係論の最初のテキストブックは、Richardson (1933) である。また、その著作の改訂版であるRichardson (1954) が、Flanders and Clegg (1954) と同じ年に刊行されており、こちらのほうがカヴァーされている範囲が広い。全体を五つの編にわけ、①職場関係 (人事管理、採用、教育訓練、時間研究、職務分析、労使協議など)、②集団関係 (労働組合、使用者団体、団体交渉など)、③賃金と労働時間、④国家介入 (最低賃金、仲裁、調停、社会保障など)、⑤国際関係 (ILO) となっていた。リチャードソンの著書の影が薄くなり、フランダースとクレッグのものが注目されたのは、前者が記述的で、後者が制度論ながら分析的であったからである。Lyddon (2003: 96) を

第8章　イギリス労使関係論におけるプルーラリズムとマルクス主義

参照。

25) イギリス労使関係論におけるプルーラリズムとマルクス主義との相互関係は、労使関係論におけるイギリス的な特質と見ることができる一方、「機能主義者はいまやますますマルクス主義へと収斂する方向へ動いており、多くのばあい、矛盾を意識しないでそうしている」(Gouldner, 1970: 368) という先進諸国における社会学の共通の傾向でもあったと理解することができる。

26) なお、日本の労働研究における「制度派」の今日的問題の背景に、「制度論の理論的更新への怠慢」と「生活・福祉研究との連携の欠如」があったと指摘する佐口和郎 (2008: 44-45) は、制度派は「制度に体現される社会関係を議論することが制度を論ずること」だと考えていたとして、「労使の敵対性を前提として、そのコンフリクトの妥協として労働にかかわる制度やルールを導くという議論は、マルクス学派の影響であった」とのべている。また、「発展段階論の影響を受け、諸制度は経済・社会構造から必然的に導かれるという立場をとる者も多く存在し」、「労使の敵対性の議論との関係の整理がつけられたとはいえ、理論とは無関係に研究者がどちらかを好み強調するのかという選択になってしまう可能性が残された」としている。「こうした土壌の上に、80年代から90年代にかけてマルクス学派の凋落と、新古典派経済学の応用としての新制度派の台頭というインパクトが生じたのである」と論じている。

27) 周知のように、デュルケムはその『社会学的方法の規準』において、「集合体によって確立された、あらゆる信念や行為様式を制度とよぶことができる。その場合、社会学は、諸制度およびその発生と機能に関する科学と定義されることになる」(デュルケム、1978: 43) とのべている。なお、デュルケムの制度論、とくに制度の生命性、創造と活性化という視点について、中島 (1997) を参照。

28) ハイマンの研究スタンスの変化について示唆しているのは、ネオ・プルーラリズムを提唱しているアッカーズだけではない。マルクス主義的な潮流の内部からも、指摘がある。まず、ケリーは、権力の概念や定義に関する論及がHyman (1975) では見られたが、Hyman (1989) ではなくなっていることと、ハイマンが提起していた労使関係のマルクス主義的研究の三つの目標についての解明も「(とくに1970年代におけるもの)」と限定して注記していること (Kelly, 1998: 9, 20) で読みとることができる。また、グレガー・ゴールも、近年のハイマンの立場は、Hyman (1975) と比べて「いくぶん変化してしまった」(Gall, 2003: 318) と指摘している。

29) もちろん、こうした方向には批判的な見解がある。前出のグレガー・ゴールは、マルクス主義は労使関係論の枠組みのなかには収まりきれないとして、アカデミックなマルクス主義というあり方を否定している (Gall, 2003: 319-321)。

30) 「非組織的紛争」「個人的行動」を労使関係論の対象とするのかどうかということについては見解がわかれている。とくにマルクス主義においては、ハイマンの再定義 (Hyman, 1989: 140) も、ケリーの資源動員論のモデル (Kelly, 1998) においても、「集団的な労使紛争」や「集団の組織」「集団のアクター」「集団の行動」を対象とし、「非組織的紛争」「個人的行動」を対象としていない。これにたいして、社会学者のKerr (1965)、Scott et al. (1954) や「構造化された敵対性」論のEdwards (1986) は、見たように、これを対象としている。

参考文献

Ackers, P. (2002). 'Reframing Employment Relations: The Case for Neo-Pluralism', *Industrial Relations Journal*, vol.33, no.1.

Ackers, P. (2005). 'Theorizing the Employment Relationship: Materialists and Institutionalists', *British Journal of Industrial Relations*, vol.43, no.3.

Ackers, P. (2007) 'Collective Bargaining as Industrial Democracy: Hugh Clegg and the British Industrial Relations Pluralism', *British Journal of Industrial Relations*, vol.45, no.1.

Ackers, P. and Wilkinson, A. (2003). 'Introduction: The British Industrial Relations Tradition—Formation, Breakdown and Salvage', in Ackers, P. and Wilkinson, A. (eds.), *Understanding Work and Employment: Industrial Relations in Transition*, Oxford University Press.

Ackers, P. and Wilkinson, A. (2005). 'The British Industrial Relations Paradigm: A Critical Outline History and Prognosis', *Journal of Industrial Relations*, vol.47, no.4.

Bain, G. and Clegg, H. A. (1974). 'A Strategy for Industrial Relations Research in Great Britain', *British Journal of Industrial Relations*, vol.12, no.1.

Brown, W. (1997). 'The High Tide of Consensus: The System of Industrial Relations in Great Britain (1954) Revisited', *Historical Studies in Industrial Relations*, no.4.

Brown, W. (1998). 'Clegg, Hugh Armstrong (1920-1995)', in Warner, M. (ed.), *The IEBM Handbook of Management Thinking*, Thomson.

Clegg, H. A. (1951). *Industrial Democracy and Nationalization: A Study Prepared for the Fabian Society*, Basil Blackwell.

Clegg, H. A. (1970). *The System of Industrial Relations in Great Britain*. Basil Blackwell.

Clegg, H. A. (1975). 'Pluralism in Industrial Relations', *British Journal of Industrial Relations*, vol.13, no.3.

Clegg, H. A. (1979). *The Changing System of Industrial Relations in Great Britain*, Basil Blackwell. (牧野富夫ほか訳『イギリス労使関係制度の発展』ミネルヴァ書房, 1988年)

Crouch, C. (1982). *Trade Unions: The Logic of Collective Action*, Fontana.

Dahrendorf, R. (1959). *Class and Class Conflict in Industrial Society*, Stanford University Press. (富永健一訳『産業社会における階級および階級闘争』ダイヤモンド社, 1964年)

Drucker, P. (1951). *The New Society: The Anatomy of the Industrial Order*, William Heinemann.

Dubin, R. (1954). 'Constructive Aspects of Industrial Conflict', in Kornhauser, A. et al., *Industrial Conflict*, McGraw-Hill.

Dunlop, J. (1958). *Industrial Relations Systems*, Holt.

デュルケム, E. (1978). 宮島喬訳『社会学的方法の規準』岩波書店.

Edwards, P. (1986). *Conflict at Work: A Materialist Analysis of Work Relations*, Basil Blackwell.

Edwards, P. (1998). 'Alan Fox (1920-)', in Warner, M. (ed.), *The IEBM Handbook of Management Thinking*, Thomson.

Edwards, P. (2003). 'Employment Relationship and the Field of Industrial Relations', in Edwards, P. (ed.), *Industrial Relations: Theory and Practice*, Second Edition, Blackwell.

Farley, R., Flanders, A. and Roper, J. (1961). *Industrial Relations and the British Caribbean*, University of London Press.

Flanders, A. (1965). *Industrial Relations: What is Wrong with the System?*, Faber and Faber. (西岡孝男訳『労使関係論』未来社, 1967年)

Flanders, A. (1975). *Management and Unions: The Theory and Reform of Industrial Relations*, Faber and Faber.

第 8 章　イギリス労使関係論におけるプルーラリズムとマルクス主義

Flanders, A. and Clegg, H. A.（ed.）(1954). *The System of Industrial Relations in Great Britain,* Basil Blackwell.
Fox, A.（1966）. *Industrial Sociology and Industrial Relations, Research Paper 3, Royal Commission on Trade Unions and Employers' Associations,* HMSO.
Fox, A.（1971）. *A Sociology of Work in Industry,* Collier-Macmillan.
Fox, A.（1973）. 'Industrial Relations: A Social Critique of Pluralist Ideology', in Child, J.（ed.）, *Man and Organization,* George Allen and Unwin.
Fox, A.（1974）. *Beyond Contract: Work, Power and Trust Relations,* Faber and Faber.
Fox, A.（1990）. *A Very Late Development: An Autobiography,* Industrial Relations Research Unit, University of Warwick.
Fox, A. and Flanders, A.（1969）. 'The Reform of Collective Bargaining: From Donovan to Durkheim', *British Journal of Industrial Relations,* vol.7, no.2.
Gall, G.（1999）. 'What is to be done with Organised Labour? : John Kelly, Rethinking Industrial Relations: Mobilization, Collectivism and Long Waves', *Historical Materialism: Research in Critical Marxist Theory,* no.5.
Gall, G.（2003）. 'Marxism and Industrial Relations', in Ackers, P. and Wilkinson, A.（eds.）, *Understanding Work and Employment: Industrial Relations in Transition,* Oxford University Press.
ガイガー，T.（1957）.『あたらしい階級社会』誠信書房．
Gouldner, A.（1970）. *The Coming Crisis of Western Sociology,* Basic Books.（岡田直之ほか訳『社会学の再生を求めて』新曜社，1978年）
Greenwood, J. H.（1911）. *The Theory and Practice of Trade Unionism,* The Fabian Socialist Series, no.9.
Hammond, T. T.（1957）. *Lenin on Trade Unions and Revolution 1893-1917,* Columbia University Press.
Hobsbawm, E.（1964）. 'The Fabians Reconsidered', in *Labouring Men: Studies in the History of Labour,* Weidenfeld and Nicolson.（鈴木幹久・永井義雄訳『イギリス労働史研究』ミネルヴァ書房，1968年）
Hyman, R.（1971）. *The Workers' Union,* Clarendon.
Hyman, R.（1975）. *Industrial Relations: A Marxist Introduction,* Macmillan.
Hyman, R.（1989）. *The Political Economy of Industrial Relations: Theory and Practice in a Cold Climate,* Macmillan.
Hyman, R.（2001）. *Understanding European Trade Unionism: Between Market, Class and Society,* Sage.
Hyman, R.（2004）. 'Is Industrial Relations Theory Always Ethnocentric?', in Kaufman, B.（ed.）, *Theoretical Perspectives on Work and the Employment Relationship,* Industrial Relations Research Association.
Hyman, R. and Brough, I.（1975）. *Social Values and Industrial Relations: A Study of Fairness and Equality,* Basil Blackwell.
片桐新自（1995）.『社会運動の中範囲理論——資源動員論からの展開』東京大学出版会．
Kelly, J.（1988）. *Trade Unions and Socialist Politics,* Verso.
Kelly, J.（1998）. *Rethinking Industrial Relations: Mobilization, Collectivism and Long Waves,* Routledge.
Kelly, J.（1999）. 'Social Democracy and Anti-Communism: Allan Flanders and British Industrial Relations in the Early Post-War Period', in Campbell, A. et al.（eds.）, *British Trade Unions and Industrial Politics: The Post-War Compromise, 1945-64,* Ashgate.
Kerr, C.（1964）. *Labor and Management in Industrial Society,* Doubleday.
小宮文人（2006）.『現代イギリス雇用法』信山社．
Lipset, S. M.（1960）. *Political Man: The Social Bases of Politics,* Doubleday.（内山秀夫訳『政治のなかの人間』創元新社，1963年）

Lyddon, D. (1994). 'Industrial-Relations Theory and Labor History', *International Labor and Working-Class History,* no.46.

Lyddon, D. (2003). 'History and Industrial Relations', in Ackers, P. and Wilkinson, A. (eds.), *Understanding Work and Employment,* Oxford University Press.

Martin, R. (1999). 'Mobilization Theory: A New Paradigm of Industrial Relations', *Human Relations,* no.52.

中島道男 (1997).『デュルケムの〈制度〉理論』恒星社厚生閣.

Olson, M. (1965). *The Logic of Collective Action,* Harvard University Press.（依田博ほか訳『集合行為論』ミネルヴァ書房, 1983年）

Poole, M. (1981). *Theories of Trade Unionism,* Routledge and Kegan Paul.

Potter, B. (1891). *The Co-operative Movement in Great Britain,* Swan Sonnenschein and Co.

Richardson, J. H. (1933). *Industrial Relations in Great Britain,* P. S. King and Son.

Richardson, J. H. (1954). *An Introduction to Industrial Relations,* George Allen and Unwin.

Rowley, C. (1998). 'Flanders, Allan David (1910-1973)', in Warner, M. (ed.), *The IEBM Handbook of Management Thinking,* Thomson.

佐口和郎 (2008).「制度派労働研究の現代的価値——社会政策研究との関連で——」『社会政策』（社会政策学会誌）創刊号.

Scott, W. H. et al. (1963). *Coal and Conflict: A Study of Industrial Relations at Collieries,* Liverpool University Press.

Smith, P. (2002). Book Review of Richard Hyman, Understanding European Trade Unionism: Between Market, Class and Society, *Historical Studies in Industrial Relations,* no.13.

Tilly, C. (1978). *From Mobilization to Revolution,* Addison-Wesley.（小林良彰ほか訳『政治変動論』芦書房, 1984年）

Turner, H. A. (1962). *Trade Union Growth, Structure and Policy: A Comparative Study of the Cotton Unions,* George Allen and Unwin.

Webb, S and Webb, B (1896 a). 'The Method of Collective Bargaining', *The Economic Journal,* vol.6, no.21.

Webb, S. and Webb, B. (1896 b). 'Are Trade Unions Benefit Societies?', *Economic Review,* vol.6, no.4.

Webb, S. and Webb, B. (1897). *Industrial Democracy,* Longmans, Green and Co.（高野岩三郎監訳『産業民主制論』復刻版, 法政大学出版局, 1969年）

Whitston, C. (2003). Book Review: Industrial Relations: Theory and Practice (2nd Edition), *Journal of Industrial Relations,* no.45.

第9章　社会運動ユニオニズムの可能性と限界
――形成要因、影響の継続性、制度との関係についての批判的考察

鈴木　玲

はじめに

　本稿は、社会運動ユニオニズム（social movement unionism）について、近年に刊行された文献のレビューに基づいて、批判的視角から論じることを目的とする。筆者は、2005年に発表した論文「社会運動的労働運動とは何か―先行研究に基づいた概念と形成条件の検討」（鈴木 2005）で、社会運動的労働運動（以後、社会運動ユニオニズムと呼ぶ）[1]の先行研究のサーベイをし、社会運動ユニオニズムの定義と形成条件について整理をした。その論文は、社会運動ユニオニズムの定義には4つのお互いに関連しあう側面があると論じた。これらの側面は、（1）既存の労使関係制度の制約の克服と（それに伴う）労働運動の目的の見直し、（2）労働組合と社会運動団体との協力・同盟関係の形成、（3）官僚的な労働組合組織の改革、（4）労働者の草の根の国際連帯、である。また、社会運動ユニオニズムの形成を促進する条件・社会問題として、（1）厳しい経済的・政治的状況への対抗（ブラジルや南アフリカなどの権威主義的開発国家のもとでの労働者居住地域を巻き込んだ労働運動、先進工業国の新自由主義的経済政策・規制緩和政策のもとで守勢に立たされた労働運動の運動目的や組織化対象の見直し）、（2）経済のグローバル化に伴う労働力の国際移動（先進工業国の都市部での移民労働者コミュニティの形成）、（3）労働運動の社会運動化や労働運動と社会運動の協力の契機となる具体的な社会問題（都市問題、環境問題など）を挙げた。この論文の結論は、社会運動ユニオニズムがアメリカやその他の国の労働運動で強い影響力をもつ可能性についてやや懐疑的な見解を述べた。その理由として、ヨーロッパ諸国では労使関係制度により一定の保護を受けている労働組合

が制度を超えた戦略を追求するインセンティブをあまりもたないこと、社会運動ユニオニズムがある程度活発なアメリカでもこの運動路線を取り入れた労働組合は限られ、さらにそれらの組合内部でも運動の転換に抵抗する勢力があること、また南アフリカのように社会運動ユニオニズムが権威主義国家の民主化に貢献をした国では労働運動が政治的に一定の影響力を得ることで制度内化して社会運動的側面が衰退すること、を挙げた。

　本稿は05年の拙稿の結論部分を発展させる形で、社会運動ユニオニズムの形成要因、影響の継続性、制度との関係について、近年刊行された社会運動ユニオニズムや労働運動再活性化に関する文献に基づき、批判的な視角から検討する。なぜ社会運動ユニオニズムを「批判的」視角から検討する必要があるのか。ここで「批判的」というのは英語で"critical"という意味であり、社会運動ユニオニズム自体を否定するのではなく、社会運動ユニオニズムの可能性を認めつつもその限界についても考察することを意味する。批判的な検討が必要なのは、主に2つの理由からである。第一に、社会運動ユニオニズムが相対的に活発であるとされるアメリカ労働運動においても新しいスタイルのユニオニズムの広がりの限界が認識され始めたことである。1995年のAFL-CIOのジョン・スウィーニー執行部発足以降、多くのアメリカの労働運動の研究は、社会運動ユニオニズムの広がりや労働運動再活性化について相対的に楽観的な前提に立っていた（例えば、Bronfenbrenner and Juravich 1998; Voss and Sherman 2000; Milkman and Wong 2001）。しかし、95年以降も組合組織率や組合員数は伸び悩み、2005年にはより積極的な組織化戦略を呼びかけてSEIU、UNITE-HEREなど4つの組合がAFL-CIOを脱退しCTWを結成した[2]。SEIUはCTW結成で主導的役割を果たし、社会運動ユニオニズムを最も積極的に活動スタイルに取り入れたとされるが、同労組のトップ・ダウン的なローカル組合[3]の統廃合による組織の官僚化やトップリーダー（アンディ・スターン）の経営者とのパートナーシップへの傾斜などの問題点が指摘されている（Moody 2007; Early 2009）。

　第二の理由は、社会運動ユニオニズムの可能性と限界に関する考察が、これまでの研究では不十分だと考えられることである。例えば、社会運動ユニオニズムの影響力の基盤についての考察は、これまで体系的に行われてこなかった。労働組合の影響力は、通常労働組合の職場や企業あるいは労働市場での交渉力を基盤とする。他方、社会運動ユニオニズムは職場や労働市場での経済的交渉

力よりも、労働組合と社会運動団体の連携・協力関係を通じた社会的影響力を重視する。先行研究の多くは、社会的影響力を発揮する機会となる労働・社会運動の連携関係の多様な形態について考察するものの（例えば、Tattersall 2006)、このような影響力が依拠している基盤について体系的な考察を行っていない。労働組合の経済的交渉力が労働力の供給のコントロールという構造的な基盤をもつのに対し、社会運動ユニオニズムが行使する影響力は労働組合が地域社会・市民社会から連帯や支持を得られる程度に依拠しているため、後者は前者よりも不安定な基盤に依拠しているといえる。このような視点から、社会運動ユニオニズムの可能性と限界について検討する必要があるのではないだろうか。また、先行研究は社会運動ユニオニズムの「運動」の側面に注意を向け、既存の制度（例えば、労使関係制度、国家や自治体レベルの政治制度など）を克服する対象とみなし、運動と制度の相互関係に関する問題にあまり関心をもたない傾向にあった。どのような制度的な条件の下、社会運動ユニオニズムの発展が促進され、あるいは阻害されるのか。社会運動ユニオニズムは、どのように既存の制度のあり方を変えていくのか。このような問題を検討することで、社会運動ユニオニズムの広がりの可能性と限界がより明確になると考えられる。

本稿は以下の第1節で、近年刊行された社会運動ユニオニズムあるいは労働運動再活性化[4]に関する主な文献（とくに05年の拙稿がカバーしなかったもの、それ以降に刊行されたもの）を概観し、そこからみえてくる論点をまとめる。これらの文献は主にアメリカ労働運動の事例を扱ったものであるが、一部はアメリカの労働運動を国際比較の視点から論じている。第2節は、文献レビューが示唆する論点や問題点に基づき、社会運動ユニオニズムの形成要因、影響力の継続性、制度との関係について、それぞれ批判的な視角から考察する。

1　社会運動ユニオニズムに関する主要文献のレビュー

2000年代半ば前後で刊行された社会運動ユニオニズムに関する文献で最も注目をされ、また論争を呼んだ著書は、Ruth Milkmanの*L.A. Story*（Milkman 2006）であろう。この本は、ロサンジェルスの労働運動に焦点をあて、ヒスパニック系移民労働者を主体とした労働運動が1990年代以降の同市の労働運動の再活性化に貢献したと論じ、労働運動が活発化するに至った歴史的経緯を分析した。彼

女によると、移民労働者を主体とした労働運動が再活性化に貢献した理由は、主に２つある。第一に、移民労働者が職場・職業集団や居住地区を通じて社会的ネットワークを形成して、労働組合の組織化の働きかけに対して積極的に呼応したことである。第二に、これらの移民労働者を組織化したSEIUなどの旧AFL系の労働組合が、既存の企業を単位とした労働組合承認制度の枠組みにとらわれずに、特定の地域の同じ職業に就く労働者を組織化して「賃金を市場から排除する」ことに成功したことである。またMilkmanは、移民労働者の組織化には、一般組合員（rank and file members）の動員を重視した「ボトム・アップ」の活動だけでは不十分で、組合の幹部や役員主導で「トップ・ダウン」的な戦略的な組織化も同時に必要であると論じ、「トップ・ダウン」戦略を重視するCTWやSEIUなど他のCTW系労働組合が労働運動性活性化に果たす役割に期待をよせた（Milkman［2006］の書評については、鈴木［2007b］を参照）。

　Milkmanの研究が労働運動の再活性化を相対的に楽観視しているのに対し、Steven Lopez の *Reorganizing the Rust Belt*［脱工業化地帯を再組織化する］（Lopez 2004）は、ピッツバーグのSEIUのローカル組合（ローカルＡ）の事例研究を通じ、労働組合がビジネスユニオニズムから社会運動ユニオニズムに変容する際には困難が伴うことを指摘した。彼が指摘した困難は、組織化の対象となる労働者が労働運動に対して必ずしも好意的ではないこと、組合指導部がとる社会運動ユニオニズム戦略に対して組合員が必ずしも理解を示さないこと、そして労働運動を敵視し抑圧しようとする企業経営者と対決しなくてはならないこと、である。Lopezは、ローカルＡがこれらの困難をどのように克服したのか（あるいは克服する過程にあるのか）を、民間介護施設で働く介護労働者の組織化の失敗と成功事例、公営介護施設の民営化計画を組合員の動員と住民運動との連携により阻止した事例、郡政府との協約改定交渉でローカルＡが交渉相手に圧力をかけるため組合員の動員を重視する戦略をとったものの「ビジネスユニオニズム」に慣れた組合員の反応が消極的であった事例を通じて検討した。この研究が扱ったもう一つの事例は、ペンシルバニア州レベルのSEIUと同州だけで20の施設を経営する介護施設の大手企業との組合潰しをめぐる闘いである。SEIUは、社会運動ユニオニズムの戦略（組合潰しの対象になった施設で働く組合員のストライキ・ピケット・集会への動員や、地域社会や地方議会への働きかけによる闘争に対する社会・政治的支援の獲得など）をとり、1年半にわたる闘いの結果、組

第9章　社会運動ユニオニズムの可能性と限界

合潰しを阻止して新たな労働協約を勝ち取った。Lopezは、労働組合の直面する困難を解決する能力が社会運動ユニオニズムの長期的な発展に重要であること、そしてこの研究の事例であるローカルAや州レベルのSEIUがそのような能力をもっていると論じた。

　社会運動ユニオニズムの重要な指標の一つは、「既存の労使関係制度の制約の克服」である。アメリカの既存の制度の下での組合承認は、全米労働関係委員会（NLRB）が交渉単位（多くの場合は1つの工場や職場）で実施する選挙で過半数の賛成を得ることを求めるが、この方式は組合にとって非常に不利である。なぜなら、経営者は選挙期間中に反組合宣伝を実施し、上司が部下に対して組合に賛成票を入れないように圧力をかけることができるからである。そのため、一部の労働組合は、労働者や地域の支援者を動員してNLRB選挙を経ずに組合を承認するよう経営者に対して圧力をかける戦略をとり、既存の制度の制約の克服を目指すようになった。Andrew Martinの論文 "The Institutional Logic of Union Organizing and the Effectiveness of Social Movement Repertoires"［組合組織化の制度的論理と社会運動レパートリーの効果］（Martin 2008）は、NLRB承認選挙を経ない組合組織化約90事例のデータを使った初めての本格的な実証研究であった。Martinの研究は、7つの全国組合から抽出されたそれぞれ10のローカル組合（合計70組合のサンプル）を対象とし、NLRB承認選挙を経た組織化の実施数が承認選挙を経ない組織化の実施数よりも多いものの、組織化の成功率では後者のほうが前者よりも高いこと、そして後者の組織化の実施がSEIUとHEREの一部のローカル組合に集中していることを発見した。他方、製造業部門のUAWやUSWAのローカル組合は、NLRB承認選挙を経ない組織化を全く実施していないだけでなく、NLRB承認選挙による組織化を含めた組織化活動全般に対して消極的である。また、MartinはNLRB選挙を経ない組織化が一般組合員のデモへの動員、市民的不服従、社会運動団体との連携や政治家の支援などの社会運動のレパートリーを伴うことを指摘した。そして、労働運動を含む社会運動の制度化が運動の「成熟化」の不可避な側面であるとする先行研究で広く受け入れられてきた前提に対し、社会運動は運動内外の状況しだいで逆のプロセス、すなわち「脱制度化」（deinstitutionalization）戦略をとる場合もあると論じた。

　Kim Moodyの最近の著書 *U.S. Labor in Trouble and Transition*［アメリカ労働運動の困難と変容］（Moody 2007）は、これまで挙げた3つの研究と比較してアメリカ

の労働運動の状況に対して厳しい評価をした。Moody は1997年の著書 *Workers in A Lean World* [リーンな世界における労働] (Moody 1997) で新自由主義経済下のグローバリゼーションおよび生産現場や職場でのリーン生産方式の導入で労働運動をめぐる環境が厳しくなっているものの、活動家や一般組合員がビジネスユニオニズムや組合組織の官僚化を克服するための活動を活発化していると指摘し、これらの草の根レベルの労働組合の再活性化を目指した諸活動を社会運動ユニオニズムの枠組みで説明した。彼が同書で示した社会運動ユニオニズムの定義(一般組合員の力を引き出すための組合民主主義、団体交渉や職場での戦闘性、既存の政党から独立した政治活動、他の労働者組織、住民運動団体、社会運動などとの連携の模索 [Moody 1997: 4-5])は規範的であるものの、多くの労働研究者が彼の定義を少なくとも部分的に取り入れたという意味で、その後のアメリカの労働運動の再活性化研究に大きな影響を与えたとされる (Schiavone 2007: 280)。しかし Moody の2007年の著書は、アメリカ労働運動の分析にあたって社会運動ユニオニズムの概念をほとんど使っていない。なぜなら、1990年代以降のアメリカの労働運動の再活性化の試み(AFL-CIOのスウィーニー執行部による改革、労働組合の合併による組織強化、強力な組織拡大戦略を主張するCTW系労組のAFL-CIOからの脱退など)は、職場レベル一般組合員の力に頼らずにトップ・ダウンで進められたからである[5]。また、MoodyはMilkmanやLopezとは対照的に、SEIUの組合の運営が企業経営をモデルとした官僚的なもの(bureaucratic corporate unionism)である論じ、その組織力や交渉力が職場の労働者の力ではなく職場から遠く離れた組合官僚に支えられた「浅い」ものになっていると批判した。

Lowell TurnerとDaniel Cornfield編著 *Labor in the New Urban Battleground* [都市という新たな闘争の場における労働] (Turner and Cornfield, eds., 2007) は、都市(アメリカ8都市とヨーロッパ3都市)を分析対象とし、それぞれの都市の労働運動がどの程度社会運動ユニオニズムに移行しているのかを、労働運動と地域の社会運動の同盟関係の形成に注目して検討した。本書の事例のなかで、社会運動ユニオニズムが発達した都市はロサンジェルス、サンノゼ、シアトル、バッファロー、ロンドン、ハンブルクであり、あまり発達していない都市はニューヨーク、ボストン、マイアミ、ナッシュビル、フランクフルトである。共編著者の一人のCornfieldは、都市型社会運動ユニオニズムがサービス産業で働く低賃金労働者を組織化の対象とし、これらの労働者やその家族の社会的アイデンティティを

重視すると論じた。また、都市が労働運動の組織化と社会運動との同盟関係を促進する空間を提供していると論じ、その理由として都市における主要産業であるサービス産業では、サービスの「生産者」としての労働者とサービスの「消費者」としての住民があまり地理的に分離していないために、「生産者」と「消費者」との結びつきやすいことを挙げた。彼は、このような都市型社会運動ユニオニズムの発展がアメリカ労働運動史における「第三の画期的な時期」(第一の時期が19世紀末のクラフト・ユニオニズムの発展、第二の時期が1930年代半ば以降の産業別組合主義の発展)であると論じた (Cornfield 2007)。Cornfieldがマクロ的視点から都市型社会運動ユニオニズムを論じたのに対し、もう一人の共編著者のTurnerは「機会」と「主体」という中範囲理論の枠組みを使い、社会運動ユニオニズムの発展の程度が同書の対象事例の都市の間で異なる理由を説明した。社会運動ユニオニズムを促進する「機会」は、制度的側面では労働組合が都市の既存の権力構造に埋め込まれていないこと[6]、市民社会的側面では都市住民の社会的ネットワークが発達していることである。しかし、このような「機会」が社会運動ユニオニズムの発展に直接結びつくのではなく、労働運動の政策選択という「主体」によって媒介される。すなわち、有利な「機会」が客観的に存在しても、労働運動のリーダーが既存の組合路線を変更する戦略的選択を行わなければ、社会運動ユニオニズムは発達しない。逆に「機会」が必ずしも有利でなくても、「主体」であるリーダーが革新的政策を選択する資質(例えば、過去の社会運動の活動経験により労働運動と社会運動との同盟関係の形成に積極的であること)をもっているなら、社会運動ユニオニズムは発達する可能性もある (Turner 2007)。このように本書は、社会運動ユニオニズムがアメリカの都市間で均一的に発達しなかったこと、そして発達に有利あるいは不利な制度的条件を示した。

　社会運動ユニオニズム研究は北米(とくにアメリカ)の事例[7]が中心で、北米以外の国との体系的な国際比較はこれまでほとんど行われていなかった。Jennifer Chunはアメリカと韓国の社会運動ユニオニズムを同じ分析枠組みを使い体系的に比較し、先行研究が見落としがちである社会運動ユニオニズムを形成する広義の構造的要因や国ごとの多様性を指摘した。Chunの論点は大きく分けて2点ある。第一に、アメリカや韓国の社会運動ユニオニズムの発展の構造的背景には、経済の新自由主義経済化に伴う労働市場の分断 (split labor market）の進行、とくに労働市場の下層部分（lower-tier）の量的な拡大がある。下層部分を占める労働者（アメリカではアフリカ系・ヒスパニック系アメリカ人や移民労働者、韓国では女性労働者）は、経済的にも社会的にもマージナルな立場にあったが、一部の労働組合や社会運動団体から支援を受けて劣悪な労働条件や強まる搾取関係に異議を唱える運動を始めた（Chun 2008a）。第二に、これらの労働者は労働市場で不利な立場にいるため経営者に対して経済的影響力を行使することが難しい。そのため、自分たちの劣悪な労働条件や搾取の状態が経済的だけでなく社会的に不正義であると訴えて支援者や市民一般の支持や共感を勝ち取る戦略、すなわち「シンボル的影響力」（symbolic leverage）の行使を行う（Chun 2005, 2008a）。これらの論点に基づき、彼女はアメリカと韓国のサービス産業で働く労働者（米韓の大学構内を清掃するジャニター、ロサンジェルスの在宅介護労働者、韓国のゴルフ場で働くキャディ）が展開した運動を比較した（Chun 2005, 2006, 2008b, 2009）。

　これまでレビューをした2000年代半ば以降の研究は、社会運動ユニオニズムの広がりや労働運動の再活性化の展望について、2000年前後の研究に比べて慎重な評価をした。このような評価は、Lopezの研究が指摘した社会運動ユニオニズムへの移行が直面する困難、MoodyのSEIUの官僚主義的運営に対する厳しい批判、あるいはNLRBの組合承認選挙を経ない組織化の採用がSEIUやHEREの一部のローカル組合に限られているというMartinの指摘、などによって示された。また、社会運動ユニオニズムにおいてSEIUが果たす役割については評価が大きく分かれた。Milkmanは、SEIUがアメリカの社会運動ユニオニズムの主導的な役割を担っているとして評価した。CornfieldもCTWやSEIUなどのCTW加盟組合の組織化戦略が都市型社会運動ユニオニズムの発展に結びつく可能性を指摘した（Cornfield 2007: 238-242）。また、LopezはSEIUの組織問題を認めつつも、SEIUがそれらの問題を克服して社会運動ユニオニズムに近づく可能性があると論じた。他方、職場レベルでの一般組合員の力を重視するMoodyは、スタッフ主導でトップ・ダウン的に運営されているSEIUが社会運動ユニオニズムの発展を阻害していると論じた。SEIUの運営や活動についての詳しい検証は本稿の範囲外であるが、対照的な評価の背景には、先行研究が注目した時期の違い（90年代半ば以前、SEIUには社会運動ユニオニズム的側面と中央集権的側面が混在して

いたが、それ以降は後者の側面が強まったとされる［Moody 2007: 186-189］)、研究対象のローカル組合の違い（ローカル組合によって社会運動ユニオニズムへの志向の強弱が異なる）、あるいはスタッフ主導であるものの一般組合員や支援者の動員を伴う組織化戦略を「社会運動的」と評価するか否かという問題、などがあると考えられる。

2 社会運動ユニオニズムの批判的視角からの考察

　第2節は、第1節でレビューした文献やその他の先行研究に基づき、社会運動ユニオニズムの可能性と限界について、その形成要因、影響力の継続性、制度との関係という観点から考察をする。考察は主にアメリカの事例に基づくが、韓国の社会運動ユニオニズムの事例も考察の対象に含む。複数の国の事例の考察は、先行研究の関心が集中したアメリカの事例を相対化し、社会運動ユニオニズムのより広い文脈からの検討を可能にする。

(1) 社会運動ユニオニズムの形成要因

　多くの先行研究が指摘するように、労働運動が置かれている状況が新自由主義経済の影響により厳しくなったことは、先進工業国における社会運動ユニオニズムの形成の契機となった。すなわち、1980年代初め以降に本格化した経済のグローバル化とそれに伴う新自由主義に基づいた経済政策や規制緩和政策などにより、これまで労働組合の主要な基盤であった製造業の雇用が工場の海外移転や非中核部門のアウトソーシングにより減少した。他方、サービス部門や製造業のアウトソーシング先である下請け部門での低賃金・不安定雇用が増加した。このような状況のもと、経営者や政府は労働組合に対して賃金や労働条件の水準引き下げなどの譲歩を求め圧力を強め、労働組合は労使関係において守勢に立たされた。さらに、労働運動の政治的同盟者であった左派あるいは中道左派政党も、新自由主義に基づいた政策を志向するようになり、労働運動と距離を置くようになった。そのため、アメリカやカナダなどの先進工業国の労働運動の一部は、運動の目的を労使関係制度の枠組みを超えた広義なものに再定義し、積極的な方法で未組織労働者を組織化し、あるいは社会運動団体と同盟・協力関係を結ぶ社会運動ユニオニズムを志向するようになった（鈴木

2005: 10頁参照)。

　新自由主義経済の影響というマクロ的要因は直接社会運動ユニオニズムの形成に結びつくわけではなく、さまざまな要因に媒介される。国ごとの違いを説明するうえで最も重要だと考えられるのは、既存の労使関係制度が新自由主義経済の影響に対してどの程度「バッファー」の役割を果たしているのかという制度的要因である。新自由主義経済の影響はどの国においても労使関係の権力バランスを使用者に有利にする形で表れたが、ドイツなどのいわゆる「コーディネートされた市場経済」（ＣＭＥｓ＝［coordinated market economies］）諸国では労使の権力バランスの大きな変化は起きていない。なぜなら、これらの国の労働組合は既存の労使関係制度から一定の保護を受けているからである。そのため労働運動は、制度を超えた形で社会運動ユニオニズムを追求するのではなく、これまで労働組合の存在が弱かった部門に労使関係制度を拡大することにより再活性化を図る（Annesley 2006; Hyman 2004; 鈴木 2005: 12頁を参照）。他方、アメリカのような「自由な市場経済」（ＬＭＥ＝［liberal market economies］）諸国では、「バッファー」としての制度の機能が弱く、労働運動は新自由主義経済の影響を直接受けた。そのため、労使の権力バランスに大きな変化が起き、労働運動は社会運動ユニオニズムなどの再活性化戦略を模索する必要に迫られた。

　アメリカや韓国[8]などのＬＭＥ諸国の労働運動で、社会運動ユニオニズムの形成を促進した要因は何か。第１節でレビューした先行研究のうち、Milkmanはロサンジェルスにおける社会運動ユニオニズムの形成をヒスパニック系移民労働者の増加と旧AFL系労働組合の柔軟な組織化戦略に結びつけて論じた。彼女はさらに、ロサンジェルスの労働運動を再活性化させた要因が全米に広がっていると論じた。その理由として、南カリフォルニアにこれまで集中していたヒスパニック系の移民が地理的に分散化を始めていること、アメリカ労働運動の中心的勢力が脱工業化により製造業を基盤とした旧CIO系の組合からサービス産業を基盤としたSEIUなどの旧AFL系の組合とその連合体であるCTWにシフトしていることを挙げた（Milkman 2005: 189）。しかし、移民労働者の増加は、必ずしも社会運動ユニオニズムの形成要因とはならない。ロサンジェルスと同様に多くの移民労働者が働き、これらの労働者どうしの社会的ネットワークが発達しているニューヨーク市では、社会運動ユニオニズムは発達していない。Immanuel Nessは、同市の移民労働者の組織化の研究で、労働組合が保守的で移

民労働者の組織化に熱心ではないことを指摘し、移民労働者の組織化に着手した場合でも組合間の競合の結果、組織化に失敗した事例（韓国系青果店で働くメキシコ人労働者の組織化）、組織化に成功したものの経営者と結んだ労働協約が移民労働者の利益を代表しない事例（スーパーマーケットの配達夫として働く西アフリカ出身の労働者）を挙げた（Ness 2005）。それぞれの組織化には、商業・食品関連の全国組織であるUFCWの2つのローカル組合が関与した。UFCWは、サービス産業を基盤とする組合の一つで、SEIUと同様にCTWにも属している。しかし、どちらのローカル組合も保守的なリーダーにより運営され、Milkmanが期待するような戦略、すなわち移民労働者を動員するボトム・アップ戦略と組合主導のトップ・ダウン戦略の効率的に組み合わせた組織化、あるいは特定の地域で同じ職業で働く労働者を包括的に組織化する戦略をとらなかった。

　アメリカと韓国を比較したChunの研究は、労働市場の分断という分析概念によって社会運動ユニオニズムを分析し、移民労働者の増加だけがその形成要因ではないことを示唆した。Chunによると、アメリカでも韓国でも既存の労働運動は労働市場の分断を利用し、労働市場の上層部分（upper-tier）で組織化された労働者の利益を、下層部分（lower-tier）で働く労働者を労働組合から排除することによって守ってきた。しかし、アメリカでは1970年代以降、韓国では1990年代以降の新自由主義的グローバリゼーションにより、国家や経営者は上層部分の労働者の労働条件の水準低下を狙い労働組合に対する攻撃を強め、同時に労働市場の柔軟化戦略を追求した。その結果、労働市場の下層部分において劣悪な雇用・労働条件で働く労働者が、アメリカではマイノリティや移民労働者、韓国では女性労働者を中心に増加した。上層部分の縮小により、労働運動は組織率を減らしただけでなく、その排他性により社会全体における正当性も弱めた（Chun 2008a）。すなわち、労働市場の分断に基づいた労働運動の排他的戦略は、行き詰まったのである。

　他方、これまで労働運動から排除されていた下層部分の労働者は、劣悪な雇用・労働条件や上層部分の労働者の利益のみを擁護する労働運動の主流に対して異議を唱え始めた。アメリカの移民労働者や韓国の非正規女性労働者は、それぞれの国の社会運動（アメリカでは60年代、70年代の公民権運動や移民農業労働者［UFW］の運動、韓国では70年代、80年代の民主化運動と女性労働者の運動）の経験者の支援を受けて、下層部分の労働者を労働組合に組織化することで社会

運動ユニオニズムを形成していった。Chunによると、アメリカの場合、SEIUなど下層部分の労働者の組織化を重視する組合は、コミュニティを巻き込んだ組織化や反企業キャンペーンなど社会運動の手法を導入し（その典型的事例が「ジャニターに正義を（Justice for Janitors）」キャンペーン）、革新的な組織化戦略を策定・実施するためにUFWなどで活動経験をもつオルガナイザーを採用した。韓国では、97年のIMF危機以降の雇用の非正規化や労働条件の大幅な低下を経験した女性労働者が、彼女らの利益を積極的に代表しようとしない既存の労働組合を批判して女性だけの労働組合を結成した。女性組合は、臨時職、パート、下請け労働者などの非正規労働者を中心に地域を基盤に組織し、雇用問題だけでなくハラスメントや保育施設などの女性労働をめぐる社会問題にも取り組んだ（Chun 2008a, 2008b, 2005; クー 2004: 274）。このように社会運動ユニオニズムの具体的な現れ方が両国で異なったものの、Chunの比較研究は新自由主義経済が分断された労働市場の上層と下層部分の軋轢を強め、新たな運動を生み出す契機となった点で両国が共通していると指摘した。ただし、「新たな運動」がどの程度持続的な影響力をもち、広がりをみせるのかについては、議論の余地がある。この点については次項以下で検討する。

(2) 社会運動ユニオニズムの影響力の継続性

社会運動ユニオニズムの最も重要な特徴は、労働運動が経営者に対する影響力の行使を労働者の職場や労働市場での交渉力よりも、労使間の紛争を労働問題ではなく社会問題として捉えなおし、それを地域や社会に説得的に訴える能力に頼っていることである。具体的には、労働運動は労使紛争における労働者の立場について地域住民や社会一般から支援や共感を得て、住民運動や社会運動団体と協力・同盟関係を結び、労働者側が有利な労使紛争の解決をするように経営者に社会的圧力をかける。このような社会的影響力の行使は、必ずしも労働運動の「強さ」を反映したものではく、職場など経済領域での労働者の弱い交渉力を補うための手段である場合が多い。なぜなら、社会運動ユニオニズムの主な対象となる労働者は、労働市場や職場での交渉力が弱い低賃金・不安定雇用労働者、すなわち分断された労働市場の下層部分の労働者だからである。

Beverly Silverによると、労働者は3種類の交渉力をもっている。労働者が労働市場での交渉力（market place bargaining power）をもつのは、労働者が希少な技能を

もっているとき、あるいは失業率が低いときなどである。労働者が職場での交渉力（workplace bargaining power）をもつのは、製造業の組み立てラインのように複雑な分業体制で、少数の労働者が一つの工程を停止することで全工程を停止させることが可能なときなどである（Silver 2003: 13）。新自由主義経済下のサービス部門や製造業の下請け部門で働く移民労働者あるいは女性労働者の大部分は、これらの交渉力をもつことは困難だといえる。労働市場や職場での交渉力をもたない労働者は、何によって賃金や労働条件の不満の解決を経営者に迫ることができるのか。Silverは、アソシエーション的交渉力（associational bargaining power）を第三の労働者の交渉力として挙げた。アソシエーション的交渉力は、一般的には労働者が労働組合、労働者政党、従業員代表制度、場合によってコミュニティ組織などの労働者の利益を代表する団体や組織を結成することで発揮できる影響力を指す（Wright 2000: 962も参照）。Silverによると、繊維産業の労働者は歴史的に職場や労働市場で強い交渉力をもたなかったものの、これらの交渉力の欠如がアソシエーション的交渉力で補われた。例えば、19世紀末のイギリスの繊維労働者は強力な労働組合を結成してストライキを行い、経営者から譲歩を引き出すことができた。20世紀初頭のインドと中国の繊維労働者の労働運動は、植民地解放運動と同盟関係を組むことで労働条件向上を図った。彼女は、このような繊維労働者の運動が21世紀初頭の生産者サービス業で働く低賃金労働者の運動と類似していると指摘する。なぜなら、これらのサービス部門労働者は、職場や労働市場での弱い交渉力を、コミュニティを基盤とした組織化（労働運動とコミュニティ組織との連携）によるアソシエーション的交渉力により補完したからである。その事例として、アメリカの多くの都市で展開された「ジャニターに正義を」キャンペーンや生活賃金運動（the Living Wage Campaign）が挙げられた（Silver 2003: 14, 94, 110,172; 鈴木2009: 34-35頁）。

　Jennifer Chunは前掲の社会運動ユニオニズムの米韓比較研究で、アソシエーション的交渉力を通じた労働者の訴えの内容に焦点を当て、「シンボル的影響力」というやや抽象的な概念を提起した。シンボル的影響力は、経済的・社会的不正義の理解（あるいは言説）を運動当事者と社会一般が共有することで生まれる。すなわち、低賃金・不安定雇用労働者は、彼ら・彼女らの置かれた経済的に厳しい状況を社会規範に反する社会的に不正義、不公正なものでもあると訴え、それが広く社会から受け入れられた場合、労働者の社会的・政治的・

経済的に不利な立場を有利なものに転換することができるとされる。労働者はこのようなシンボル的影響力を行使することで、低賃金の雇用戦略を追求する経営者の正当性、新自由主義的経済政策を追求する国家の正当性、あるいは労働市場でマージナルな立場にいる労働者を守ろうとしない既存の労働運動の正当性を弱めることができる（Chun 2005, 2008a）。アメリカと韓国の大学（アメリカは南カリフォルニア大学とハーバード大学、韓国はイナ大学とソウル国立大学）で働くジャニターの比較研究によると、大学から清掃業務を請け負った会社で雇われたジャニターの賃金や労働条件は、大学の直接雇用のときよりも低下した。そのため、ジャニターたちは大学当局や清掃請負業者と交渉するためにHEREやSEIUのローカル組合、女性組合、学生運動団体、社会運動などの支援を受けながら労働組合を結成してアソシエーション的交渉力を行使した。さらにジャニターたちは、自分たちが移民労働者（アメリカ）、中高年女性労働者（韓国）という社会的マージナルな立場にいること、しかし豊富な財政力をもち社会的・法的な規範を守るべきである大学が社会的にマージナルな立場にいるジャニターを低賃金（場合によっては法定最低賃金以下）で搾取していることを大学内外で訴えるシンボル的影響力を行使した。4つの事例とも、最終的に大学当局は社会的批判を受けることを避けるため、組合との交渉に応じてジャニターの要求に譲歩をした（Chun 2005）。また個人請負労働者の被雇用者としての地位と団結権を獲得する闘争の比較研究で、Chunはロサンジェルスの在宅介護労働者と韓国のゴルフ場で働くキャディがそれぞれSEIUのローカル組合と女性組合の活動家の支援を受けてアソシエーション的交渉力を行使するとともに、介護労働の質や安全性に対する郡政府の責任および介護労働者やキャディたち労働者性を認めない行政当局あるいは経営者の不法性・非道徳性を社会に広く訴えて、シンボル的影響力を行使したと指摘した（Chun 2006, 2009）。

　Chunの研究は、シンボル的影響力に焦点を当てることで、社会運動ユニオニズムが弱い経済的交渉力を代替的な交渉力・影響力で補完した具体的なプロセスとともに、代替的な力に頼る社会運動ユニオニズムが継続的に影響力をもつことの難しさも示したといえる。彼女の研究を含め多くの社会運動ユニオニズムの事例研究は、労使紛争が労働者に有利な条件で解決された時点で検討を終えて、事例を運動の成功例とみなす傾向にある[9]。しかし、「内在的」な労働市場や職場での交渉力に頼る既存の労働運動とは異なり、社会運動ユニオニ

ズムは住民・社会運動団体との連携・協力関係や労働者の不正義・不公正の訴えの社会一般での受容という「外在的」な交渉力・影響力に頼っている。経済という構造的な基盤に（程度の差はあれ）頼ることができる内在的な交渉力と比べ、外在的な交渉力・影響力の基盤は脆弱であるといえる。なぜなら、労働争議を闘う労働組合が住民・社会運動団体と形成した連携・協力関係（アソシエーション的交渉力）は、仮に争議解決後も続いたとしても存在意義が薄くなるからである。また、労働者がシンボル的影響力を行使して、自分たちの劣悪な雇用・労働条件が社会規範に反するものとして社会一般から広い共感を受けたとしても、商業メディアが競って大衆の関心を引こうとしている状況では、その共感は一時的なものになる傾向にある（Webster et. al., 2008.:12）。

　アソシエーション的交渉力やシンボル的影響力が相対的に長期に維持される条件の一つは、労働者の訴えを受け止める地域の住民が労使紛争の争点を自分たちの利害にかかわる問題として捉えることである。典型的な事例は、地方自治体労働者が公共サービスの民営化やアウトソーシングの反対闘争を、住民運動と広範な連携を組んで展開することである。自治体労働者は自分たちの雇用や労働条件を守るために、地域の住民は公共サービスの質の低下を危惧して、それぞれ民営化やアウトソーシングに反対する。例えば、前掲のピッツバーグのSEIUのローカルユニオンの研究（Lopez 2004）によると、アルゲニー郡（Allegheny County）の職員を組織するローカルAは、アソシエーション的交渉力やシンボル的影響力を行使して郡の公営介護施設民営化の計画の撤回を勝ち取った。民営化反対キャンペーンで、ローカルAは民営化に伴い予想される介護の質の低下を道徳的問題として訴え、入所者の家族や地域の社会運動・宗教団体との連携を形成し、組合員と地域住民の大規模な動員を通じて郡政府に圧力をかけた（Lopez 2004: Ch.4）。公営介護施設民営化の問題で形成された連携関係は問題が解決すると不活発になったものの[10]、他の公共サービスの民営化・アウトソーシングの計画が浮上すれば、再び活発になる可能性があると考えられる。公共サービスの向上を求める住民と自治体労働者の経済的利益が結びつきやすいことは、Paul Johnstonのカリフォルニア州の自治体職員の労働運動の研究でも示された。Johnstonは自治体職員の労働組合と住民運動の同盟関係の継続性が必ずしも安定していないことを指摘するものの（例えば、労働組合と市当局の妥協により住民運動との同盟関係が弱まることもある）、民間部門の労働組

合と比べて公共部門の労働組合が社会運動団体との同盟関係が結びやすい政治的環境にあると論じた (Johnston 1994; 鈴木 2005: 6-7, 11頁)。

他方、分断された労働市場の下層部分でも最底辺にいる移民労働者や女性労働者などの低賃金・不安定雇用労働者は、彼ら・彼女らの経済的要求と社会規範を結びつけることで、社会的共感や支持を受けることができる。しかし、自治体労働者の事例と異なり、労働者の訴えを受ける市民は、低賃金・不安定雇用労働者の厳しい状況に短期的には共感するものの、これらの労働者の要求を自分たちの利害に直接かかわる問題として捉えなければ継続的に支援をすることが難しいといえる。すなわち、アソシエーション的交渉力やシンボル的影響力を行使できる機会は、労働市場の下層部分のなかでも格差が存在するのではないだろうか。女性やマイノリティが多くを占める自治体の現業部門労働者は、相対的に低賃金で働いており分断された労働市場の下層部分に位置する。しかしこれらの労働者は、民間の生産者サービス部門や製造業下請け部門で働く移民労働者や女性労働者に比べ社会運動ユニオニズムの資源の動員において有利な立場にあると考えられる。

アソシエーション的交渉力やシンボル的影響力が相対的に長期に維持されるもう一つの条件は、社会運動ユニオニズムの取り組む問題が労働運動と住民運動・社会運動団体との継続した連携を求めるときである。そのような問題の一つの事例として、アメリカの多くの都市で展開した生活賃金運動を挙げることができる。この運動の目的は、市や郡などの自治体政府と取引がある企業で働く労働者の賃金を法定の最低賃金より高く設定する条例の制定である。生活賃金運動は、労働運動と住民運動や社会運動団体との連携関係形成の機会となり、労働運動の目的をビジネスユニオニズムから地域の労働市場の低賃金労働者全体の利益に貢献する、より広義なものへ再定義する契機となった。またSEIU、HERE、AFSCMEなどのサービス産業労働者や自治体職員の組合は、生活賃金運動へ関与することで自治体と取引をする企業の労働者の組織化を目指した。Stephanie Luceは生活賃金運動の研究 (Luce 2004) で、運動が目指すべきなのは条例可決自体ではなく、条例が確実に実施されることであると論じる。そして、一部の都市では生活賃金条例制定のために形成された労働運動とコミュニティ組織の同盟関係が、制定された条例の実施状況を監視するために継続していると指摘した。例えば、ロサンジェルス市の生活賃金運動で主要な役割を果

たした"LAANE"と呼ばれる社会運動団体は労働組合と協力して、ロサンジェルス国際空港を使用する航空会社や再開発プロジェクトで市から補助金を受けている企業で雇われた労働者にも生活賃金条例が適用されることを求めて航空会社や市当局に対する運動を展開した。このようなアソシエーション的交渉力の継続的な行使の結果、これらの労働者への条例適用を勝ち取ることに成功した（Luce 2004）。

(3) 社会運動ユニオニズムと制度との関係

　社会運動ユニオニズムは、経営者に対する戦闘性、一般組合員の動員、住民運動や社会運動との連携、労働問題の社会問題としての再定義などの面で、労使関係制度内の「成熟した」アクターとしての労働組合とは大きく異なる。すなわち、社会運動ユニオニズムは既存の労使関係制度の制約の克服を目指し既存の制度から距離を置いて行動するとされる。第１節でレビューした先行研究のうち、Andrew Martinの研究は労働組合にとって非常に不利なNLRB承認選挙に基づいた労使関係制度を克服するため、SEIUやHEREのローカル組合の一部が承認選挙ではなく社会運動のレパートリーを使い組織化を行う「脱制度化」戦略をとっていることを指摘した（Martin 2008）。またRuth Milkmanは、旧CIO系の組合がNLRBによる組合選挙で職場単位に組織化するのに対し、SEIUなどの旧AFL系の組合は特定の地域で同じ職業に就く労働者を包括的に組織化するために、コミュニティ組織や政治家と同盟関係を結び経営者に社会的圧力をかけることで組合承認を勝ち取るという、労使関係制度に必ずしも拘らない組織化戦略をとる場合があることを指摘した。そしてロサンジェルスがアメリカの都市のなかで労働運動の再活性化が最も進んだ都市のひとつであるのは、旧AFL系の組合が歴史的にこの地域で支配的であったからであると論じた（Milkman 2006）。

　これらの先行研究は同時に、労使関係制度あるいは自治体レベルの政労使関係制度が労働運動のあり方に依然影響力をもっていることを示唆した。例えば、Martinの研究は労働運動の「脱制度化」傾向を論じているものの、SEIUやHEREの組織化事例の過半数以上がNLRB選挙を経た制度内のものであること、UAWやUSWAなど組織化活動が全般的に低調でNLRBを経ない「脱制度化」した組織化を全く実施しない組合があることを示した。また、Turner、Cornfield他の

都市型社会運動ユニオニズムの比較研究は、ボストンやニューヨークの労働組合がそれぞれの都市の既存の権力構造に埋め込まれ、自治体政府、政治家、経営者と政治的取引をすることに関心をもち、コミュニティ組織との同盟を通じた未組織労働者の組織化にあまり関心をもたないことを指摘した（Kwon and Day 2007; Haputmeier and Turner 2007）。

既存の制度の影響は、社会運動ユニオニズムに対する組合内部からの抵抗にも表れている。Rick Fantasia と Kim Vossによると、2004年時点でAFL-CIO加盟の65の組合のうち、組織化に積極的に取り組み社会運動ユニオニズムを志向しているのはSEIU、HERE、UNITE、CWA、AFSCMEなど6つの全国組織に留まり、それぞれの組合内部でも多くのローカル組合が全国組織の方針に抵抗している（Fantasia and Voss 2004: 133-134, 206）。またローカル組合が社会運動ユニオニズムを志向しても、ローカル組合のリーダーはビジネスユニオニズムを組合活動の前提としてきた組合役員や一般組合員からの抵抗にあう場合がある。例えばLopezの事例研究（前掲）によると、SEIUのローカルAの郡の公営介護施設民営化の計画の反対闘争では、組合員は民営化問題を「道徳的問題」として受け止めて集会に参加するなどしてローカルの社会運動ユニオニズム戦略に呼応した。しかし、その後取り組まれた郡職員の労働協約キャンペーンでは、ローカルAのリーダーは組合員を大規模に動員して郡政府に圧力をかけようとしたものの、多くの組合員が協約交渉を組合のリーダーが解決すべき問題とするビジネスユニオニズム的考えをとったため、リーダーからの動員の要請に対して積極的に対応しなかった（Lopez 2004: Ch.5）。

制度が社会運動ユニオニズムの広がりを抑制する事例は、韓国の労働運動でもみることができる。韓国の場合、権威主義国家とその支配下にあった韓国労総に対抗して発展した「民主労組運動」は、1987年の労働者大闘争を経て、95年の民主労総の結成に結実した。民主労総傘下の労働組合は、組合員の動員に基づき企業レベルで賃上げを勝ち取ることを目的とした「戦闘的経済主義」への志向が強く、社会運動ユニオニズムへの志向が弱いといわれている。これは、韓国の労働運動が「職場の問題と国家レベルの（政治的）活動にほとんど集中」し、労働者が居住する地域の運動組織との連携や労働者一般の利益表出に関心を払わなかったためであるとされる（クー 2004：268頁; クォン 2005：26頁）。しかし、ヘウォン・クォンは「そのことをもって、社会運動的労働運動

のカテゴリーに入らないと簡単に言い切ることはできない」と論じ、87年以降の民主労組運動の社会運動ユニオニズム的側面を指摘した。彼女が挙げた側面は、戦闘的経済主義が単に労働者の利己的な経済要求を反映したものでなく不公正な経済配分への批判という社会的・経済的正義の問題に結びついていたこと、労働運動が国家レベルでは農民運動、貧困層の運動、農民運動と同盟関係を結んでいたこと、民主労組運動が既存の社会・政治システムの急進的な改革を目指していたことなどである（クォン 2005：27頁）。社会運動ユニオニズム的側面が民主労組運動のなかに部分的に存在していたとしても、97年の経済危機を契機とした経済の新自由主義化はこのような側面を活性化させなかった。構造調整の実施についての社会合意を形成するために98年1月に大統領直属の労使政委員会が設置され、韓国労総だけでなく民主労総の代表も「国家的な意思決定機構」の実質的メンバーとして初めて招かれた。しかし、民主労組運動のリーダーたちは、政治的地位の向上と引き換えに労働者の雇用・労働条件の低下を伴う新自由主義的な労働市場改革を受け入れ、「労働者たちをなだめ、構造調整の間、産業平和を維持することに協力」することを要請された。民主労総内部では労使政委員会への参加をめぐり対立が強まり、民主労総の代表も同委員会の決定に抗議してたびたび退場した。しかし、民主労総は基本的には政治参加を志向し、新自由主義国家の制度内アクターとしての役割を強めていった（クー 2004：266-267頁；Gray 2008:92, 108-109）。新自由主義経済に対抗する形で社会運動ユニオニズムが活性化したのは、労働運動主流が組織化しなかった女性を中心とする非正規労働者や、これまで比較的穏健な労働運動を展開したものの民営化に直面して新たな運動戦略を迫られた電力、鉄道、ガスなどの公益部門の労働者たちの間であった（Gray 2008: 114-115; Webster et. al., 2008: 97-102）。

　このように多くの先行研究は、（政）労使関係制度を社会運動ユニオニズムが克服すべき制約、あるいは社会運動ユニオニズムの広がりの制約要因として扱ってきた。既存のアメリカの労使関係制度は、実際に組合承認手続において経営者優位の制度であり労働者が経営者の圧力から自由に組合を結成することを難しくしている。そのため、社会運動ユニオニズム戦略をとる労働組合は、このような制度に対抗して社会運動と連携して経営者に社会的圧力をかけるなど制度外の運動レパートリーを組織化戦略に取り入れたのである。しかし、社会運動ユニオニズムをあくまでも制度外の運動とする前提にたつと、社会運動

ユニオニズムが既存の制度自体にどのような変革をもたらすのか、社会運動ユニオニズムが広がるために必要な制度的条件は何か、という問題提起ができなくなる。以下では、制度と社会運動ユニオニズムの関係についての仮説的な論点を提起する。論点の具体的検討は今後の課題である。

　労使関係制度の変革については、現在アメリカ連邦議会（第111会期）に提案・審議されている従業員自由選択法（Employee Free Choice Act）法案[11]を事例として挙げることができる。この法案は労働組合の組織化を現在よりも容易にすることで、労使関係制度が組合側に有利な形で改革され、組織率の増加に結びつくことが期待されている。法案の成立が現実味を帯びてきた背景には、民主党優位の上下院の議会構成やオバマ大統領の法案支持がある。しかし、90年代以降の一部の全国組合組織やAFL-CIOによる労働運動再活性化努力やそのなかで展開された社会運動ユニオニズムの手法による組織化キャンペーンも、既存の組合承認制度が機能していないことを示し、制度改革の動きに一定の貢献をしたといえないだろうか[12]。

　社会運動ユニオニズムの広がりを促進する制度的条件は、労使関係制度が組合側だけでなく経営者側の利害を反映するものであるため、組合側が労使の権力関係で大幅に有利な立場にいないかぎり想定することが難しい。しかし、労使関係制度が労使間の相互関係を規制するルールだけでなく、労働組合組織のあり方も含むとすれば、社会運動ユニオニズムの広がりを促進する制度的条件は後者のなかに見出すことができる。例えば、アメリカの労働運動の場合、地方労働組合協議会（CLC、市、郡など特定の地域にあるAFL-CIOやCTW加盟の全国組織のローカル組合の自主的な連合体）がそれぞれの地域のローカル組合間の調整機能を拡大し、複数の全国組織のローカル組合間で共同の組織化キャンペーンを実施できる体制、あるいはコミュニティ組織との同盟関係が持続する体制をつくれば、社会運動ユニオニズムが広がる契機になると考えられる。実際、そのような体制をとることができるCLCは、少数であるが存在する（鈴木2007aを参照）。韓国の労働運動では、企業別組合から産業別組合への転換の動きがみられ、とくに製造業部門の金属産業労組の産別化の動きが注目されている。産業別組合建設の目的は、産別レベルでの団体交渉体制の確立の他に、人的・財政的資源を中小企業労働者や非正規労働者を対象とした組織化に充てることである。韓国労働運動では、依然企業別組合主義が強く、正規と非正規労働者

の利害対立が大きいため、正規と非正規労働者が共同闘争は難しいといわれる（金2007；林2009）。そのような困難にも拘らず非正規労働者の間の組織拡大が推進されるとしたら、産業別組合は産業レベルの組織化だけでなく地域を基盤とした組織化や市民運動組織との連携などの社会運動ユニオニズム的な戦略をとらなくてはならないであろう。

おわりに

　本稿は、2000年代半ば以降に刊行されアメリカの事例を中心とした社会運動ユニオニズムに関する文献をレビューし、これらの研究が労働運動の再活性化の展望について2000年前後の研究に比べて慎重な評価するようになり、社会運動ユニオニズムの主導的役割を担っていると評価されてきたSEIUに対する見解が大きく分かれたことを指摘した。そして、文献レビューを踏まえて社会運動ユニオニズムの可能性と限界を、その形成要因、影響の継続性、制度との関係という観点から考察した。形成要因では、アメリカの研究は社会運動ユニオニズムと移民労働者（とくにヒスパニック系移民）との関連性を強調する傾向にあるものの、ニューヨークのように移民労働者が多い都市でも組合リーダーが保守的であるために社会運動ユニオニズムが発達しない場合があること、労働市場の上層部分と下層部分の分断という分析枠組みによって韓国のような移民労働者が少ない国でも社会運動ユニオニズムの発生の過程が説明できることを指摘した。影響の継続性では、低賃金・不安定雇用労働者を中心とした運動である社会運動ユニオニズムは弱い労働市場や職場での交渉力の代替としてアソシエーション的交渉力やシンボル的影響力を行使すること、社会運動ユニオニズムが頼る「外在的」な交渉力や影響力の基盤が脆弱であること、影響の継続性は地域社会の住民や市民一般が労使紛争の争点や労働者の訴えをどの程度自分たちの利害と結びつけて受け止めるかによることなどを指摘した。制度との関係ついては、既存の労使関係制度が社会運動ユニオニズムの広がりを運動組織内外から抑制する形で影響をおよぼしていること、制度を克服の対象とみなし社会運動ユニオニズムと制度の対立関係を強調すると見落される問題点（社会運動ユニオニズムが制度の変革に果たす役割、社会運動ユニオニズムの広がりを促進する制度的条件）があることを指摘した。

第Ⅲ部　理論篇

　本稿は、2005年の拙稿が挙げた社会運動ユニオニズムの4つの側面の1つである「労働者の草の根の国際連帯」の研究について議論できなかった。理論的には、資本の国際移動による雇用・労働条件の低下に効果的に対応するためには、労働者と労働組合の国際連帯を通じたグローバル・レベルでのアソシエーション的交渉力の形成が必要である（Silver 2003: 113）。労働組合や活動家の草の根の国際連帯の分析に関しては、一定の研究蓄積がある（例えば、Kay 2005; Webster et. al., 2008）。これらの研究のなかには、労働者の国際連帯が生まれる条件を理論的に説明しているものもあるが（例えば、Tamara Kayは北米自由貿易協定［ＮＡＦＴＡ］と同協定の労働分野の補完協定［ＮＡＡＬＣ］が国際的な制度的枠組みを構成し、カナダ、アメリカ、メキシコの労働組合とそれらの活動家間の連帯を促進する政治的機会構造を提供したと論じた［Kay 2005]）、多くの研究が具体的事例を報告することに留まっている。草の根国際連帯に関しては、社会運動ユニオニズムがこれまで活動の中心としてきたローカル（地域）領域とグローバルという新たな領域とどのように結びつけるのか、その際どのような人的・財政的資源が求められるのか、またアメリカ労働運動がこれまでの国際連帯でとる傾向にあった考え方（他国の弱い労働運動を「助けてあげる」という考え方）から脱却してどのように第三世界の労働運動から学ぶ姿勢をとっていくのか（Fletcher and Gapasin 2008）などの問題を検討するのが今後の課題であろう。

　また本稿は、社会運動ユニオニズムの国際比較の問題についても十分な議論ができなかった。カナダやオーストラリアなど他のＬＭＥ諸国でも、「社会ユニオニズム」や「コミュニティ・ユニオニズム」という概念が使われるものの、既存の労使関係制度の制約を克服して地域や市民社会の運動団体との連携を志向する労働運動の形成についての研究が行われている。しかし、ＬＭＥ諸国間の労働運動を体系的に比較した研究は、先行研究レビューで取り上げたJennifer Chunの米韓の社会運動ユニオニズムの研究や、Edward Websterらのオーストラリア、南アフリカ、韓国の労働運動を市場と社会との相克というやや広義な（すなわち、あまり体系的でない）分析枠組みで比較した研究（Webster et. al., 2008）以外、管見の限りほとんど行われていない。日本を含めたＬＭＥ諸国の社会運動ユニオニズムの二国間あるいは多国間の体系的な比較分析が今後の研究課題ではないだろうか。

第9章　社会運動ユニオニズムの可能性と限界

付表9-1　略称リスト

略　　称	英文名称	和文名称
AFL	American Federation of Labor	アメリカ労働総同盟
AFL-CIO	American Federation of Labor-Congress of Industrial Organizations	アメリカ労働総同盟・産業別労働組合会議
AFSCME	American Federation of State, County, and Municipal Employees	アメリカ州郡自治体従業員組合連合
CAW	Canadian Auto Workers	カナダ自動車労組
CIO	Congress of Industrial Organizations	産業別労働組合会議
CLC	Central Labor Council	地方労働組合協議会
CTW	Change to Win Federation	勝利のための変革連合
CWA	Communication Workers of America	全米通信労働組合
HERE	Hotel Employees and Restaurant Employees International Union	全米ホテル・レストラン労働組合
LAANE	Los Angeles Alliance for a New Economy	新しい経済を求めるロサンジェルス同盟
NAALC	North American Agreement on Labor Cooperation	北米労働協力協定
NAFTA	North American Free Trade Agreement	北米自由貿易協定
NLRB	National Labor Relations Board	全米労働関係委員会
SEIU	Service Employees International Union	全米サービス従業員労働組合
UAW	United Auto Workers	全米自動車労組
UFCW	United Food and Commercial Workers of America	全米食品商業労働者組合
UFW	United Farm Workers	全米農業労働組合
UNITE	Union of Needletrades, Industrial and Textile Employees	全米縫製繊維産業労働組合
UNITE-HERE		ユナイト・ヒア
USWA	United Steelworkers of America	全米鉄鋼労働組合

注

1) Social Movement Unionismの日本語の訳語は、「社会運動的労働運動」（鈴木 2005）、「社会運動的労働組合」（篠田 2005）、「社会運動ユニオニズム」（国際労働研究センター編著 2005；山田 2009）などがあるが、「社会運動ユニオニズム」が訳語として定着していると判断し、本稿はこの訳語を使うことにした。

2) 本稿が触れるアメリカの労働組合や社会運動団体等の略称の英文と和文名称については、付表の略称リストを参照。

3) 本稿において「ローカル組合」は、アメリカの産業別組織が単一の職場や事業所、複数の職場や事業所、あるいは特定の地域を単位に結成する支部組織を意味する。ローカル組合の運営は、産業別組織本部のコントロールから相対的に自律的に行われる。しかし、産別本部の方針に従わない場合や、組織内部の混乱で運営が困難になった場合、産

別本部はそのローカル組合を直接管理（trusteeship）する、あるいは他のローカル組合に統廃合する権限をもつ。
4）本稿は「労働運動再活性化」を労働運動が低下傾向にある経済的、政治的、あるいは社会的領域での影響力を取り戻す努力と捉え、社会運動ユニオニズムの上位概念と考える。労働組合の影響力が労使関係制度で守られているドイツなどのヨーロッパ諸国では、労働組合は労働運動の再活性化を社会運動ユニオニズムよりも既存の労使関係制度を強化することで行う傾向にある（Annesley 2006）。他方、アメリカなど労使関係制度が労働側にとって不利な国では、再活性化を目指す労働組合は既存の制度の制約を克服した運動を追求するため、労働運動の再活性化と社会運動ユニオニズムはほぼ同義と捉えることができる。
5）同様な見解は、Bill Fletcher, Jr.と Fernando Gapasin の著書 *Solidarity Divided*（Fletcher and Gapasin 2008）でも示されている。同書の書評については、鈴木（2008）を参照。
6）すなわち、権力構造から排除されているため、労働組合が自治体政府、政治家、経営者など権力側のアクターと既存の制度内で取引ができない状態を指す。
7）カナダでは、1985年にアメリカのUAWから分裂した、現在民間部門で最大の組合であるCAWが社会運動ユニオニズムあるいは社会ユニオニズム（social unionism）（カナダでは後者が使われることが多い）を実践している典型的な組合とみられている。CAWの社会（運動）ユニオニズムの現状に関する研究は、例えばSchiavone（2007）やByford（2009）を参照。また、CAWが社会ユニオニズムを実践しているという見解に批判的な研究として、Shantz（2009）を参照。
8）韓国では1997年のＩＭＦ危機以降の経済の新自由主義化が進み、それに伴い労働市場も規制緩和された。その結果、労働者および労働運動は新自由主義の影響を直接受けることになった。そのような理由から、韓国をＬＭＥ経済の国と分類した。
9）例えば、ロサンジェルスの1990年の「ジャニターに正義を」キャンペーンの成功は、社会運動ユニオニズムの典型的な成功例とみられている。しかし、SEIUに組織化されたジャニターたちは、ローカル組合の再編によりカリフォルニアの他の都市のジャニターも組織する大規模なローカル組合（Local 1877）に組み入れられた。そのため、ジャニターたちは草の根の動員の実践、闘争の経験、闘争に参加して勝利した結果得られる誇りなどを失っていったとされる（Moody 2007: 176）。
10）その後取り組まれた郡職員の労働協約改定のキャンペーンでは、ローカルＡも地域の運動団体も協約の問題を「組合の問題」と位置づけていたため、連携関係は弱まった（Lopez 2004: Ch.5）。
11）従業員自由選択法（Employee Free Choice Act）法案は、過半数の従業員が組合結成を支持するカードにサインをすればNLRBが組合を承認する「カードチェック」方式や、組合承認後の90日以内に最初の労働協約交渉が締結されない場合第三者機関が仲裁を行う制度（これにより経営者側が交渉を不当に引き延ばすことができなくなる）などを盛りこんでいる。第110会期連邦議会（07年〜08年）では、法案は下院を通過したものの、上院でフィリバスター（議事妨害）にあったため、廃案になった。
12）アメリカにおいて社会運動ユニオニズムが労使関係制度の変革を促進した前例として、1935年のワグナー法（the National Labor Relations Act）制定を挙げることができる。労働組合の結成を初めて法認した同法制定の背景には、労働組合を保護する法律制定を連邦政府に要求する大規模な大衆行動があったとされる。これらの大衆行動は、失業者協議会

や他の労働運動団体で活躍する左翼的あるいは急進的な活動家が中心になって組織された（Fantasia and Stepan-Norris 2007: 563）。

参考文献

Annesley, Claire. (2006) "Ver.di and Trade Union Revitalisation in Germany", *Industrial Relations Journal*, Vol.37 (2): 164-179.

Bronfenbrenner, Kate and Tom Juravich. (1998) "It Takes More Than House Calls: Organizing to Win with a Comprehensive Union Building Strategy." In Kate Bronfenbrenner, Sheldon Friedman, Richard W. Hurd, Rudolph A. Oswald and Ronald L. Seeber eds., *Organizing to Win: New Research on Union Strategies*, Ithaca, N.Y.: ILR Press.

Byford, Iona. (2009) "Union Revitalisation and the Canadian Auto Workers Union: Reconnecting Unions with Local Communities." In Jo McBride and Ian Greenwood, eds., *Community Unionism: A Comparative Analysis of Concepts and Contexts*, Palgrave Macmillan.

Cornfield, Daniel B. (2007) "Conclusion: Seeking Solidarity…Why, and with Whom?" in Lowell Turner and Daniel B. Cornfield eds. (2007) *Labor in the New Urban Battlegrounds: Local Solidarity in a Global Economy*, Ithaca: ILR Press.

Chun, Jennifer Jihye. (2005) "Public Dramas and the Politics of Justice: Comparison of Janitors' Unions Struggles in South Korea and the United States." *Work and Occupations*, 32 (4): 486-503.

―――. (2006) "The Symbolic Politics of Labor: Transforming Employment Relations in South Korea and the United States." Ph.D. Dissertation, Department of Sociology, University of California, Berkeley.

―――. (2008a) "The Limits of Labor Exclusion: Redefining the Politics of Split Labor Markets under Globalization." *Critical Sociology*, 34 (3): 433-452.

―――. (2008b) "The Contested Politics of Gender and Irregular Employment: the Revitalization of the South Korean Democratic Labour Movement," in Andreas Bieler, Ingemar Lindberg, and Devan Pillay, eds., *Labour and the Challenges of Globalisation: What Prospects for Transnational Solidarity?* Pluto Press.

―――. (2009) *Organizing at The Margins: The Symbolic Politics of Labor in South Korea and the United States*, Ithaca: Cornell University Press.

Fantasia, Rick and Kim Voss. (2004) *Hard Work: Remaking the American Labor Movement. Berkeley:* University of California Press.

Fantasia, Rick and Judith Stepan-Norris. (2007) "The Labor Movement in Motion." in David A. Snow, Sarah A. Soule and Hanspeter Kriesi, eds., *The Blackwell Companion to Social Movements*, Blackwell Publishing.

Early, Steve. (2009) *Embedded With Organized Labor: Journalistic Reflections on the Class War at Home*, Monthly Review Press.

Fletcher, Bill Jr. and Fernando Gapasin. (2008) *Solidarity Divided : The Crisis in Organized Labor and A New Path Toward Social Justice*, University of California Press.

Gray, Kevin. (2008) *Korean Workers and Neoliberal Globalization*, Routledge.

Hauptmeier, Marco and Lowell Turner. (2007) "Political Insiders and Social Activists: Coalition Building in New York and Los Angeles." in Lowell Turner and Daniel B. Cornfield eds. (2007) *Labor in the New Urban Battlegrounds: Local Solidarity in a Global Economy*, Ithaca: ILR Press.

Hyman, Richard. (2004) "Union Renewal: A View from Europe." *Labor History*, Vol.45, No.3: 340-347.

Johnston, Paul(1994)*Success While Others Fail: Social Movement Unionism and the Public Workplace.* Ithaca: Ithaca: ILR Press.
Kay, Tamara. 2005. "Labor Transnationalism and Global Governance: The Impact of NAFTA on Transnational Labor Relationships in North America." *American Journal of Sociology,* 111(3): 715-756.
金元重(2007)「現代自動車労働組合の産別労組への転換が意味するもの：民主労総・金属産業連盟の産別労組建設運動の流れのなかで」『国府台経済研究』（千葉商科大学経済研究所）、第18巻3号：73-189.
国際労働研究センター編著(2005)『社会運動ユニオニズム：アメリカの新しい労働運動』緑風出版。
クー・ハーゲン（滝沢秀樹・高龍秀訳）(2004)『韓国の労働者：階級形成における文化と政治』御茶の水書房。
Kwon, Heiwon and Benjamin Days.(2007)"The Politics of Labor in Boston: Geographies of Union Renewal." in Lowell Turner and Daniel B. Cornfield eds.(2007) *Labor in the New Urban Battlegrounds: Local Solidarity in a Global Economy,* Ithaca: ILR Press.
クォン・ヘウォン（鈴木玲訳）(2005)「韓国の社会運動的労働運動の過去と現在（上）」『大原社会問題研究所雑誌』No.564: 17-28.
林榮一（金元重訳）(2009)「韓国民主労組運動20年，産別労組建設運動の成果と課題（下）」『大原社会問題研究所雑誌』No.605: 51-59.
Lopez, Steven.(2004)*Reorganizing the Rust Belt: An Inside Study of the American Labor Movement.* University of California Press.
Luce, Stephanie.(2004)*Fighting for a Living Wage,* Ithaca: ILR Press.
Martin, Andrew(2008)"The Institutional Logic of Union Organizing and the Effectiveness of Social Movement Repertoires." *American Journal of Sociology,* Vol.113, No.4: 1067-1103.
Milkman, Ruth.(2006)*L.A. Story: Immigrant Workers and the Future of the U.S. Labor Movement,* Russell Sage Foundation.
Milkman, Ruth and Kent Wong.(2001)"Organizing Immigrant Workers: Case Studies from Southern California." In Lowell Turner, Harry Katz and Richard Hurd, eds., *Rekindling the Movement: Labor's Quest for 21st Century Relevance,* Ithaca: ILR Press.
Moody, Kim.(1997)*Workers In A Lean World: Unions in the International Economy,* London: Verso.
―――.(2007)*US Labor In Trouble and Transition: The Future of Reform from Above, The Promise of Revival from Below,* London: Verso.
Ness, Immanuel.(2005)*Immigrants, Unions, and the New U.S. Labor Market,* Philadelphia: Temple University Press.
Schiavone, Michael.(2007)"Moody's Account of Social Movement Unionism: An Analysis." *Critical Sociology,*33: 279-309.
Shantz, Jeff.(2009)"The Limits of Social Unionism in Canada." *Working USA,* Vol.12: 113-129.
篠田徹(2005)「市民社会の社会運動へ：労働運動の古くて新しいパースペクティブ」山口二郎・宮本太郎・坪郷實編著『ポスト福祉国家とソーシャル・ガヴァナンス』ミネルヴァ書房。
Silver, Beverly J.(2003)*Forces of Labor: Workers' Movements and Globalization since 1870,* Cambridge: Cambridge University Press.
鈴木玲(2005)「社会運動的労働運動とは何か――先行研究に基づいた概念と形成条件の

検討」『大原社会問題研究所雑誌』No.562・563(2005年9・10月)、1－16頁。

―――.(2007a)「地域労働運動の日米比較：地方労働評議会と地区労・地区連合会の事例に基づいて」『国府台経済研究』(千葉商科大学経済研究所)、第18巻3号: 3-45.

―――.(2007b) 書評：Ruth Milkman著 *L.A. Story: Immigrant Workers and the Future of the U.S. Labor Movement*. 『大原社会問題研究所雑誌』No.586・587: 75-79.

―――.(2008) 書評：Bill Fletcher, Jr. and Fernando Gapasin著 *Solidarity Divided :The Crisis in Organized Labor and A New Path Toward Social Justice*. 『大原社会問題研究所雑誌』No.599・600: 63-68.

―――.(2009)「日本の労働運動――再活性化の可能性と労働運動指導者の言説分析――」新川敏光、篠田徹編『労働と福祉国家の可能性：労働運動再生の国際比較』ミネルヴァ書房。

Tattersall, Amanda.(2006)"There is Power in Coalition: A framework for assessing how and when union-community coalitions are effective and enhance union power" *Labour & Industry*, Vol.16, No.2: 97-112.

Turner, Lowell and Daniel B. Cornfield eds.(2007) *Labor in the New Urban Battlegrounds: Local Solidarity in a Global Economy*, Ithaca: ILR Press.

Turner, Lowell.(2007)"Introduction: An Urban Resurgence of Social Unionism." Turner, Lowell and Daniel B. Cornfield eds.(2007) *Labor in the New Urban Battlegrounds: Local Solidarity in a Global Economy*, Ithaca: ILR Press.

Voss, Kim and Rachel Sherman.(2000)"Breaking the Iron Law of Oligarchy: Union Revitalization in the American Labor Movement." *American Journal of Sociology*, Vol.106, No.2: 202-249.

Webster, Edward, Rob Lambert and Andries Bezuidenhout(2008) *Grounding Globalization: Labour in the Age of Insecurity*, Wiley-Blackwell.

Wright, Erik O.(2000)"Working-Class Power, Capitalist-Class Interests, and Class Compromise." *American Journal of Sociology*, 105(4): 957-1002.

山田信行(2009)「『反システム運動』としての労働運動――『反システム性』の意味と所在――」『駒澤社会学研究』第41号：7-31.

第10章　解雇規制の必要性
―― Authority Relation の見地から

山垣　真浩

はじめに

　解雇が解雇された労働者に不利益を生じさせるのは明らかである。それゆえ度重なる解雇紛争のもとで解雇規制の判例法理が形成された。しかしバブル経済崩壊後の長引く不況の中で、解雇規制の緩和を要求する一連の経済学者らのグループが登場し、経済財政諮問会議や〔総合〕規制改革会議といった内閣府附属の諮問機関のメンバーに任命され、政策決定に影響力を行使するに至った。いわく厳格な解雇規制は、企業の雇用調整力を奪っており、労働者保護の目的にも反するというのである。

　これに対し本章では、第1節にて解雇規制の緩和は労働者の利益につながるという緩和派の主張を批判し、第2節にてそもそも日本の解雇規制は厳格なのか、使用者の見地から最も不満な点はどこかを明らかにし、第3節以下において解雇規制の必要性、つまりそれが経済的効率性を高める可能性を、雇用関係をAuthority Relationの不完備契約とみる新しい見地から解き明かしてみたい。

1　解雇規制は労働者の利益になるのか――緩和派の主張と問題点

　解雇規制は労働者保護の目的に反しているので、その緩和は労働者の利益になる、というのが緩和派の主張である。つまり正規従業員にたいする「厳格な」解雇規制が、使用者に労働者の採用を躊躇させ、これが高失業率の原因、格差拡大の原因、長時間労働の原因、過度な配置転換や単身赴任の原因となっている。これらは厳しい解雇規制の代償なのであり、これらの問題を解決する

ために解雇規制の緩和を要求する、というものである(八代 [1999]、93～95頁)。緩和派のロジックは単純明快である。「解雇規制の強化は、目的とは逆に不安定雇用や失業を増やす原因になってしまう」。なぜなら「景気悪化で売り上げが低下したり、経営危機に直面しても解雇による調整はしにくくな」り、だから「景気が回復しても……企業は正社員の雇用を増やすことができない」。それゆえ「第一に、労働者の人数調整が困難になった分、労働時間による調整を増やす。つまり、好況時には多くの残業をし、不況時には時間短縮を行う。第二に、解雇規制が正社員だけ強化されたのならば、正社員の採用比率を低下させて、解雇規制が弱い契約社員・パート・アルバイト・派遣・請負という非正社員の採用比率を上げることになる」(大竹・奥平 [2006]、165～6頁)。また解雇が規制されれば「生産量の変動に対応した雇用調整を行わなければならない」から「頻繁な転勤」が必要になり、「全国で家族を持つ男性の単身赴任者は70万人に達しているが、これはいわば、厳しい解雇規制(雇用保障)の代償」である(八代 [1999]、94～95頁)。だから解雇規制は、高失業率、格差拡大、長時間労働、過度な配置転換や単身赴任の原因になっており、解雇規制の緩和はそれらの問題を解決ないし緩和するというのである。

そして具体的に次のことを要求している。

(1) 仕事能力の欠如またはその低下を理由とする普通解雇を認める。「能力の欠如またはその低下を理由とする解雇もある程度認めることを検討していただきたい」(01年10月31日第7回労働政策審議会労働条件分科会における小嶌典明の発言)。「『仕事上の能力不足』が、明確な解雇理由となることを認めた上で、そのために必要な人事評価のガイドラインの設定」をする(八代 [2006]、235頁)。「労働生産性を基準として柔軟な賃金設定が可能であり、かつ生産性に応じた解雇の明確な基準」をつくる(福井・大竹 [2006]、iii頁)。また整理解雇の場合でも人事評価による人選を認める(八代 [1999]、97頁)。

(2) 整理解雇においては人員削減に関する経営上の必要性の是非を経営素人の裁判官が判断すべきではなく、経営者の判断に委ねるべきで、それを4要件からはずす。また現実に経営が悪化していなくても、将来の経営危機に備えた予防型の整理解雇も認める。要するに、もっと柔軟に整理解雇ができるようにする(八代 [1999]、90、96頁)。

（3）解雇回避努力要件を緩和し、希望退職募集をはずす。その代わりに再就職支援策をより重視する方向に変える（八代［1999］、96頁）。

（4）不当解雇＝解雇無効判決が出ても、一方の当事者の申出があれば金銭賠償方式による労働契約の解消を認めるようにする（八代［1999］、92頁）。

しかしながら、以上の変更がなぜ失業率の低下、格差の縮小、長時間労働の緩和、配転や単身赴任問題の緩和になるのか、論理的に結びつかない。

第一に失業率低下の疑わしさについて。まず上の提案に従えば、「仕事能力」「生産性」の低い人から解雇されやすくなるが、だとすれば彼らの再就職は困難といわねばならず、失業率の低下に繋がるか疑問である（村中［1999］、595頁）。2つに、解雇が容易になれば、不況期には多くの企業が一斉に解雇するだろうから、現行制度よりも失業率が上昇する可能性がある。じっさい2008年9月のリーマンショック後に解雇の容易な有期契約労働者にたいする「派遣切り」「雇い止め」が社会問題化したのは周知の事実である。3つに、かつて「終身雇用」のメリットといわれていたこと、つまり日本の労働者は「終身雇用」ゆえに機械化等の新技術の導入にたいし拒否感が小さいと理解されてきたが、もし「仕事能力」の低下による解雇を容易にするならば、技術進歩への対応力が遅い高齢者の解雇が増加する可能性が高い。だとすれば労働者たちが技術進歩にたいし敵対心をもつようになり、従来のように新技術の導入が円滑に進まなくなるおそれがある。要するに解雇容易な条件下では敵対的労使関係が醸成される恐れがあり、だとすれば日本経済にとってマイナスの影響を与えよう。以上の理由から、むしろ失業率が上昇する可能性がある[1]。

第二に格差縮小の疑わしさについて。非正規労働者が増加している理由は、解雇の容易さだけが原因であるわけではなく、賃金の相対的低さという要因が相当に大きいように思われる。だとすれば正規従業員の解雇を容易にしても、常用代替問題（非正規労働者へのシフト）の解決には繋がらないだろう。なぜなら解雇費用の違いは正規従業員と非正規労働者の人件費格差の一部を構成するにすぎないからであり、常用代替は経常的人件費＝賃金費用の節約という要因からも生じているからである。したがって格差縮小を目的とするのならば、内田貴［2004］のいうように「正規従業員の雇用保障を奪うより、非正規従業員の雇用保障以外の待遇を向上させることのほうが望ましい選択かもしれない」（207頁）。

第三に長時間労働減少の疑わしさについて。解雇の困難さが正規従業員の採用人数を抑制し日本の長時間労働の原因となっているという見方は、緩和派に限らず労働経済学者に広く共有されていると推察され、一見すると正しそうだが、実は不正確な理解と考える。というのは、第一の反証例として、雇用保障の全くない時代にも長時間労働は存在したという事実がある。入手しやすい歴史文献としてマルクスの『資本論』を挙げれば、産業革命後の1860年代、7歳の児童が15時間労働する事例（原259頁）など、ひどい長時間労働の実例を挙げれば枚挙に暇がない。もちろん当時の7歳の児童に雇用保障などない。要するに長時間労働は解雇規制が全くないところでも別の要因から生じている[2)]。第二の反証例として、随意雇用（employment at will）原則のアメリカよりも解雇規制の程度が強いドイツで、アメリカより労働時間がはるかに短いという事実が挙がる。虚心にこれらの事実に向き合えば、長時間労働は解雇規制の程度から説明できそうにないことは明らかである。だから解雇規制を緩和したからといって、日本の長時間労働問題に大きな効果があるとは考えにくい。むしろ解雇をしやすくするならば、後述するように、そして初期資本主義時代でそうだったように、使用者の「解雇の脅し」が有効になることによって、労働者の従属性が増し、長時間労働が一層助長されるおそれさえある。長時間労働を抑制するのが目的ならば、解雇規制を緩和するより、ドイツのように今よりも厳しい労働時間の上限規制を設けるほうが望ましい選択かもしれない。

　第四に頻繁な転勤や単身赴任問題緩和の疑わしさについて。頻繁な転勤や単身赴任は、そもそも雇用調整のためだけに行われているのではない。多くの転勤は、雇用調整に関連してではなく、組織の風通しをよくするためとか、多くの事業所を経験させて各事業所に関する知識を積ませる、つまり企業特殊熟練を身につけさせるためとかいった理由で実施されている。だとすれば解雇規制を緩和するだけでは頻繁な転勤も単身赴任もなくなるはずがない。頻繁な転勤や単身赴任を抑制するなら、解雇規制を緩和するより、それらの実施にたいする労働者への補償金のガイドラインを提示するなど、企業側の費用を引き上げるような直接規制を図るほうが望ましい選択かもしれない。

　かくて、解雇規制を緩和することが労働者の利益になるという緩和派の立論にはそれぞれ無理がある。労働者の利益のためなら、解雇規制を緩和するよりも別の政策を選択したほうが望ましいと思われる。

もっとも、労働分野の新自由主義改革（労働ビッグバン）の本当のねらいは企業を利することにある、と考えれば、緩和派の立論の無理は不思議なことではない[3]。使用者の利害をストレートに表に出して規制緩和を主張しても国民の理解を得られるはずがない。そこで解雇規制の緩和は労働者の利益になる、という国民向けメッセージを創案しなければならないのである。いわば「大本営発表」である。すなわち経済財政諮問会議や〔総合〕規制改革会議などから発せられる新自由主義改革の議論は、純粋にアカデミックに捉えるだけでは不十分であり、政治的主張の一種として捉えるべきだというのが私の見解である[4]——上記諮問会議には労働者代表が入っていないが、これは多様な利害関係者が参加するという民主主義の原理に反するのでその正統性に疑問を感じていた。そのような機関から「骨太の方針」などの指針が出され、トップダウン方式で政策が決定されていくプロセスに、私はまるで外国人による植民地支配を受けているような感覚でいた——しかし、彼らの主張が政治的主張の一種であるとしても、彼らが政策立案に近い立場にいるのは事実なので、アカデミックな立場から検証することは必要である。

そもそも日本の解雇規制は雇用調整を阻害するほど「厳格な」のだろうか。以下では、使用者利害の見地から、解雇規制のどこに不満があるのか、それを探っていこう。

2　日本の解雇規制はどこが「厳格」か

日本の解雇規制は判例法理として形成されたもので解雇権濫用法理と呼ばれる。この法理のもとで「合理的」と認められる解雇事由には、大別して（1）労働者の傷病や労働能力、適格性の欠如によって労務提供ができない場合、（2）労働者に業務命令違反や不正行為などの非違行為があった場合、（3）経営不振によって人員整理が不可避な場合、の3つがあるとされる[5]。おおむね（1）が普通解雇、（2）が懲戒解雇または普通解雇、（3）が整理解雇、に相当する。さらに上記どれか1つの「合理性」要件を満たしたとしても、同時に社会通念上の「相当性」を満たすことが必要とされる。つまり解雇の事由が重大な程度に達しており、他に解雇回避の手段がなく、かつ労働者の側に宥恕すべき事情がほとんどない場合にのみ「相当性」が認められる。そして「このよ

うな厳格な判断傾向は、長期雇用システム下にあって勤続を続けていく正規従業員について典型的に看取される」という（菅野［2008］、450頁）。

なかでも整理解雇は、多数の労働者が一度に解雇され、しかも本人に責がない解雇であるだけに、第一次石油危機後に解雇無効を求める裁判が急増し、判決も会社側に慎重な判断と手続きを求めるものが増えていく。その過程でいわゆる「整理解雇の4要件」が形成された。すなわち（1）人員整理を実施する経営上の必要性、（2）配転、出向、一時帰休、希望退職募集などの解雇回避努力を行った上での解雇の必要性、つまり最後の手段であること、（3）被解雇者の選定基準の妥当性。成績査定のみに基づく解雇は"主観的に過ぎる"として認められていない。「企業が成績不良と見る長期雇用従業員を企業合理化のために放逐しようとしたケースに関する裁判例は、解雇を容易には認めない傾向にある」（菅野、451頁）。（4）解雇手続きの妥当性。すなわち労働組合や労働者などと誠実に話し合いを行ったこと。以上が解雇の合理性判断の基準となる。この結果、日本の解雇規制は、使用者に「厳格な」制限を課している、というのが世の左右を問わず共通の認識となっている（八代［1999］、86頁；村中［1999］、583頁）。

しかし日本企業はその「厳格な」解雇規制の下でも、雇用調整を実現してきたという事実に注目する必要がある。図10-1を参照されたい。「経営上の都合」離職者数は男女計で1992年29万人から2001年84万人へと2.9倍にも増えている。その多くは、希望退職という方法であろうが、人数面でみる限り希望退職募集はかなり有効に機能してきたようにみえる。

もう1つ、ＪＩＬの「事業再構築と雇用に関する調査」（2002年）によると[6]、希望退職・早期退職優遇制度をもつ企業にたいし、その応募状況を尋ねたところ、「予定以上の応募であった」14.0％、「ほぼ予定どおりの応募だった」36.5％、にたいし、「予定には達しなかった」16.4％、無回答33.1％と、無回答を除くと実に75％の企業が「予定以上」または「ほぼ予定どおり」と回答している。やはり人数面でみるかぎり希望退職募集という人減らし方法は有効に機能してきたようにみえる。仁田道夫［2003］が「新聞には、応募者が多すぎて困っている企業があるという報道を散見するほどで、少なすぎて困ったという話は、あまり聞こえてこない。全体的にみて、現在の雇用調整のやり方では人減らしがやりづらく、企業経営上、非常に大きな障害になっているということ

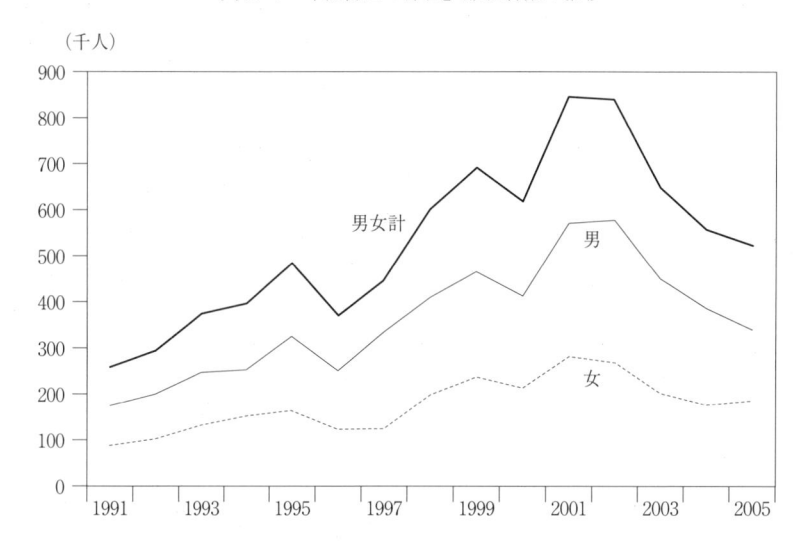

図10-1 「経営上の都合」離職者数の推移

注）この統計は企業調査なので倒産による離職者は含まれていない。
資料）厚生労働省「雇用動向調査」。

を説得的に示すことは、難しいのではないか」と指摘するとおりである（174頁）。

だがそれにもかかわらず解雇規制の緩和を要求するとすれば、希望退職募集という現行の方法に何か不満があるからに違いない。企業にとって希望退職募集という方法の一体どこに不満があるのだろうか。

人数面でないとすれば、一つは人選の問題だろう。希望退職を募集するような企業は、その時点における将来見通しは暗い。だからこの方法では、企業に残ってほしい優秀な労働者が真っ先に応募して割増退職金を得て去ってしまう一方で、辞めて貰いたい労働者は応募してくれない。企業にとっては「生産性」「仕事能力」の低い労働者だけをピックアップして解雇したいが、この方法ではできない。ここに希望退職制度にたいする使用者側の最大の不満があると考えられる。つまり人選の不自由である。希望退職制度を批判する八代尚宏［1999］によれば、整理解雇時における「解雇回避努力の緩和が必要となる。……希望退職は、他の企業でも通用する質の高い労働者の離職を積極的に促す

企業の人的資産の放棄策でもある。希望退職の募集よりも、たとえば企業による解雇を前提とした再就職支援策をより重視すべきである」として、「他の企業でも通用する質の高い労働者」から割増退職金付離職の選択肢を剥奪することを要求している（これは「質の高い労働者」にとって全く迷惑な提案である）。さらに「解雇者選定の合理性について……人事評価が低位の者から順に選定するというような基準のほうが、人事評価の客観性が担保される限り、合理的なものと考えられる」として、使用者の人選権を認めるよう要求している（96〜97頁）。

希望退職募集中心の日本の雇用調整方法にたいするもう一つの不満は、それがふつう経営悪化時に行われる整理解雇中心だということである。しかしすでにみたように、経営悪化時に限らず、労働者の「生産性」「仕事能力」の低下を理由とする普通解雇を認めてほしいというのが緩和派の要求である。「生産性」の低い労働者だけをピックアップして解雇するわけだから、実はこれも人選の問題と関連している。

以上の考察からすると、現行の解雇権濫用法理が使用者に最も強い制限を課しているのは人選の問題であり（人数面での制約は強くない）、普通解雇にせよ整理解雇にせよ、人選を使用者の自由にさせないこと、ここが日本の解雇権濫用法理（解雇規制）の核心部分だと考えられる。使用者の人選権にたいする強い制約、これが日本の解雇規制の核心だと結論する。

じじつ緩和派は、現行法理の下では「生産性」「仕事能力」が低いという理由では労働者を普通解雇できず企業が抱え込むことに、強い不満を表明している。例えば、「企業内での仕事のチームワークを前提とすれば、個人の仕事能力や意欲の低い従業員の解雇が規制されていることは、他の従業員にもそれだけ負担を課すことになる。……一律的に解雇を規制することのコストは……結果的に大部分の雇用者に転嫁されることになる」（八代［1999］、89頁）。この文章は「仕事能力や意欲の低い従業員」を抱え込むことは「他の従業員」の負担となるとして、企業の利害からは問題を語らない氏一流のレトリックが用いられているが、実際に彼らの賃金を負担するのは「他の従業員」ではなく企業だから、使用者にとっての不満を表明したものと読むべきである。

より注目に値する主張は、「生産性」が賃金に見合わず、企業にとって解雇したい労働者を解雇できずに抱え込むのは、本来国家が責任をもつべき「生存

権」保障の肩代わりを企業がしているのであり、これはおかしい、という批判である。「解雇規制の場合、その本来の趣旨が失業に伴う急速、かつ、直接的な富の分配の不平等化と、これに伴う労働者の生活危機に処するための施策であったことは明らかであり……これらの施策は、本来、公的な社会保障が果たすべき役割を肩代わりするものであって、それらが十分に整備された後には、役割を終えるべきものである」（常木［2004］、48頁）。「労働者にせよ、使用者にせよ、契約に関連して健康で文化的な最低限度の生活が脅かされるような場合に、その保障を私人が契約を通じて行うのでは私人による社会福祉の肩代わりとなり……国家が必要な私人の保護の責任を全うすることこそ、法的にも正当な枠組みであ」る（福井［2006］、53頁）。つまり「生産性」が賃金に見合わない労働者を雇い続けるのは、企業が国家に肩代わりして生存権保障をやっているに等しく、正当化できないという批判である。換言すれば、社会保障という公法的手法によって、企業にとって「生産性」の低い人たちの生存権保障を実現するのが筋であるにもかかわらず、労働契約への解雇規制という私法的介入を優先する根拠は一体どこにあるのか、という批判である。

　解雇規制よりも生活保護などの社会保障政策を拡充するべきとの主張は、今日世界中の福祉国家が「福祉から就労へ」と政策をチェンジしている中で実現可能な政策とは思われないが、しかし社会保障という公法的手法よりも、解雇規制という労働契約にたいする私法的介入を優先する根拠は何か、という問いは根源的であり、検討に値する内容だと思われるのである。

　かくて、なぜ「生産性」「仕事能力」の低さやその低下を理由とする解雇は制限されるべきなのか。なぜこのような形の私法的介入が必要とされるのか。これこそ、使用者の人選権にたいして強い制約を課している日本の解雇規制（解雇権濫用法理）の是非をめぐる最大の論点であり、すでにみたように緩和派にとっての最大の疑問・不満点である。果たしてこれまでの擁護論は、この論点に即して解雇規制の合理性を論証することができたのだろうか。

3　労働契約はなにゆえに不完備契約か

　これまでの経済学者による擁護論は、企業特殊熟練をめぐる話に限定されてきた（代表的議論は中馬［1998］）。解雇規制が企業特殊熟練の形成を促す可能性

を指摘し、解雇規制の経済合理性を主張するものである。

(1) 企業特殊熟練の形成をめぐる不完備契約説

これは次のような論理である。企業特殊熟練を身に付けるために労働者は努力費用を負担せねばならないが、それは労働者にとってリスクの高い行為である。なぜならその技能は当該企業でしか役立たず、解雇されたら費用を回収できないからである。だが企業としては生産性を高めるために労働者に企業特殊熟練を修得させたい。そこで修得のインセンティブを与えるために、修得後は賃金を引き上げかつ雇用保障するという約束をするのが効果的である。しかし一つ問題がありそれは、この約束が不完備契約（incomplete contract）だということである。なぜなら企業特殊熟練の修得度合いは、企業固有の問題だけに、裁判所のような第三者によって正しく検証するのが難しい（unverifiable）からである。このような不完備契約では、企業は労働者が熟練を修得したのにしていないと言い張って賃金を引き上げなかったり、不況時に雇用保障の約束を破って解雇してしまったりと、約束を反故にしてしまうことができる。労働者の側も、企業がこのような裏切り行為に出てくる可能性を予測できるので努力費用の負担をためらうようになる。かくてホールドアップ問題が生ずる。だから不完備契約の履行には、当事者たちに約束を履行させるための装置すなわちコミットメント・デバイスが欠かせないが、その役立ちをしているのが使用者の解雇権を制限する解雇規制の法理である。こうして解雇規制の下で企業特殊熟練の形成は促され、解雇規制は経済合理性をもっている、というのである。

この説にたいしては、コミットメント・デバイスは必ずしも一律の解雇規制という私法介入の形をとる必要はなく、契約当事者の自由な交渉で実現可能だという批判がある。なぜなら「企業が、人的資本投資によって能力や生産性が上昇した労働者の生産性を故意に低めに評価するという前提が異常である。企業にとって、そのような貴重な人材を何ゆえに冷遇して結果的に企業から追い出したり、また悪い処遇に貶める実益があるだろうか」（福井［2006］、49～50頁）。「所与の賃金に見合った仕事能力を持つ労働者を解雇して企業が得るものは何もない。また、長期的に形成される熟練労働者の希少性を考慮すれば、雇用保障は労使の自由な交渉から自然発生的に生じるもので、法によって一律に強制されなければ存続できないものではない」（八代［1999］、103～4頁）。つま

り「熟練労働者」ならば解雇規制がなくても解雇されるはずがないという批判である。

しかしより本質的な批判は、同じく解雇規制を擁護する立場にたつ法学者からの批判であろう。それは現実の解雇紛争において、企業特殊熟練は全く争点になっていないという事実である。「そもそも以上の論法には、現実と対比したときに不自然さが伴う。その理由は、ウィリアムソン流の企業特殊的人的資本の蓄積ばかりが強調されている点にある。現実には、企業特殊的人的資本が問題とならないような労働契約についても、解雇は制限されるのであり、人的資本の特殊性を強調する論法は、現実の解雇権濫用法理の機能と合致しないのである」（内田[2004]、211頁）。要するに、企業特殊熟練の形成めぐるストーリーは、現実の解雇紛争に照らして、経済学者が作り出した虚構という性格が強い。

もっとも、内田の批判は、同時に福井、八代らの自由交渉論にたいする批判ともなっていることに注意したい。つまり現実の解雇紛争をみると、福井らの主張に反して、高い熟練をもつ労働者でさえも解雇されているのである。福井らは熟練労働者を解雇する企業はないと主張していた。「しかし、実際の解雇紛争の頻発は、この仮定を切り崩している。……経済合理的に行動しそうな大企業においても、現実には短絡的な解雇が発生している（セガ・エンタープライゼス事件が典型）」（土田[2004]、103頁）。つまり現実の解雇紛争は、熟練とは無関係の理由で多数発生している。

要するに、現実の解雇紛争に照らして解雇規制の合理性を説明することができなければならないが、企業特殊熟練の形成をめぐる不完備契約説は、現実の紛争例から乖離しているという点で決定的な弱点がある、と結論せざるを得ない。

だがこの論争における一つの重要な成果は、雇用関係（労働契約）を不完備契約として捉え、そのコミットメント・デバイスとして解雇規制を導入しようとしたアイデアである。企業特殊熟練というアプローチを以って、解雇規制をコミットメント・デバイスと説明することに成功したとは思われないが、このアイデア自体は斟酌に値する。企業特殊熟練以外の、何か別のアプローチから解雇規制をコミットメント・デバイスとして正当化する糸口を切り開いたのである。以下に筆者の積極説を展開したい。

(2) Authority Relationの不完備契約説

労働契約が不完備契約であるのはなぜか。企業特殊熟練への投資という問題以上にもっと本質的なことは、労働契約締結時点では売り手がなすべきサービスがほとんど確定しておらず、代わりに買い手（使用者）と売り手（労働者）のあいだには指揮命令－服従の関係が生じており、随時使用者の発する命令によって労働者のなすべきサービスが確定するということ、これであろう。つまり労働契約とは、労働者が「組織に加わるに際し、権限関係（authority relation）を受容する。すなわち彼は、（雇用契約の条件によって明白に、または暗黙に規定されている）ある限度内において、組織が彼に与える命令や指示を、彼の行動の前提として受容することに、同意している」契約である（March and Simon [1958] p.90、訳137～8頁）。つまり労働者が、使用者の随時発する命令に、あるかなり曖昧な限度内において、従うことに予め同意している契約である。これゆえ労働契約は不完備契約なのである。

雇用関係が指揮命令－服従関係（以下、指揮命令関係と記述。本稿ではauthority relationを主としてこのように訳す[7]）となる理由は、コースによれば不確実性への対応（Coase [1937]）、すなわち買い手の意思決定を契約時点では留保し、後に延期することによって得られる「決定遅延の利益」（Simon [1951] p.304、訳357頁）であるが、コースによれば「この契約の本質は、企業家の権限の範囲を明確にしさえすればよいという点にある」（Coase [1988] p.39、訳44頁）。ともあれ、契約時点で労働者のなすべきことが具体的に確定していないので、労働契約は明らかに不完備契約である。

しかし不完備契約でも経済的効率性（パレート効率性）が達成できる場合がある。以下ではこのファーストベストな労働契約成立の前提条件を明かした上で、現実に照らしてその前提条件が成立しがたいことを示し、解雇規制が不完備契約を円滑に履行させるためのコミットメント・デバイスとなる可能性を指摘する。

4 効率的な指揮命令関係モデル

指揮命令関係という不完備契約の下でも、使用者の命令権が明確に確定でき、かつ命令権が労働者と使用者のあいだで随時取引可能であれば、効率的関係が

成立することを示そう。

　使用者の命令によって労働者がなすべきことをxとすると、使用者と労働者の効用関数はそれぞれ次のように表せる。

　　使用者：　　$\pi(x) = R(x) - w$
　　労働者：　　$U(x) = w - C(x)$

但し$R(x)$は労働者の行為xから得られる使用者の収入、$C(x)$は行為xを実行することによる労働者の費用（様々な心理的および肉体的負担）、wは賃金である（$R(x) \geq 0, C(x) \geq 0, w \geq 0$）。

　このとき効率的な状態とは、もちろん当事者の効用の総和

$$T(x) = \pi + U = R(x) - C(x)$$

が最大となるようなxを使用者が選択している状態である。これが効率性の定義である。経済的効率性は分配変数wから独立していることに注意しよう。

　だが、使用者には$\pi(x)$つまり$R(x)$が最大となるような命令内容xを選択する動機はあっても、$T(x)$を最大にするようなxを選択する動機はない。使用者は労働者の費用までは考慮に入れないからである。

　しかし、もし労働者の費用$C(x)$がある上限値を超えないようにxを選ぶルールにするならば、$R(x)$を最大にするxは同時に$T(x)$を最大にする。なぜなら$C(x)$の上限値をC^Mで表し、ほぼ固定値とみなせるとすると、

$$T(x) = R(x) - C^M$$

となり、$R(x)$を最大化するようなxを選べば同時に$T(x)$を最大化することになるからである。

　では$C(x)$の上限値を定めるにはどうすればよいか。それは命令内容xをある集合$X (x \in X)$の中から選ぶというルールを定めればよい。この集合Xは命令権の範囲にほかならない。つまり使用者は予め労使によって定められた命令権の範囲Xの中からxを選択するというルールを定めることによって、$C(x)$の上限値を決定することができる。

　すると残された課題は、命令権の範囲Xを当事者たちでいかに確定するかという問題であり、「この契約の本質は、企業家の権限の範囲を明確にしさえすればよい」とコースが述べた問題である。もし使用者と労働者のあいだで、命令権にたいする所有権を明確に確定でき、かつ自由に取引可能な状況が想定できれば、効率的な命令権の範囲Xを定めることができる。つまり効率的な指揮

命令関係が成立する。コースの定理が成立するからである。サイモンの雇用関係に関する古典的論文（Simon [1951]）は、こういう状況の指揮命令関係モデルの描写である。

まず命令権の当初の所有者は労働者だと定める。なぜなら労働者は対価wに納得したときに限って自分を指揮する権限を使用者に売り渡すからである。納得しなければ、命令権の譲渡を拒否すればよい。つまりサイモンのいうように

「労働者は次の場合にかぎってだけ使用者との雇用契約を進んで結ぼうとするだろう。すなわち、使用者がいかなるx（同意された受容領域の範囲内で）を選ぼうと、労働者にとっては"たいしたこと"ではない場合、あるいは労働者の欲していないxを使用者が選ぶ（つまり、使用者が労働者に不快な仕事を課すること）可能性があるとしても何らかの方法でその償いが労働者に対してなされる場合にかぎってである」（p.295、訳344頁）。

つまり、契約当初にある任意の適当な大きさに命令権の範囲Xを決めておいて、あとはサイモンのいうように一方が他方に「償い」をする、つまり命令権を売買することにすれば、Xは効率的な大きさに決まる。図10-2はこの状況を示したものである。はじめの命令権の範囲をX_0とすると、もしX_0の外側にくる命令xを使用者がしようとすると、新たに命令権を拡大することによる労働者の負担の増加分つまり限界費用$MC(x)$に等しいだけ追加料金を労働者に支払えば労働者はその命令権の範囲の拡大を受諾するだろう。こうしてXの範囲が広がるが、Xの拡大による使用者の限界収入$MR(x)$が$MC(x)$と等しくなるまで、つまり$MR(x)>MC(x)$の関係が消滅するまで、この命令権の売買は続くだろう。命令権を拡大しようとするたびに労働者が受諾するだけの追加料金を払えばよいのである。かくして効率的な命令権の範囲の大きさX^*を当事者のみで定めることができる。

もし労働者の好みが変わって、現在の命令権の範囲X^*が過大だと感じるようになったときは（例えば育児や介護の負担が発生したなど、これはＭＣ曲線の上方シフトに示される）、労働者が使用者から命令権を買い戻せばよいのである。つまりXを狭めることによる使用者の負値の限界収入$MR(x)$に等しい額を代償としてwから差し引けば、使用者は命令権の縮小に同意するだろう。この

命令権の売買は$MR(x)<MC(x)$の関係が消滅するまで続き、以前より小さい、新しい効率的な命令権の範囲X^{**}に到達することができる。

かくて不完備契約の下でも命令権の所有権を明確に定めることができ、かつ命令権の取引が自由に行いうるならば（賃金が伸縮的に調節されるならば、と言い換えてもよい）、命令権の範囲を効率的に定めることができ、すなわち労働者の負担の上限が確定されるので、効率的な指揮命令関係の契約が成立することが示された。

図10-2 効率的な命令権の範囲

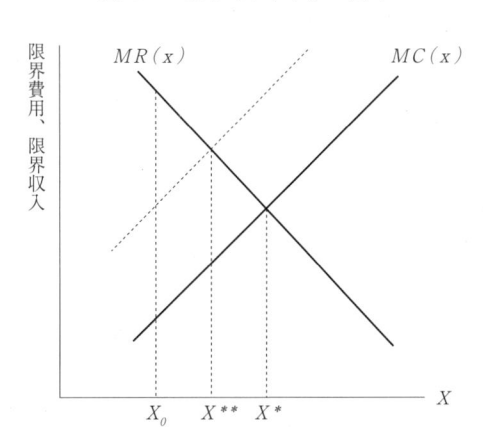

縦軸：限界費用、限界収入
横軸：X
曲線：$MR(x)$、$MC(x)$
X_0　X^{**}　X^*

5　効率的指揮命令関係モデルの非現実性（ファーストベスト）

しかし現実に照らして、命令権の範囲を明確に定めることができるとか、しかも労使のあいだで自由に取引可能だとの仮定は虚構にすぎよう。

まず現実の職場では、使用者の命令権の範囲はかなり曖昧である。それは文書化されていないので、何が命令できて何が命令できないかなど、誰もはっきりとは答えられない。これにたいして福井秀夫［2006］は曖昧さをなくすことが政策目標だと述べる。つまり「正しい雇用政策とは、適切な情報の非対称対策を講じることである。すなわち業務内容、給与・労働時間・昇進等の処遇、人的資本投資に対する労使の負担基準などに関する客観的な細目を雇用契約書等（労働協約・就業規則を含む）に記載させるための法的仕組みを整備し、労使双方にやり直しを与え、さらに当事者の合意を最大限尊重することこそ重要なのである」という（56〜57頁）。「やり直し」が再交渉を意味するとすれば、まさにコースの定理の実現を図る道が「正しい雇用政策」と考えているようである。しかし労使関係学者の仁田道夫［2008］は、「福井教授が就業規則や労働協約を読んだことがあるかどうか知らないが……いずれも、多くの労働者に共

通するルールを枠組みとして定めているだけで、個々の労働者の仕事の内容や、処遇のあり方の細部を規定するものではない」と批判する (18頁)。また労働法学者の有田謙司 [2008] は「不完備契約の理論に対する批判というのは、かなり違和感があります。どうやって記述しつくすのかというのは皆目見当がつかないし、逆にイギリスの議論なんかだと、使用者は故意に記述しないと。つまり、様式性を求めて一定の条件を明文化しなさいというのを、むしろ使用者は拒絶して、包括的な指揮命令権みたいな形にするということで、意図的に使用者のほうがやっていない」として、命令権の範囲の明確化は、むしろ使用者が柔軟性を失われるゆえに避けたがると述べている (43頁)。つまり、現実には命令権の範囲はかなり曖昧で、労働者にとって内心では受け入れ難いと思うような命令をなされる場合も、ありうるわけである。

次に、命令権が労使のあいだで自由に取引可能だというファーストベストモデルの想定も非現実的である。いうまでもなく雇用関係における上司と部下の関係は、小売店における顧客の店員にたいする注文とは違って、いちいちオーダー（命令・注文）するごとに売り手が追加料金を請求する関係ではない。じっさいは、労働者にとって内心は受け入れ難いと思うような命令がなされ、労働者がそれに従っても、彼の効用が以前と同じに保たれるだけの代償が払われる保証はない。後に昇進等の形で償われるかもしれないし、償われないかもしれない。償われる保証がなくても、上司の命令には従う、というのが組織の原則である。それゆえ命令権者と労働者の関係は、世の中では「上下関係」と呼ばれ、対等な関係とははっきりと区別されているのである。

要するに、現実の指揮命令関係では、命令権の範囲は明確に確定していないし、命令権の取引が労使のあいだで行われているわけではない。だからコースの定理も成立しないし、効率的な指揮命令関係を当事者だけで実現することもできない。かくて、労働契約にたいし何らかの私法の介入が行われる余地が出てきた、ということになる。それは使用者の命令権を制約する目的のものになるに違いないが、いかなる内容の法規制が必要だろうか。

6 解雇規制の必要性——指揮命令型不完備契約アプローチ

(1) 解雇規制の目的は何か

雇用関係はauthority relationすなわち指揮命令関係である。労働契約の成立によって、使用者は労働者を指揮命令する権限を有する立場に就くのである。言い換えれば労働契約は、労働者が使用者にたいし自分のなすべき労働内容を決定する権限を承認している、白紙委任型の不完備契約ということができる。サイモンは、労働契約は労働者が「いわば白紙の小切手にサイン」して使用者に手渡すようなものだと述べている（Simon [1951] p.295、訳344頁）。日本の労働法学では労働契約の「白地性」と呼んでいる（菅野 [2008]、67頁）。

白紙の小切手にサインすること、すなわち自分の行動決定権を他人に譲渡するということは、労働者にとってリスクを伴う行為である。労働契約を結ぶことによって、使用者と労働者の関係は「上下関係」に転化する。Williamson [1975] がマーケットと区別したところの組織のヒエラルキーに入るのである。ここでは、労働者には離職（exit）という手痛いオプションを除けば「仕事依頼に対する諾否の自由がない」（江口 [2007b]、39頁）。すなわち、もし受諾しなければ何らかの制裁権を使用者は行使する可能性があるという意味で、諾否の自由はない。指揮命令関係を受け入れるということは、かかるリスクを背負うことである。使用者は機会主義的行動を、つまり著しく負担の大きい命令をしてくるかもしれない。指揮命令型の不完備契約にはかかるリスクが伴う。

但し前述のように、指揮命令関係の下でも使用者の命令権の範囲を明確に定め、命令権を随時売買することができれば、労働者のリスクを取り去るまたは償うことができる。しかし労使当事者のみでそれを実現するのは不可能なのであった。コースの定理は成立しない。

しかし当事者に代わって法律が、個別労働契約における使用者の命令権の範囲を事細かに確定するのもまた不可能である。法律でできることは、一律的規制がせいぜいである。すなわち労働基準法の労働時間の上限規制は労働者に過重な量の仕事を与えない、また労働安全衛生法が規定する労災予防義務および労基法・労働者災害補償保険法が規定する労災補償義務は労働者に危険な仕事をやらせないという形で、使用者の命令権を制約しているものと解釈できる。

いずれも使用者の命令権を制限し、機会主義的行動を抑止するという、労働契約という指揮命令型不完備契約に不可欠なコミットメント・デバイスの役割を果たそうとしている、とみて間違いない[8]。

では解雇規制にはどんな目的があるのか。雇用関係の下で労働者に諾否の自由がない背景には、使用者の制裁権があると指摘したが、解雇規制──「生産性」「仕事能力」基準による解雇の規制──には、解雇権という最も強力な制裁権を制限することによって、使用者の命令権を制限し、機会主義的行動を防止するという、不完備契約に不可欠なコミットメント・デバイスの役割が期待されていると考えられる。労働法学の表現を用いれば、「労働の従属性」を予防する目的である。

「労働の従属性」とは何か。労働法学者の村中孝史［1999］によると、「言うまでもなく、労働の従属性は、労働契約をその他の労務供給契約から区別する指標である。それはまた、労働法規制の究極的根拠でもある。この従属性は、労働が使用者の指揮・命令に基づいて行われるという人的従属性を中核」とする。つまり労働契約に固有の事情は使用者と労働者のあいだに指揮命令関係が生ずることにあり、この事情の下では「解雇の脅威は命令権者としての使用者の地位を極めて強いものとする」。つまり"オレの命令に服従しなければクビだ"という解雇の脅し、あるいは"ボスの命令に服従しなければクビになるかもしれない"という解雇の恐怖は、「労働者に不利な条件での労働を甘受させる」。かかる「労働の従属性」を防止するために解雇権は制限されるべきだというのである（以上607頁）。

このような労働の従属性（指揮命令関係）を根拠とする解雇規制の考え方は、「言うまでもなく」という言葉が示すように、労働法学者には周知の内容となっており[9]、経済学者に比べ労働法学者の多くが解雇規制の緩和に慎重である事実を説明するものである。

ところが全く対照的に、労働経済学者のあいだでは指揮命令関係から生ずる労働の従属性という認識は、全然共有されていない。じじつ日本やアメリカの「労働経済学」（Labor Economics）の教科書で、指揮命令関係を労働法学者のように真正面から問題にしている本は全く見当たらない。むしろ効用最大化原理による労働者の労働供給の自己選択（所得−余暇選択モデル）というアプローチから説明されるのが常である[10]。このアプローチに執着する限り、労働法学者

のいう指揮命令関係から生ずる労働の従属性を理解するのは困難である。

しかし私は、労働経済学者の雇用関係認識のほうがいささか不十分であると考える。じじつ経済学の中でも、組織の経済学では雇用関係は指揮命令関係だとの捉え方は共有されている（Coase［1937］、Simon［1951］、Williamson［1975］）。また経営学の分野でも、近代組織論の始祖とされるBarnard［1938］は「権限（authority）の理論」を展開している。こうした周辺的学問状況に鑑みるならば、かつてケインズが「古典派の第2公準」と呼んで批判した労働供給の自己選択説に今なお執着し、他の学問分野の成果を吸収してこようとしなかった労働経済学の保守性は強く批判されてしかるべきではなかろうか。

かくてわれわれの課題は、労働法学者のあいだではよく知られている労働契約に固有の事情である労働の従属性（subordination）を予防するための、指揮命令型不完備契約に不可欠なコミットメント・デバイスとして、解雇規制が経済的効率性を高める可能性を論ずることである。

(2) なぜ「生産性」「仕事能力」基準による解雇は制限されるべきか

これまでの議論を整理すると、日本企業は「厳格な」解雇規制の下でも希望退職という方法で人数面での雇用調整力を発揮しているのであり、それゆえ日本の解雇規制の核心は労働者の「生産性」あるいは「仕事能力」による解雇を普通解雇にせよ整理解雇にせよ制限していることにある。緩和派の最も不満な点も人選の自由がないことにあった。つまり、「能力の欠如またはその低下を理由とする解雇もある程度認めることを検討していただきたい」（前掲小嶌）。「『仕事上の能力不足』が、明確な解雇理由となることを認めた上で、そのために必要な人事評価のガイドラインの設定」をする（前掲八代）。「労働生産性を基準として柔軟な賃金設定が可能であり、かつ生産性に応じた解雇の明確な基準」（前掲福井・大竹）をつくる。このように要求していた。

ここで問題となるのは、労働者の「生産性」とか「仕事能力」とかいう言葉は一体何を意味しているのか、ということである。私がこれまでいちいちカギカッコに入れて「生産性」「仕事能力」と表記していた理由は、実はこれを問いたかったからである。緩和派は定義することなく使っているが、労働経済学の常識的理解に従えば、それは労働者の技能水準のことを指している。労働経済学で労働者の「生産性」といえば十中八九人的資本の蓄積水準に対応する限

界生産性のことを指しており、それを賃金プロファイルの形状との比較で議論するのが常だからである。じじつ先の「企業特殊熟練の形成をめぐる不完備契約説」にたいする緩和派の批判のところでも、「所与の賃金に見合った仕事能力を持つ労働者を解雇して企業が得るものは何もない。また、長期的に形成される熟練労働者の希少性を考慮すれば、雇用保障は労使の自由な交渉から自然発生的に生じるもので、法によって一律に強制されなければ存続できないものではない」(前掲八代)と、「仕事能力を持つ労働者」とは「熟練労働者」のことを指しているのは明らかである。したがって労働者の「生産性」「仕事能力」とは労働者の技能水準のことを指しているとみて間違いないだろう。

しかしながら、労働者の「生産性」を技能水準のみとの関係で考察するのは正しくない。正しくは労働者の「生産性」は"技能水準"と"労働の発揮の仕方"という2つの異質な要素から成る。そして"労働の発揮の仕方"は指揮命令関係の下では、労働者の命令権者にたいする"服従性"と重なる。以下にみていこう。

「生産性」の一端を占める"技能水準"は人的資本量であり、ストックの概念である。これはある一時点においては与えられた固定量である。これに対し、"労働の発揮の仕方"はフローの概念であり[11]、何の仕事をどれだけの量しなくてはならないかということだから、第一に可変量であり、第二に労働者の負担の大きさの問題と一体であり、第三に命令権者の命令内容によってその基本量が規定されるものである。例えば、上司が身体にとって非常に危険な仕事を命令したり、あるいはそれ自体危険な内容の仕事でなくても過重な量の仕事や、労働者の価値観に相違するようなことを明示的または暗黙的に命令したりすれば、その実行を迫られる労働者は苦境におかれる。はたして自分の気持ちを抑えて、あるいは吹っ切って、使用者の命令どおりの"労働を発揮"した人は、使用者の目には「生産性」「仕事能力」が高いと写るだろう。つまり指揮命令関係の下では、"労働の発揮の仕方"は命令権者への"服従性"と多分に重なることがわかる。

だから指揮命令関係の下では、労働者の「生産性」あるいは「仕事能力」は"技能水準"と"服従性"という2つの要素から成ると言い換えることができ、使用者にとっては、労働者がどちらか一方ではなく、その両方を備えていることが重要なのである。一つわかりやすい例を挙げれば、プロ野球でチーム

の４番バッターとかエースピッチャーが監督を批判してベンチからはずされるという「お家騒動」が時々ある。技能水準が低ければスターティングメンバーに名前を連ねるのが難しいのは明らかであるが、監督の命令に服従しない選手もまた「生産性」が低いと監督の目には映るのである。一般企業でも同じだろう。労働者の「生産性」は技能水準と服従性という２つの要素からなるという見方は、技能水準の高い人が解雇されることがある現実と整合的である。労働者の「生産性」は技能水準だけで評価されるのではなく、使用者の命令にいかによく従ったかという服従性の見地からも評価されているのである。つまり使用者の命令に期待どおりに従わない労働者の「生産性」は低いと判断されやすい。

　しかし、使用者の命令はつねに容易に服従しうるものばかりではない、という大問題がある。労働者にとって著しく負担の大きい命令もあるからである。指揮命令関係にはこういう問題が必ず付随する。かかる命令にたいし労働者が使用者の期待どおりに従わないと「生産性」の低い労働者だと人事評価され――この意味で指揮命令関係の下では使用者の人事評価にはいくらかの主観性・恣意性が免れがたいといえる――解雇されやすくなるとしたら、労働者は著しく従属的な地位に追い込まれることになる。そういう解雇を恐れる労働者の"足元を見て"著しく負担の大きい命令をする使用者の機会主義的行動を防ぐためには、使用者の人事評価を基準とした普通解雇・整理解雇には強い制約を課すという内容の、解雇規制という私法的介入が不可欠となろう。

　ここで労働者の負担を左右する命令権者の権限について、バーナードの「権限の理論」によると、使用者の命令は労働者の立場からみると３つのグループに分類できるという。（１）「確実に服従されない命令」のグループ、（２）「多かれ少なかれ中立線上にあるもの、すなわち、どうにか受け入れられるか、あるいは受け入れられないかの瀬戸際にある」命令のグループ、（３）「問題なく受け入れうる」グループつまり「無関心圏」に入るグループ、の３種類である（Barnard［1938］p.169、訳177頁）。ここで第一のグループとは、例えば、泳げない人に川を泳いで渡れ、というような無理な命令で、このような命令をすることは使用者にとっても経営上の利益はない。

　第三のグループについて。バーナードによると、命令される労働者には一定の「無関心圏（zone of indifference）」が存在し、その圏内では、命令はその権限の

有無を意識的に反問することなく受容しうる」という（p.167、訳175頁）。それゆえ「無関心圏」をサイモンのように「受容領域」（area of acceptance）と呼んでもよい（Simon［1951］p.299, March and Simon［1958］p.91、訳138～8頁）。使用者が無関心圏に入る命令をする限り、それは労働者にとって受容できるレベルの負担であり、労使のあいだにコンフリクトは起こらない。

これに対し、第二のグループ、つまり「どうにか受け入れられるか、あるいは受け入れられないかの瀬戸際にある」命令のグループ、これはコンフリクトを招くおそれがある。こうした命令は労働者に負担を感じさせるからである。もし第二の中でも第一のグループに近いような厳しい命令を毎日発したらどうなるだろうか。それに従おうとする労働者の負担は著しく高まってしまう[12]。

一方、先程第一のグループに分類されるような命令を発することは、使用者にとって経営上の利益がないと述べたが、現実にはそういう合理性のない命令が発せられることが時々ある。例えば上司によるセクシュアル・ハラスメントやパワー・ハラスメントがそうで、上司という地位を利用して権威的に振舞ったり、不快なことを言ったり命令したりする行為である。要するに、指揮命令型不完備契約の下では、労働者にとって負担の極めて大きい、あるいは許容しがたいような強引な命令を、使用者がやろうと思えばすることができる。もし解雇規制がなければ、"オレの命令に従わない労働者はクビだ"という"伝家の宝刀"（解雇の脅し）をかざして、部下にそういう強引な命令をするモラルを欠いた使用者が増加するに違いない。じじつ報道によれば、有期契約の普及によって、契約非更新をちらつかせながら、有期契約の女性労働者にたいしてセクハラ、パワハラする行為が昨今増えているらしい。なおいうまでもなく、こうしたセクハラ行為にたいし、セクハラされた労働者が辞めればよいという問題解決方法は、正義に反する解決方法であり許されない。ここで「正義に反する」とは法学用語であるが、それを経済学的に理解することは容易であり、セクハラを受けた上に離職コストまで負担させられることをいっているのである。こうした状況は、労働者の厚生を著しく傷つけ、経済的効率性の見地からも是認できないはずである。

これにたいして、解雇規制が存在する下では、解雇の脅しという制裁手段が制約されるので、それがない場合に比べて強引な命令は（後述するように）しづらくなる。つまり解雇規制は、労働契約という指揮命令型の不完備契約にお

いて、命令権者の機会主義的行動を防ぎ、労働の従属性（厚生の悪化）を予防して、契約の円滑な履行を促すための装置、すなわち不完備契約に不可欠なコミットメント・デバイスの機能を果たしている、と考えられる。使用者の機会主義的行動の不安から解かれることは、労働者の命令権者にたいする信頼の必要条件である。だから使用者にとってもメリットがある[13]。

これに対しいくつかの反論が予想される。第一に、常木淳［2004］は、使用者には解雇以外の制裁手段もとりうること、すなわち「賃金の切り下げその他の会社内での処遇を悪化させることによって、労働者への機会主義的行動を実行することは常に可能である」として（42頁）、解雇規制の効果を疑問視する。

しかし、関係の切断を招く解雇と、関係は継続する低査定、左遷などの制裁手段とでは決定的な違いがある。それは後者であれば、賃金は支払われ生活費は保たれるという消極的なことだけではない。組織内に残れば使用者にたいしまた発言（voice）するチャンスが残されることが重要である。もし使用者の機会主義的行動によって彼／彼女が不遇を受けたのならば、その事実を理解する者が職場内・組織内に存在することは間違いないし、また他にも同様の制裁を受けた者がいれば、仲間ができ、使用者にたいする集団的発言（collective voice）に発展する可能性がある。こうして使用者の機会主義的行動は高くつくことになるのである。しかし簡単に解雇ができてしまえば、voiceという経路の機会主義的行動の抑制手段はなくなってしまう。解雇とその他の制裁手段との差は大きいといわねばなるまい。

第二の反論として、労働市場における企業間競争を強調して、不合理な命令や短絡的な解雇をする企業は評判を下げて優秀な人材を失いやがて企業間競争によって淘汰されてしまうはずだから、解雇規制という私法的介入は不要である、という非現実的な主張をする人がいるかもしれないが、そう主張する人は、そういう企業が労働市場で淘汰されるまで一体何年かかるのか具体的に示してもらいたい。しかもこの議論は理論的にみてもおかしい。企業は労働市場だけでなく、商品・サービス市場においても競争している。商品・サービス市場における激しい競争は、現代の日本を一瞥すればわかるように、労働条件を切り下げる圧力として働く。労働市場における企業間競争だけをとって強調するのは間違いである。だから労働市場における企業間競争の存在は、解雇規制を否定する論拠には全然なりそうもない。企業間競争による機会主義的行動の抑止

効果を期待するよりも、むしろ企業内部のvoiceによる抑止策（産業民主主義政策）を図るほうがずっと望ましい選択ではないだろうか。そのためには解雇権は規制されなければならない。

さて、労働契約という不完備契約は、労働者にたいするコミットメント・デバイスをも当然に要求する。つまり使用者の合理的な命令にたいしては、忠実に従うことを強制させ、シャークを防止し、自分勝手な行動をとらせない装置である。そのコミットメント・デバイスの一つは、使用者の解雇権である。現行の解雇権濫用法理は、解雇を全面的に禁止するものではない。使用者の合理的な命令にたいする服務違反は、正当な解雇事由となる[14]。バーナードの分類に従えば、「無関心圏」に入るような命令にたいする不履行は、解雇規制によって保護されない[15]。だから解雇はコミットメント・デバイスの一つである。他のコミットメント・デバイスは使用者自らが考案した装置で、人事考課を伴う昇給・昇進管理であったり、永年勤続プレミアムの付いた退職金であったり、社宅や住宅低利融資などの企業福祉であったり、一言でいえば労務管理の諸施策である。バーナードは労働者の「無関心圏」は固定的なものではなく、「注意深い予備教育」「説得の努力」あるいは報酬などの「効果ある誘因」によってその範囲は広がると指摘している（p.168、訳175頁）。「無関心圏」が広がれば、使用者の命令はそれだけ労働者に実行されやすくなる。

かくて雇用関係という指揮命令型不完備契約の下では、使用者が負担の大きすぎる命令をすることによって「労働者に不利な条件での労働を甘受」（前掲村中）させないためのコミットメント・デバイスとして解雇規制が有効である。それは労働者の「生産性」「仕事能力」を基準とする解雇つまり人事評価を基準とする解雇は制限されるという内容でなくてはならない。さもないと労働の従属性を予防できない。指揮命令関係の下では、使用者の目に映る労働者の「生産性」とは、技能水準と服従性の両方を含んだ概念だからである。とくに服従性の評価については、使用者の命令内容の側に問題があるケースもありうるので、主観性・恣意性から免れがたい。それゆえ人事評価を基準とした解雇は恣意的で主観的に過ぎるとしたこれまでの判例には合理性があるといわねばならない。要するに、指揮命令関係の下では、使用者による人事評価が使用者にたいする「服従性」にかなりの影響を受ける以上、過度な「労働の従属性」を防ぐ目的からは、人事評価を基準とする解雇を容易に認めることはできない

のである。

　また特定の労働者を不当解雇であろうと一定の金銭費用によって確実に解雇できる道を開く金銭賠償制度は、使用者に人選の自由を認めるのと同じであり、恣意的な解雇を助長する恐れがあるので安易に認めるべきではない。また今日の日本は有期雇用の利用にたいする規制がほとんどないが、契約非更新を恐れる労働の従属性を防止する観点、そして使用者の機会主義的行動を抑止する観点からも、本来恒常的に労働力需要がある職務における有期雇用を規制するなど、ＥＵ有期労働指令を参考にした有期雇用への規制が必要である[16]。

7　おわりに

　雇用関係が不完備契約であるのは、企業特殊熟練の形成をめぐる問題よりむしろ本質的なことは雇用関係がauthority relationつまり指揮命令関係だということである。不完備契約問題としては、こちらのほうがより本質的なテーマである。指揮命令関係では過度な「労働の従属性」を招く恐れがあるので、使用者が命令できる範囲の制限が必要である。もし命令権にたいする所有権が明確化できて、労使間で自由に取引できる状況が想定できるならば、指揮命令関係という不完備契約の下でもコースの定理が成立し当事者のみで効率的な労働契約が設計できるので、労働者保護法は不要である。しかしこのファーストベストの契約は非現実的である。すなわち当事者だけで使用者の命令権の範囲を効率的に定めることはできない。かくて法律による労働契約にたいする規制の余地が出てくる。使用者にたいする労働時間の管理義務や労災防止義務は、その例であるが、解雇権の規制も同様の意義がある。つまり解雇権は制裁手段つまり使用者の命令権を強化する装置となるので、「労働の従属性」を防止するためには一定の規制が必要となる。それは労働者の「生産性」「仕事能力」の不足とか人事評価を基準とする解雇を規制するという内容でなければならない。なぜなら指揮命令関係の下では、労働者の「生産性」「仕事能力」は技能水準と服従性という２つの異質な要素から成っているので、労働者の過度な従属（労働者の厚生の悪化）を防止するためには、使用者が評価するところの「生産性」基準による解雇を制限する必要があるからである。この見方は、現実の解雇紛争が使用者の権威（authority）にそむいたか否かという問題でよく起きている

事実と整合的である。また使用者の機会主義的行動の不安から解かれることは、労働者の命令権者にたいする信頼の必要条件であるから、使用者にとってもメリットが小さくない。かくて解雇規制は、指揮命令型不完備契約に不可欠なコミットメント・デバイスの役割を果たしているというのが本章の結論である。

（本稿は山垣［2008b］を大幅に書き改めたものである。）

注

1) 解雇規制の失業率に与える影響に関する研究として、理論的にはサーチ理論があるがその影響は定かではないと結論される（江口［2007a］）。同様に実証的研究でもその影響ははっきりしていない（神林［2003］）。
2) マルクスの絶対的剰余価値論および労働日の決定理論はその一つの説明だろう。「労働者を24時間のあいだ生かしておくために半労働日が必要だということは、労働者がまる一日労働することを決してさまたげない」『資本論』（原208頁）。長時間労働の発生は、解雇規制を持ち出さなくても説明できる。
3) 労働ビッグバン関連では、間接雇用規制の緩和とホワイトカラーエグセンプションについてそれぞれ山垣［2008a］［2008b］で検討した。
4) 経済財政諮問会議や総合規制改革会議などの諮問機関の政治的事情については、五十嵐［2008］が詳しい。
5) さらにもう一つ特殊なものとして、ユニオンショップ協定に基づく解雇がある。
6) 本調査は『平成14年版　労働経済白書』でも紹介されている。
7) 英語のauthority relationに当たる適切な日本語がなく、直訳すれば権限関係または権威関係となるが、それでは意味がわかりづらいので本稿ではやむなく指揮命令関係と意訳する。英語でいう使用者のauthorityは指揮命令権だけを指す言葉ではなく、人事権、技術選択権など経営権全体を指す包括的な「権力 power」概念である。しかし本稿で問題にしているauthorityはほぼ命令権に限られるので、このように表記する。
8) この問題を興味深く論じたものとして江口［2007b］がある。
9) 菅野［2008］(67頁)、土田［2004］(107頁)、西谷［2004］(213頁)。
10) これに対し、大学院レベルのLabor Economicsのテキストでは契約論が入ってくる。しかしその代表的テキストであるCahuc and Zylberberg［2004］(p.306)では後述するSimon［1951］のauthority relation（権限関係）やsubordination（労働の従属性）に関する学説史紹介的な言及があるだけで、主に紹介されているのはエージェンシー・モデルである。このモデルは、自己裁量性をもったエージェントをプリンシパルがコントロールするにはいかなる契約を設計すべきかというのが主題であり、労働法学者が問題にしてきた労働の従属性にたいしては依然として無関心である。
11) フローの"労働の発揮の仕方"を問題にした従来の研究として、効率賃金仮説、およびマルクスの剰余価値理論がある。
12) 例えば、工場であれば身体に危険な作業、オフィスであれば、過重な業務量による長時間労働、労働者の価値観に相違するような命令などが挙がる。それはストレス、事故、うつ、過労死につながる危険を高める。

13) 使用者の主流は「便乗解雇」を招くとして解雇規制の緩和に反対であったことは注目に値する（仁田［2007］）。2001年の総合規制改革会議「中間とりまとめ」の直後9月に行われたヒアリング会において、日経連専務理事の福岡道生は「便乗解雇など経営者のモラルハザードを引き起こしかねない解雇規制緩和ルールの設定には反対」と日経連を代表して意見を述べているし（http://www8.cao.go.jp/kisei/giji/008/gaiyo.html）、同じ頃日経連会長の奥田碩はある会の挨拶で「今、一部の論者からは、解雇規制の緩和を求める声が出ておりますが、私はこれは最もやってはいけないことであると思います。それは最も警戒すべき便乗解雇を容易にするものであるとともに、何より、経営者のモラルハザードに直結しかねないものであるからであります」と反対意見を述べている（http://www.nikkeiren.or.jp/h_siryou/2001/20010808.htm）。つまり経営者団体は「便乗解雇」が起こりうることを自ら認めており、そしてそれを防止する解雇規制のメリットを認めているのである。
14) 但し労働者に改善の可能性がある場合の解雇は、解雇権の濫用だとして無効になる。
15) 実際の判例は、「受容領域」（無関心圏）の外側に属するような命令でもその不履行による解雇を認定する傾向がある。例えば残業拒否を合理的な懲戒解雇理由として認定した91年日立製作所武蔵工場事件最高裁判決や、大阪から名古屋への配転拒否を懲戒解雇理由として認定した86年東亜ペイント事件最高裁判決がある。もっともこうした最高裁判例にたいしては労働法学者からの批判もある。
16) 濱口［2009］の93頁以下が詳しい。

参考文献
有田謙司・濱口桂一郎ほか［2008］「労働法理論の現在――2005〜07年の業績を通じて」『日本労働研究雑誌』No.572
五十嵐仁［2008］『労働再規制――反転の構図を読みとく』ちくま新書
内田貴［2004］「雇用をめぐる法と政策――解雇法制の正当性」大竹・大内・山川編所収
江口匡太［2007a］「解雇規制の経済分析」ＪＩＬＰＴ『解雇規制と裁判』資料シリーズNo.29
―――［2007b］「労働者性と不完備性――労働者が保護される必要性について」『日本労働研究雑誌』No.566
大竹文雄・大内伸哉・山川隆一編［2004］『解雇法制を考える――法学と経済学の視点（増補版）』勁草書房
大竹文雄・奥平寛子［2006］「解雇規制は雇用機会を減らし格差を拡大させる――所得格差解消の手立てを考えるために」福井・大竹編所収
神林龍［2003］「労働の法と経済学――書評：大竹・大内・山川編『解雇法制を考える』」『日本労働研究雑誌』518号
菅野和夫［2008］『労働法』（第8版）弘文堂
中馬宏之［1998］「『解雇権濫用法理』の経済分析――雇用契約理論の視点から」三輪芳朗・神田秀樹・柳川範之編『会社法の経済学』東京大学出版会
土田道夫［2004］「解雇権濫用法理の正当性――『解雇には合理的理由が必要』に合理的理由はあるか？」大竹・大内・山川編所収
常木淳［2004］「不完備契約理論と解雇規制法理」大竹・大内・山川編所収

西谷敏［2004］『規制が支える自己決定――労働法的規制システムの再構築』法律文化社
仁田道夫［2003］『変化のなかの雇用システム』東京大学出版会
―――［2007］「労働法改革と雇用システム――解雇法制をめぐって」社会政策学会誌第17号『格差社会への視座』法律文化社
―――［2008］「解雇規制と規制改革論議」『季刊労働法』223号
濱口桂一郎［2009］『新しい労働社会――雇用システムの再構築へ』岩波新書
福井秀夫［2006］「解雇規制が助長する格差社会――労働者保護のパラドックス」福井・大竹編所収
福井秀夫・大竹文雄編［2006］『脱格差社会と雇用法制――法と経済学で考える』日本評論社
村中孝史［1999］「日本的雇用慣行の変容と解雇制限法理」『民商法雑誌』第119巻4=5号
八代尚宏［1999］『雇用改革の時代』中公新書
―――［2006］「『労働契約法』と労働時間法制の規制改革――働き方の多様化に対応した法制度の見直しが必要」福井・大竹編所収
山垣真浩［2008a］「労働――新自由主義改革の現状と問題点」櫻谷勝美・野崎哲哉編『新自由主義改革と日本経済』三重大学出版会
―――［2008b］「労働分野における新自由主義改革の現状と問題点（下）」『経済学論集』（大阪経済法科大学）第31巻第2・3合併号
Barnard, Chester I.［1938］*The Functions of the Executive,* Harvard University Press（山本安次郎ほか訳『経営者の役割』ダイヤモンド社、1968）
Cahuc, P. and A. Zylberberg［2004］*Labor Economics,* MIT Press
Coase, Ronald H.［1937/1988］"The Nature of the Firm," *Economica* 4（宮沢健一・後藤晃・藤垣芳文訳『企業・市場・法』東洋経済新報社、1992）
March, J.G. and H.A. Simon［1958］*Organizations,* John Wiley & Sons（土屋守章訳『オーガニゼーションズ』ダイヤモンド社、1977）
Simon, Herbert A.［1951］"A Formal Theory of the Employment Relationship," *Econometrica* 19（宮沢光一監訳『人間行動のモデル』同文館、1970）
Williamson, Oliver E.［1975］*Markets and Hierarchies,* Free Press（浅沼萬里訳『市場と企業組織』日本評論社、1980）

■執筆者紹介 （執筆順）

兵頭　淳史（ひょうどう・あつし）
　　1968年、大阪市に生まれる。九州大学法学部卒業。同大学院法学研究科博士課程単位取得。現在、専修大学経済学部准教授。
　　著書：『労働組合の組織拡大戦略』（共著、御茶の水書房、2006年）、『日本国憲法の同時代史』（共著、日本経済評論社、2007年）、『現代労働問題分析』（共編著、法律文化社、2010年）など。

五十嵐　仁（いがらし・じん）
　　1951年、新潟県に生まれる。東京都立大学卒業。法政大学大学院社会科学研究科を経て大原社会問題研究所研究員。現在、同研究所教授。所長。個人ブログ「五十嵐仁の転成仁語」http://igajin.blog.so-net.ne.jp/を発信。
　　著書：『労働再規制──反転の構図をよみとく』（ちくま新書、2008年）、『労働政策』（日本経済評論社、2008年）など。

高橋　祐吉（たかはし・ゆうきち）
　　1947年、埼玉県に生まれる。1970年、東京大学経済学部卒業。（財）労働科学研究所の研究員を経て、現在、専修大学経済学部教員。
　　著書：『企業社会と労働組合』、『企業社会と労働者』、『労働者のライフサイクルと企業社会』、『現代日本の労働問題』（いずれも労働科学研究所出版部）など。

松尾　孝一（まつお・こういち）
　　1966年、神戸市に生まれる。1990年、京都大学経済学部卒業。2000年、同大学院経済学研究科博士課程修了。博士（経済学）。現在、青山学院大学経済学部准教授。
　　著書：『階層化する労働と生活』（共著、日本経済評論社、2006年）、『労使コミュニケーション』（共著、ミネルヴァ書房、2009年）など。

鷲谷　徹（わしたに・てつ）
　　1948年、愛知県に生まれる。1972年、東京大学経済学部卒業。（財）労働科学研究所・労働社会生活研究部長などを経て、現在、中央大学経済学部教授。
　　著書：『サービス産業の労働問題』（共編著、労働科学研究所、1982年）、『技術革新と労働の人間化』（共著、労働科学研究所、1989年）、『日本社会の再編成と矛盾』（共著、大月書店、1997年）など。

鬼丸　朋子（おにまる・ともこ）
　　2000年、九州大学大学院経済学研究科経営学専攻博士後期課程単位取得退学。現在、桜美林大学経済・経営学系准教授。
　　著書・論文：澤田幹、守屋貴司、平澤克彦編著『明日を生きる人的資源管理入門』「第5章　あなたの賃金はどうなるか」（ミネルヴァ書房、2009年）、賃金制度問題研究会編『職務（役割）給の導入実態と職務（役割）評価──ホワイトカラーの多様な職務（役割）に対応した制度に向けて──』「第2章　研究会アンケート調査の分析（企業調査）」（2007年）、論文：「外資系企業の日本法人における人事・賃金制度の変遷（3）──外資系企業A社の2000年代の賃金制度分析を手がかりに──」（桜美林大学経済学部編『桜美林エコノミックス』第56号、2009年）など。

山縣　宏寿（やまがた・ひろひさ）
　　1978年、東京都に生まれる。2003年、中央大学商学部経営学科卒業。明治大学大学院経営学研究科博士後期課程修了。経営学博士。明治大学社会科学研究所リサーチ・アシスタント、同大学経営学部専任助手などを経て、現在、明治大学大学院経営学研究科教育補助講師、明海大学不動産学部他、兼任講師。
　　論文：「生活協同組合における能力主義管理の実態」（『経営学研究論集』2008年28号）、「生協における正規、パート労働者の賃金格差」（『社会政策学会誌』2008年19号）、「生協の職員労働に関する研究レビュー」（『生活協同組合研究』2009年402号）など。

浅見　和彦（あさみ・かずひこ）
　　1952年、埼玉県秩父市に生まれる。早稲田大学法学部卒業。法政大学大学院社会科学研究科博士後期課程単位取得退学。現在、専修大学経済学部教授。
　　著書：『《連合時代》の労働運動』（共著、総合労働研究所、1992年）、『建設現場に労働協約を』（共著、大月書店、1998年）、『社会運動研究入門』（共著、文化書房博文社、2004年）、『労働組合の組織拡大戦略』（共著、御茶の水書房、2006年）、『格差社会から成熟社会へ』（共著、大月書店、2007年）など。

執筆者紹介

鈴木　玲（すずき・あきら）
　　1962年、東京に生まれる。上智大学法学部卒業。University of Wisconsin-Madison社会学部大学院博士課程修了。社会学博士。現在、法政大学大原社会問題研究所教授。
　　著書・論文：" Community Unions in Japan: Similarities and Differences of Region-based Labour Movements between Japan and Other Industrialized Countries," *Economic and Industrial Democracy.*（November, 2008）、『労働と福祉国家の可能性：労働運動再生の国際比較』（共著、ミネルヴァ書房、2009年）、『講座現代の社会政策　労働市場・労使関係・労働法』（共著、明石書店、2009年）など。

山垣　真浩（やまがき・まさひろ）
　　1968年、横浜市に生まれる。一橋大学経済学部卒業。化学メーカー勤務を経て、一橋大学大学院経済学研究科博士後期課程修了。博士（経済学）。現在、大阪経済法科大学経済学部准教授。
　　著書・論文：『労働組合の組織拡大戦略』（共著、御茶の水書房、2006年）、『新自由主義改革と日本経済』（共著、三重大学出版会、2008年）、「日本型《労働組合主義》運動とその帰結——企業成長と労働者の利害は同一視できるか」（『大原社会問題研究所雑誌』No.498、2000年）など。

法政大学大原社会問題研究所叢書
新自由主義と労働

発　　行――2010年3月31日　第1版第1刷発行
編　　者――法政大学大原社会問題研究所・鈴木　玲
発行者――橋本　盛作
発行所――株式会社御茶の水書房
　　　　　〒113-0033　東京都文京区本郷5-30-20
　　　　　電話　03(5684)0751　Fax　03(5684)0753
印刷・製本――株式会社タスプ
ISBN978-4-275-00881-7 C3033　Printed in Japan

人文・社会科学研究とオーラル・ヒストリー	法政大学大原社会問題研究所編	A5判・二七〇頁・三四〇〇円
証言 産別会議の運動	法政大学大原社会問題研究所編	A5判・二三九頁・三五〇〇円
証言 占領期の左翼メディア	法政大学大原社会問題研究所編	A5判・四四六頁・六六〇〇円
労働組合の組織拡大戦略	鈴木玲・早川征一郎編著	A5判・三三二頁・四二〇〇円
政党政治と労働組合運動	五十嵐仁著	A5判・四〇五頁・六〇〇〇円
高齢者の住まいとケア	嶺学編	A5判・三三〇頁・四二〇〇円
高齢者のコミュニティケア	嶺学他編	A5判・二六八頁・三八〇〇円
労働の人間化の展開過程	嶺学著	A5判・三一〇頁・四五〇〇円
社会運動と出版文化	梅田俊英著	A5判・三七八頁・五二〇〇円
近代農民運動と政党政治	横関至著	A5判・三三一頁・四五〇〇円
船の職場史——造船労働者の生活史と労使関係	大山信義編著	A5判・四〇八頁・五八〇〇円
日鋼室蘭争議三〇年後の証言	鎌田宏・鎌田とし子著	A5判・四三七頁・六七〇〇円
高齢女性のパーソナル・ネットワーク	野邊政雄著	A5判・三五六頁・六四〇〇円

御茶の水書房
（価格は消費税抜き）